Louis XV

ET

Madame de Pompadour

Par PIERRE DE NOLHAC

ILLUSTRATIONS

D'APRÈS DES

DOCUMENTS CONTEMPORAINS

EXEMPLAIRE sur PAPIER de RIVES

Planches imprimées en camaïeu

FRONTISPICE EN COULEURS

PIERRE DE NOLHAC

LOUIS XV

ET

MADAME DE POMPADOUR

PARIS

GOUPIL & Cie

ÉDITEURS-IMPRIMEURS

MANZI, JOYANT & Cie, ÉDITEURS IMPRIMEURS, SUCCESSEURS

24, BOULEVARD DES CAPUCINES, 24

1903

LOUIS XV

ET

MADAME DE POMPADOUR

IL A ÉTÉ TIRÉ

DE

LOUIS XV ET MADAME DE POMPADOUR

Huit cents Exemplaires

SUR PAPIER A LA MAIN DES MANUFACTURES DE RIVES

Numérotés à la presse de 1 à 800

EXEMPLAIRE N° OFFERT

LA MARQUISE DE POMPADOUR

Portrait peint par Boucher (fragment

National Gallery of Scotland Edinburgh

Cliché Franz Hanfstaengl, Munich

PIERRE DE NOLHAC

LOUIS XV

ET

MADAME DE POMPADOUR

PARIS
GOUPIL & Cie
ÉDITEURS-IMPRIMEURS
MANZI, JOYANT & Cie, ÉDITEURS-IMPRIMEURS, SUCCESSEURS
24, BOULEVARD DES CAPUCINES, 24
1903

FRONTISPICE

Dessiné et aquarellé par Boucher pour le Recueil des Fêtes données par la Ville de Paris à l'occasion du premier mariage du Dauphin. — Exemplaire ayant appartenu au roi Louis XV

Bibliothèque de la Ville de [illegible]

LOUIS XV
ET
MADAME DE POMPADOUR

I. — MADAME LENORMANT D'ÉTIOLES

Versailles ne fut jamais plus animé, et pour une fête plus brillante, que le soir du 25 février 1745.

C'était la dernière des grandes réjouissances de la Cour en l'honneur du mariage du Dauphin avec l'Infante d'Espagne. La tradition voulait que le roi de France conviât le plus grand nombre de ses sujets à célébrer avec lui cet heureux événement. Comme les jours précédents, le Château était illuminé sur les façades du côté des cours. Les nombreuses compagnies qu'amenaient, par le froid sec de cette nuit d'hiver, tous les carrosses de la capitale, apercevaient de loin, sur la hauteur, ces lignes de lumière montant dans le ciel, qui semblaient dessiner un palais de fées.

Vers le milieu de la nuit, l'affluence redoubla. Le grand appartement et le jeu de la Reine, commencé à six heures dans la Galerie des Glaces, avaient pris fin à neuf heures, pour laisser le Roi et la Reine manger à leur grand couvert. A minuit devait s'ouvrir le bal masqué. Un nouveau public entrait à cette heure dans le Château : c'était Paris qui arrivait pour avoir sa part des réjouissances royales. Deux files de carrosses avançaient lentement dans l'avant-cour. Les masques mettaient pied à terre à l'escalier de marbre et à la cour de la Chapelle, et pénétraient des deux côtés dans les appartements. Aucun billet n'était exigé : dans chaque compagnie une personne se démasquait, dont l'huissier prenait le nom, avec le nombre des masques qui étaient avec elle. Comme on donnait le nom que l'on voulait, une formalité aussi simple ne pouvait éloigner personne, et bientôt l'affluence la fit supprimer. Les barrières de chêne furent forcées et tout le monde entra librement, se dirigeant, à travers les antichambres et les salons remplis de danses, d'orchestres et de buffets, vers la Grande Galerie, qui était le centre de la fête.

Cette cohue, que décrivent les mémoires, se transforme, dans la célèbre estampe des Cochin, en une élégante foule, qui circule aisément dans le décor magnifique. La Galerie ruisselle de lumières : lustres, torchères et girandoles se multiplient dans les glaces. Sous le plafond pompeux de Le Brun s'anime la mascarade : Arlequins et Colombines, Turcs, Arméniens, Chinois, médecins à haute perruque, sauvages emplumés, pèlerins et pèlerines, bergers, magiciens, diables et folies. Les dames, placées sur les gradins, prennent des rafraîchissements offerts par les pages. Dans un coin, toute une compagnie, assise sur le parquet, boit et mange; elle est là pour rappeler que cinq à six cents masques, assis par terre dans les salons voisins, s'empiffrèrent, aux frais du Roi, de victuailles pillées au buffet.

Qu'il y eût beaucoup de bourgeoisie, et de la plus mince, la princesse de Conti n'en saurait douter : elle ne trouve pas une place pour s'asseoir ; un masque lui refuse la sienne et, quand elle se démasque, voyant qu'on ne la reconnaît pas : « Il faut, dit-elle, qu'on soit ici de bien mauvaise compagnie. » Il n'y a pourtant pas que des manants sous les masques. Quelqu'un qui s'est assis fort près de la Reine, et que personne n'a pu reconnaître, est un fils de roi, le prétendant Charles-Édouard, qui mettra l'Angleterre en feu l'année suivante. Si tous les dominos tombaient, on percerait bien d'autres mystères.

Une porte de glaces s'est ouverte et la foule s'écarte devant des personnages non masqués qui s'avancent entourés de curiosités et d'hommages. La Reine, posant la main sur le bras de son chevalier d'honneur, précède le Dauphin, costumé en jardinier, qui tient le bout des doigts de la Dauphine, travestie en bouquetière. Derrière eux sont le duc et la duchesse de Chartres, qui danseront dans leur quadrille. Le graveur a souligné très nettement tous ces portraits princiers, qu'il est aisé de reconnaître.

Seul le roi Louis XV semble manquer à sa fête. Mais voici qu'une singulière compagnie vient de sortir de son appartement : ce sont des ifs taillés dans le goût de ceux des jardins. Le Roi est l'un de ces huit masques, sans doute celui qu'entourent d'aimables jeunes femmes intriguées par le secret à demi connu et par la difficulté de le découvrir complètement. Une comédie se joue dans ce coin de la fête, comédie plus sérieuse qu'il ne semble, car les conséquences de cette soirée seront considérables pour la monarchie.

Sur tant de femmes de finance ou de magistrature, ou simples bourgeoises de Paris, venues étaler à la Cour leurs grâces inédites et le goût de leurs ajustements, et qui se démasquent à l'envi, combien rêvent de rencontrer le Roi et de fixer son caprice ! Un témoin nous le raconte : toutes les beautés de la Ville se sont rassemblées ce jour-là pour conquérir ce jeune roi couvert de gloire, dont le cœur est libre et qui est le plus bel homme de son royaume. « La foule des prétendantes est infinie », dit l'abbé de Bernis, qui voit leurs manèges et qui connaît la plupart de celles que le Roi agace et provoque. Il mentionne même le succès d'une jeune fille extrêmement belle, dont les parents sont de ses amis ; un chroniqueur plus indiscret cite une présidente libertine, évidemment Madame Portail, qui se laisse emmener dans les petits appartements par un if qu'elle a pris pour le Roi.

Cette hardiesse des bourgeoises, ce soir-là, s'explique à merveille : c'est une occasion rare d'approcher Louis XV. Les femmes de Cour ne manquent point, qui aspirent à l'honneur de faire oublier au maitre Madame de Châteauroux. Tout le monde nomme la dernière des sœurs de Nesle, la duchesse de Lauraguais, qui se croit sûre de réussir, ayant, à défaut de beauté, su prendre le Roi par son caquet et par son entrain. On connaît moins les manœuvres de la belle princesse de Rohan, qui sacrifie le repos de sa vie et l'attachement le plus tendre à ce rêve qui la dévore. Mais des facilités presque quotidiennes de parler au Roi se présentent aux femmes de leur rang, tandis qu'aux Vénus et aux Junons de la Capitale, le moment est unique pour solliciter le jugement de Pâris. La pomme, à vrai dire, ne sera point donnée sans retour au bal de Versailles ; mais celle qui doit l'obtenir y a paru dans tout l'éclat d'une beauté jeune, rayonnante et audacieuse.

Elle n'est pas absente de la composition où les Cochin, père et fils, ont fixé, pour la curiosité de l'avenir, les épisodes de la fête. Le dessinateur n'y a point songé ou l'indique à peine ; mais le burin du graveur, qui travaillait au temps du triomphe, n'a pas manqué d'en rappeler ici les origines. Le profil de jeune femme, qu'il marque avec insistance au milieu de la compagnie du Roi, causant avec un if mystérieux, n'est autre que le profil de Madame Le Normant d'Étioles.

Si Madame Le Normant d'Étioles, née Poisson, n'était point entrée à ce moment dans la vie de Louis XV, le règne aurait pris sans doute une orientation fort différente. La politique se fût trouvée autre dans les

LA MASCARADE DES IFS AU BAL DU MARIAGE DU DAUPHIN

Dessin de Cochin, fragment représentant la fête [illegible] du Dauphin

[illegible]

questions financières, dans les difficultés religieuses, et, peut-être aussi, dans les relations diplomatiques. A la date où l'on arrivait, et qui devait compter dans l'histoire de la royauté française, il n'était point indifférent qu'une femme, supérieure par son intelligence et savante dans l'art de s'en servir, s'emparât à nouveau d'un roi absolu, plus maître de son royaume et plus jaloux de son pouvoir que n'avait été Louis XIV lui-même. Cette puissance presque sans limites du roi de France d'alors était au service d'une âme faible, déjà diminuée dans sa volonté par les passions basses, et que l'ennui rongeait plus que la débauche. S'il semblait s'abandonner aux ministres pour quelques détails du gouvernement, s'il paraissait surtout aisé à prendre par les voies du plaisir, il était difficile d'obtenir sur lui une domination efficace et d'arriver à la conserver longtemps. Toute autre femme que Madame d'Étioles y eût échoué sans doute. Si la morale s'indigne de son triomphe et si l'histoire en condamne les conséquences, on lui doit du moins cette justice de reconnaître qu'elle a réussi une œuvre compliquée et presque impossible.

Quelle que dût être la favorite du lendemain, chacun sentait, parmi ceux que n'aveuglait pas l'intérêt trop direct ou l'esprit de caste, que le rôle d'une duchesse de Châteauroux, appuyée par sa naissance et par son orgueil, ne serait plus tenu par personne. Le temps des grandes dames était passé, et c'était à la classe que représentait Madame d'Étioles, qu'allaient s'adresser les fantaisies royales. Cela semblait inévitable et tout l'annonçait.

Louis XV montre un besoin de changement auquel ses familiers ne se trompent pas. A trente-cinq ans, après les expériences qu'il a faites durant son singulier attachement aux trois sœurs de Nesle, il devine trop bien les calculs de sa cour et les pièges tendus à son cœur. Il lui est venu le goût de joindre au plaisir la connaissance d'autres mœurs que celles qui l'entourent, de passions qu'il croit moins mêlées d'intérêt, de cupidité, et qu'il s'imagine plus sincères. Il connaît les femmes de Paris par la chronique scandaleuse que lui apportent ses valets de chambre, par le secret des postes, qu'on viole quelquefois pour le distraire, et ce qu'il a appris d'elles lui a donné l'envie de voir de plus près cette catégorie de ses sujettes.

Son mentor dans l'inconduite, M. de Richelieu, qui exerce ses ravages sur toutes sortes de cœurs et ne dédaigne point la roture, lui a fait sur ce point les confidences les plus instructives. Y a-t-il une passion plus sincère dans sa violence, plus intéressante dans sa folie, pour un égoïste curieux de sensations rares, que celle dont se meurt, à cause de Richelieu, Madame de la Popelinière? On devine, entre les deux hommes inégalement blasés, mais également étrangers à l'amour véritable, des conversations destinées à porter bientôt leurs conséquences.

Peut-on savoir en quelle mesure entre, dans la détermination que va prendre le Roi, une sorte d'égards nouveaux pour la Reine, si digne, surtout après les derniers événements, de ne pas être blessée plus cruellement ? Louis XV se rappelle quelles humiliations Marie Leczinska a souffertes à voir choisir ses rivales parmi les dames de son palais, parmi celles dont il lui fallait tous les jours, d'après l'étiquette, subir la présence et les hommages. Comment, d'autre part, ne penserait-il point à ses filles, qui grandissent, au Dauphin, qui se marie à cette heure et déjà condamne ouvertement, par tendre amour pour sa mère et au nom de son éducation chrétienne, la conduite paternelle ? Ces considérations, pour vulgaires qu'elles apparaissent et démodées parmi les mœurs du siècle, pèsent d'un poids lourd encore jusque sur les résolutions d'un roi absolu. Les incidents survenus à Metz, autour du Roi malade, ont montré la force conservée par les principes qui sauvegardent la famille[1]. Le mépris déchaîné contre Madame de Châteauroux, l'appui que le parti dévot, comme on l'appelle, a trouvé dans l'opinion publique, font connaître à Louis XV qu'il doit compter avec la moralité de la nation et qu'elle ne tolère pas aisément certains excès de scandale. S'il lui est désormais impossible de revenir à la Reine, il peut veiller du moins à ce que son adultère ne s'affiche plus. Ce beau nom de *Louis le Bien-Aimé,* que son peuple lui a donné pendant sa maladie dangereuse, il sait qu'il ne le conservera qu'à ce prix.

Tout indifférent enfin qu'il soit à tant de choses, le roi Louis XV ne

[1] Le récit des événements de 1744, qui préparent ceux que raconte notre livre, doit être cherché dans l'ouvrage precédent : *Louis XV et Marie Leczinska.*

est point à sa tranquillité personnelle. Les tracasseries le troublent et irritent. Ce n'est point de sa famille, de ses prêtres, ni même de l'opi-ion, que lui viennent celles qu'il ressent davantage. Elles sortent de la ituation équivoque où le mettent les choix qu'il a faits jusqu'à présent. 'ne maîtresse prise à la Cour et déclarée, comme elles veulent l'être toutes, mène mille difficultés. L'avidité et l'intrigue de gouvernement menacent ans cesse d'exploiter la passion royale; celle-ci se complique, aussi bien ans la vie quotidienne qu'aux heures inévitables de la rupture, des intérêts ui s'y trouvent engagés et qui parfois touchent de près le trône.

Le Roi ne veut donc plus des femmes de naissance ; il les trouve rgueilleuses, cupides ou dominatrices ; il est dégoûté des inconvénients olitiques qu'elles entraînent. Ces dispositions nouvelles sont de bruit public, t le Tiers-État s'en estime honoré. Des cervelles féminines se risquent à spérer l'étrange fortune. Toutes les bourgeoises, que ne retient ni leur niroir ni leur conscience, s'imaginent avoir des chances de conquête. Ainsi 'explique la surexcitation ambitieuse qui a tourné autour de Louis XV pen-ant le bal masqué du mariage du Dauphin.

Cette nuit de Versailles resta connue des contemporains bien informés, omme celle où fut jeté le mouchoir royal dans la libre folie de la masca-ade. Bernis dit expressément qu'elle vit s'ébaucher l'aventure de Madame 'Étioles, et Voltaire y faisait une allusion évidente lorsqu'il adressait à la eune femme ce madrigal qu'on n'a jamais compris et qui saluait le pre-nier sa faveur naissante :

> Quand César, ce héros charmant
> De qui Rome était idolâtre,
> Battait le Belge ou l'Allemand,
> On en faisait son compliment
> A la divine Cléopâtre.
> Ce héros des amants ainsi que des guerriers
> Unissait le myrte aux lauriers ;
> Mais *l'if* est aujourd'hui l'arbre que je révère,
> Et, *depuis quelque temps,* j'en fais bien plus de cas
> Que des lauriers sanglants du fier dieu des combats
> Et que des myrtes de Cythère.

Les chroniqueurs modernes ont trouvé plus piquant, sur des témoi-gnages d'autorité moindre, de transporter ces origines au bal masqué de l'Hôtel de Ville, où le Roi se rendit quelques jours après. Nous pouvons d'ailleurs reconstituer, avec une exactitude entière, ce qui se passa durant cette seconde nuit. Rien ne renseignera mieux sur les habitudes de l'époque et ne permettra un meilleur coup d'œil sur les commencements réels de la liaison du Roi, peut-être plus mystérieux qu'on ne l'a pensé.

C'était une fête vraiment célébrée par la nation tout entière, que ce mariage du Dauphin qui achevait de sceller l'alliance, si compromise au moment du mariage de Louis XV, entre les deux branches de la maison de Bourbon. Plus encore que le mariage, célébré cinq ans plus tôt, de la fille aînée du Roi avec l'Infant don Philippe, l'union nouvelle fut l'occasion de cérémonies et de réjouissances exceptionnelles. La Cour, selon l'usage, en avait commencé la série. On avait eu, à Versailles, avant la soirée du bal masqué, un magnifique bal paré qu'a dessiné Cochin et où la Dauphine montra, au menuet, ses grâces espagnoles ; il se donnait dans la somptueuse salle du Manège, que les Slodtz avaient décorée en 1737 et qui servait, en attendant la construction d'un Opéra, à toutes les fêtes données par le Roi. Le jour même des noces, dans cette salle transformée en salle de spectacle et garnie de loges fleuries, avait été représenté un ballet de circonstance, *la Princesse de Navarre,* œuvre allégorique de Voltaire et de Rameau, où l'apothéose finale s'achevait par l'abaissement et la disparition sur la scène du décor des monts Pyrénées, remplacés par un Temple de l'Amour.

Puisque réellement, suivant le mot prêté à Louis XIV, il n'y avait plus de Pyrénées et que la sécurité nationale, établie déjà par la première campagne de Maurice de Saxe, était garantie par une alliance inaltérable, on pouvait se réjouir en toute confiance. Aucune circonstance d'un règne, sous quelque roi que ce fût (et le régnant n'était-il pas Louis le Bien-Aimé ?), ne se trouvait plus populaire en France que le mariage du Dauphin, qui assurait l'hérédité et la transmission paisible de la couronne. Enfin dans le cas actuel, l'Infante Marie-Raphaelle, qu'on disait d'heureux caractère et fort désirée du jeune époux, inspirait des sentiments très vifs à la galanterie de la Nation.

A chaque occasion aussi solennelle, la Ville de Paris renouvelait ingénieusement le motif général des fêtes qu'elle donnait. L'imagination de ses artistes et le goût naturel de ses habitants faisaient naître une idée d'ensemble, toujours heureusement conçue, et qui, ne se répétant jamais, fixait dans la mémoire du peuple les dates et les événements. Les dessinateurs, au reste, étaient chargés d'en perpétuer le souvenir, et beaucoup de magnifiques estampes, gravées dans ce but, sont demeurées parmi les chefs-d'œuvre de l'art français. Les fêtes de 1745 furent caractérisées par une œuvre d'architecture éphémère, qu'on n'avait point essayée encore : il y eut sept salles de bal élevées sur les principales places de Paris, au nom du prévôt des marchands, dont le rôle traditionnel et l'importance avaient grandi de toute la prospérité de la Capitale. Pendant le jour, ces salles, visitées par la foule, suffisaient, par leur décoration élégante et variée, à charmer les yeux.

Les dessins inédits que nous en avons montrent les promeneurs parcourant la ville pour les comparer, admirant l'arc de triomphe qui servait d'entrée à la salle de la place Dauphine, les deux galeries de treillage de la place Louis-le-Grand (Vendôme), la longue galerie peinte de paysages faite au Carrousel, la décoration de pampres de la rue de Sèvres, les pilastres de marbre de la place de la Bastille. Partout, dans un arrangement chaque fois renouvelé, apparaissaient les écussons de France et d'Espagne, les médaillons de la famille royale, et les grandes figures allégoriques qu'on aimait alors. La nuit, toutes les salles furent illuminées ; on y fit des distributions de vin et de viandes, et des rondes joyeuses s'y organisèrent entre gens du quartier, auxquels se mêlaient en passant les masques du Carnaval.

Tandis que le menu peuple se trémoussait dans les beaux lieux accommodés à son usage, s'apprêtait, à l'Hôtel de Ville, le bal masqué qui devait rivaliser avec le bal de la Cour. On supposait que le Roi y viendrait, mais incognito, le Dauphin seul devant y paraître pour remercier ces Messieurs de la Ville de la joie témoignée pour son mariage. C'était la nuit du dimanche gras. Le prévôt des marchands avait fait ajouter à la grande salle une autre salle construite dans la cour, dont l'architecture était de dorures et de glaces et dont le plafond atteignait la hauteur des toits. Sur cette cour donnait l'appartement préparé pour le Dauphin. Après avoir regardé danser et attendu vainement le Roi, le jeune prince descendit un instant dans la fête, en domino sans masque, et les vingt-quatre gardes du corps, venus de Versailles pour sa sûreté, eurent beaucoup de peine à lui frayer un passage vers son carrosse. L'avocat Barbier raconte, avec mauvaise humeur, les incidents de cette nuit : « Il y a eu une foule et une confusion de monde terribles. On ne pouvait descendre ni monter les escaliers. On se portait dans les salles; on s'y étouffait, on se trouvait mal. Il y avait six buffets mal garnis ou mal ordonnés ; les rafraîchissements ont manqué dès trois heures après minuit. Il n'y a qu'une voix dans Paris pour le mécontentement de ce bal ; après avoir marqué tant de difficulté et de délicatesse pour le choix de ceux qui devaient prendre part à la fête, il faut qu'il ait été donné non seulement des billets sans nombre, mais à toutes sortes de gens sans mesure, et sans doute à tous les ouvriers et fournisseurs de la Ville, car il y avait nombre de chianlis. »

Pendant ce temps, le Roi sortait de chez lui en domino noir, avec le duc d'Ayen et quelques familiers, et allait, pour son petit écu, au bal public de Versailles. Il s'agissait d'occuper le temps jusqu'au moment où l'on pourrait supposer que le Dauphin aurait quitté Paris, afin d'éviter de s'y trouver avec lui et de mieux assurer l'incognito. Une heure après minuit, le Roi et sa compagnie se mirent en carrosse. A Sèvres, on rencontra le Dauphin et son escorte ; il monta un instant auprès de son père et lui rapporta le désordre qui régnait au bal de la Ville. Le Roi décida de n'y point aller tout d'abord et fut à l'Opéra, où le bal avait lieu par entrées payantes ; il y vit des sociétés choisies et dansa, dit-on, deux contre-danses. Pour plus de sûreté, le carrosse de la Cour vient d'être congédié et la compagnie va en fiacres. Enfin, le Roi se rend à l'Hôtel de Ville, où il a probablement donné plusieurs rendez-vous, et notamment à la belle jeune fille remarquée au bal de Versailles. On la cherche vainement, et avis est donné qu'elle ne viendra point : ses parents, avertis par elle, éblouis un court instant par l'ambition, se sont refusés à la fantaisie de Sa Majesté. Cette nuit même, de grands seigneurs de la suite du Roi courent chez eux, voient la mère, supplient, menacent; rien ne décide ces honnêtes gens à livrer leur enfant.

Le Roi peut aisément se consoler de son dépit : Madame d'Étioles est dans le bal et l'attend. Quelqu'un les va voir ensemble ; c'est un jeune colonel, qui a conduit à la fête une femme de la Cour et qui raconte : « La foule était si pressée que la dame avec qui j'étais, craignant d'être étouffée, demanda secours au prévôt des marchands, M. de Bernage; il nous mena dans un cabinet où, à peine entré, je vis arriver Madame d'Étioles, avec qui j'avais soupé quelques jours auparavant ; elle était en domino noir, mais dans le plus grand désordre, parce qu'elle avait été poussée et repoussée comme tant d'autres par la foule. Un instant après, deux masques, aussi en domino noir, traversèrent le même cabinet; je reconnus l'un à sa taille, l'autre à sa voix; c'étaient M. d' [Ayen] et le Roi. Madame d'Étioles les suivit et fut à Versailles. » Notre témoin, par ces derniers mots, va trop vite en besogne; la nuit s'est terminée tout autrement et de façon peut-être plus piquante : le Roi a sollicité l'honneur de reconduire Madame d'Étioles chez sa mère.

On monte en fiacre avec le duc d'Ayen. Comme tout Paris veille et festoie jusqu'à l'aurore, les rues sont pleines de monde, gardées, obstruées; il y a loin de la place de Grève à la rue de Richelieu et, à un carrefour, devant les sergents qui s'opposent au passage, le cocher refuse d'avancer. La dame s'effraie ; le Roi s'impatiente : « Donnez un louis », dit-il au duc ; mais celui-ci : « Votre Majesté doit s'en garder ; la police sera instruite, fera ses recherches et saura demain où nous sommes allés. » Pour un simple écu de six livres, le cocher enlève ses chevaux, fend la foule, et le roi de France, tout fier de son équipée, peut, sans autre encombre, amener sa compagne à la porte de Madame Poisson.

Il est rentré à Versailles à huit heures et demie. « En arrivant, il a mis une redingote et a été tout de suite entendre la messe à la chapelle.

Il n'y avait ni chapelains ni gardes du corps; tout a été averti le plus promptement qu'il a été possible. » Cette messe du matin, en de tels retours, scandalise les âmes pieuses ; mais Louis XV croit la devoir au bon exemple. Après l'avoir entendue tant bien que mal, il s'est couché à neuf heures et a donné l'ordre qu'on n'entrât qu'à cinq heures. Rien n'a été changé à l'étiquette du lever. La Reine, qu'attendaient ses carrosses pour la conduire au salut de la paroisse Notre-Dame, est venue dans la chambre du Roi, dès qu'il a été éveillé ; le Dauphin et la Dauphine y ont paru un peu plus tard. Suivant l'expression de la Cour, « il ne fit jour qu'à cinq heures chez le Roi ».

Étaient-ce seulement les incidents d'une nuit de carnaval qui avaient décidé la liaison du Roi, liaison toute de sentiment encore et dont une savante stratégie de femme devait régler les étapes? Cette aventure clandestine de Paris, acte incroyable jusqu'alors dans la vie de Louis XV et qui fut soigneusement caché, marquait-elle un succès de hasard ou le couronnement d'une campagne menée de longue main? Les contemporains affirment de concert que la future marquise de Pompadour ne devait point être étonnée par sa fortune. Sa mère l'avait élevée dans la pensée qu'elle y parviendrait un jour. A neuf ans, elle l'avait conduite chez une diseuse de bonne aventure, et l'on n'est pas peu surpris de trouver, en tête du relevé des pensions annuelles payées par Madame de Pompadour : « 600 livres à la dame Lebon, pour lui avoir prédit, à l'âge de neuf ans, qu'elle serait un jour la maîtresse de Louis XV. » Bernis écrit, de son côté, dans ses Mémoires : « Le public fut fort étonné de la préférence que le Roi lui avait donnée; il ignorait que ce prince, depuis qu'elle était mariée, la voyait fort souvent à la chasse dans la forêt de Sénart, que les écuyers de Sa Majesté passaient leur vie chez elle, et que Madame de Mailly avait plus redouté Madame d'Étioles qu'aucune autre femme. »

Madame Le Normant d'Étioles, Jeanne-Antoinette Poisson de son nom de fille, née à Paris, rue de Cléry, le 29 décembre 1721, avait alors

LE BAL MASQUÉ A L'HOTEL DE VILLE DE PARIS

Peinture à l'aquarelle dans le Recueil des Fêtes données par la Ville de Paris pour le premier mariage du Dauphin

Bibliothèque de la ville de Versailles

PLANCHE DOUBLE.

vingt-quatre ans et l'une des situations les plus enviées de Paris. Ses ennemis se sont complu à ravaler outre mesure toutes ses origines, médiocres, il est vrai, et sur lesquelles on sait depuis fort peu de temps la vérité. Elle avait pour père un financier encore mal connu, le sieur François Poisson, né en 1684, le dernier des neuf enfants d'un tisserand aisé de Provenchères, au diocèse de Langres. Pour s'élever peu à peu à l'état dont sa fille avait tiré un brillant mariage, ce Poisson avait eu une carrière assez orageuse.

D'abord employé subalterne, puis commis principal chez les frères Pâris, il avait débuté, à vingt ans, dans le service des approvisionnements du maréchal de Villars, comme agent des fameux commissaires aux vivres, qui commençaient alors leur immense fortune. C'était, en ce temps-là, pour tous les intermédiaires de ce genre, l'occasion de gains extraordinaires, obtenus avec de gros risques et par un usage audacieux du crédit. Poisson paraît avoir été un homme supérieur en ce métier et avoir acquis, dès lors, la confiance absolue de ses patrons. Il fut employé par le Régent, lors de la peste de Provence, à procurer des subsistances à cette province et aux provinces limitrophes, et s'en tira à son honneur. Toujours au service des frères Pâris et travaillant avec eux, il prit en mains l'approvisionnement de la Capitale pendant la disette des grains de 1725. Mais ces dernières opérations ayant attiré les sévérités des intendants des finances, comme les Pâris avaient en Madame de Prie, auprès de M. le Duc premier ministre, une protection efficace, ce fut Poisson qu'on sacrifia. Une commission fut spécialement établie pour lui faire rendre ses comptes ; il ne put rentrer dans les avances qu'il avait faites, ni rembourser ses emprunts, et le jugement, par lequel finit, en 1726, son long procès, le condamna à être pendu.

François Poisson prit le parti de s'absenter. D'Allemagne, où il se réfugia, il employa toutes ses forces à préparer la revision de son procès. C'était un de ces hommes avisés et nécessaires, qui savent intéresser les gens à leur sauvetage ; mais, malgré qu'on le servît activement, par d'incessantes démarches auprès du cardinal de Fleury, il ne put revenir en

France qu'au bout de huit ans et en versant au Trésor une provision de quatre cent mille livres. Sa réhabilitation fut enfin régulièrement prononcée en 1741. Plus tard, au temps de la faveur de sa fille, Poisson devait se faire octroyer des lettres d'anoblissement, et il n'est pas sans intérêt de voir reparaître, dans ce document, les services rendus par lui pour les approvisionnements, pendant la disette de 1725; on lui fait un titre éminent à la reconnaissance publique de ce qui lui a valu, vingt ans plus tôt, d'être condamné à la potence.

Voici ce qu'affirment, sur le rôle de Poisson à cette époque, les lettres dressées au nom du Roi, au mois d'août 1747 : « Nous crûmes ne pouvoir mettre en de meilleures mains le soin de l'approvisionnement de la ville de Paris et de plusieurs magasins des places frontières, pour lequel il ne ménagea ni sa fortune, ni son travail, ni le crédit qu'il pouvait avoir. Cependant, et malgré le succès qu'avaient eu ses talents, sa vigilance et son zèle, il ne put obtenir la justice même qui lui était due sur le remboursement de ses avances et sur les emprunts qu'il avait faits, en sorte qu'il se vit, pendant plus de vingt années, exposé aux poursuites les plus rigoureuses, qui l'obligèrent de quitter son établissement et sa famille et de vivre pendant huit années dans la retraite, qu'il ne put trouver que dans le pays étranger. Enfin la conduite du sieur Poisson, examinée par des commissaires les plus équitables et les plus éclairés, le jugement qu'ils ont rendu a fait connaître toute l'exactitude et toute la fidélité de son service; les emprunts qu'il avait faits ont été justifiés, ses avances établies et liquidées, et il a recouvré son état et sa liberté... » Quoi qu'en ait dit la malignité de son temps, il faut admettre que, sauf l'exagération inévitable, ce sont les lettres royales qui disent vrai. Elles s'appuient sur un jugement de réhabilitation, rendu fort avant l'époque où Louis XV put s'intéresser à Madame d'Étioles, et s'accordent avec tous les documents contemporains que n'entache point le parti pris pour rendre justice aux sérieux mérites du personnage.

L'année même où est abolie sa condamnation trop sévère, M. Poisson se réhabilite devant le public par une série de coups de maître au service du Roi, qui ferment pour un temps la bouche à ses envieux. Il est envoyé, en juillet 1741, chez l'électeur de Cologne, avec une mission confidentielle du marquis de Breteuil, ministre de la Guerre, et il a charge de conclure en même temps, pour les frères Pàris, une série d'opérations difficiles assurant les approvisionnements militaires sur les bords du Rhin. Il faut qu'on ait grande confiance, non seulement en son expérience du pays, mais encore en son intégrité, pour lui laisser le soin d'organiser tant de magasins pour les quartiers d'hiver, et de passer les énormes marchés de vivres, qui doivent assurer la subsistance des troupes françaises. Les lettres du ministre indiquent déjà l'estime en laquelle il tient les talents de Poisson. Celles qu'il reçoit de Pàris-Duverney sont encore plus significatives et témoignent des liens étroits qui l'unissent à ses protecteurs : « Mgr de Breteuil et M. le Contrôleur général, écrit le financier, ont vu vos lettres ; Son Éminence a vu celle qui accompagnait l'ordonnance que vous avez obtenue à Paderborn; tous sont contents de votre conduite et, en mon nom particulier, je le suis aussi on ne peut pas davantage... J'ignore si l'on pourra faire usage de ce que vous avez obtenu. Le mérite n'en sera pas moins grand pour vous, et vous pouvez vous en rapporter à moi pour y donner toute l'étendue qui y convient... Jouissez toujours, en attendant, de la justice qu'on vous rend ici; la façon dont on y pense est très sensible pour moi, par le véritable intérêt que je prends à tout ce qui vous regarde. » Tel est le ton des lettres d'affaires du chef à son agent. Il lui confie, à l'occasion, le désir qu'il a de se retirer du « travail forcé » qui l'épuise, et de prendre un repos bien gagné; il y mêle des nouvelles de Madame Poisson qu'il est allé voir, et « dont la santé n'est pas aussi bonne qu'il le désirerait »; il entretient un père, qui en semble fort préoccupé, des indispositions de la jeune Madame d'Étioles et de « quelques accès de fièvre à la campagne, d'où elle a dû revenir ».

A cette mission de François Poisson en Westphalie se rattache la première lettre qu'on ait de sa fille, datée du 3 septembre 1741 et jusqu'à présent demeurée incompréhensible : « Si j'ai quelque remède, lui écrit Madame d'Étioles, contre le chagrin que me donne votre absence, c'est les louanges que j'entends faire dans tout Paris sur votre compte. Je n'en suis pas étonnée; mais il est encore bien heureux que le public vous rende justice; vous savez qu'il n'est pas sujet à caution. A propos, vraiment vous écrivez d'un style admirable à vos grands amis; l'on a raison de dire qu'il y a toujours de la dignité dans le grand français. »

Nous n'avons pas les pages de si beau style, qu'adressait M. Poisson aux frères Pâris et qui excitaient la tendre admiration de sa fille; mais le même courrier, qui lui portait cette lettre, en contenait une de Pâris de Montmartel, dont le ton mérite d'être remarqué : « Je n'ai pas répondu encore à une de vos lettres, mon cher François, parce que *le bon* [Duverney] s'en est toujours chargé. Je ne le ferais pas encore aujourd'hui, si je ne voulais pas vous marquer moi-même combien nous sommes contents de tout ce que vous avez fait et faites encore; j'en étais d'avance persuadé, mais vous savez que tout le monde n'avait pas la même opinion. La raison en est toute simple : ils ne connaissent point la matière et encore moins votre amitié pour nous, et c'est ce dernier point qui vous donne encore plus de force. » L'homme, qui écrit ainsi à M. Poisson, est celui qui a été le parrain de sa fille, c'est alors l'ami le plus intime et le protecteur le plus sûr de la famille, et la chronique du temps est unanime pour rapprocher son nom de celui de la belle Madame Poisson.

Madame Poisson avait beaucoup travaillé à la réhabilitation de son mari, mais plutôt avec la ténacité d'une mère passionnée qui pense à l'avenir de sa fille. Le personnage qu'elle avait comme époux ne l'attachait guère. L'homme, pour intelligent qu'il fût, était d'aspect vulgaire, rude en ses propos, fils de la terre mal dégrossi à trente ans par la Régence. Il ne pouvait être lié que par une association d'intérêts à la Parisienne ambitieuse, pour qui le mariage avait été le chemin des grandes intrigues. On a cependant trop abondamment brodé la chronique scandaleuse qui s'applique à Madame Poisson, et que le milieu et l'époque où elle vécut expliquent assez. Madeleine de la Motte sortait d'une famille plus élevée que celle son mari; son père était « le boucher des Invalides », c'est-à-dire que le sieur de la Motte, commissaire de l'artillerie, avait fait sa fortune à l'Hôtel royal des Invalides, comme entrepreneur des provisions de viande. La fille était, dit Barbier, une « belle brune, à la peau blanche, une des plus belles femmes de Paris, avec tout l'esprit imaginable » ; tout le monde assure qu'elle était plus belle que ne le fut Madame de Pompadour, et il est dommage qu'aucun portrait authentique ne nous permette d'en juger.

Que Madame Poisson ait eu des bontés pour Pàris de Montmartel et, plus tard, pour quelque autre de ses contemporains, cela n'importe en rien à l'histoire, obligée d'ailleurs, pour le temps, à quelque indulgence sur ce chapitre. La seule chose que nous ayons intérêt à savoir, c'est que l'excès d'inconduite dont sa mémoire a été souillée n'a pour garants que la méchanceté et l'envie, déchaînées plus tard par la fortune inouïe de sa fille. On doit remplacer ces légendes par le témoignage des gens d'esprit qui la fréquentèrent et se plurent dans son salon de bourgeoise : « Elle n'avait pas le ton du monde, dit Bernis qui la voyait chez une amie, mais elle avait de l'esprit, de l'ambition et du courage. »

Madame Poisson s'était consolée du long exil de son mari par les soins assidus que lui rendait un galant fermier général, Charles Le Normant de Tournehem, homme intelligent et magnifique, ami des artistes et des arts. Quand M. Poisson revint d'exil, il se trouva muni d'un ami chaud, serviable et riche, et sut comprendre le prix d'une cordialité dont les mœurs d'alors ne s'offusquaient point. Ces bons rapports, que rien ne semble avoir altérés, devaient se continuer toute la vie des deux hommes, et leur correspondance en garde l'édifiant témoignage : « Quoique de la même année, écrivait Tournehem à Poisson, en 1751, il y a une grande différence de vous à moi ; vous êtes aussi vif et aussi actif qu'à vingt-cinq ans ; moi je m'appesantis tous les jours », mais il assurait son vieil ami, en l'embrassant, que le cœur de son Charles n'avait pas changé. Ils étaient unis alors depuis bien des années par un sentiment respectable, car M. de Tournehem, célibataire affectueux et bon, s'était profondément attaché aux deux enfants qu'il avait vus grandir chez Madame Poisson et dont il s'était promis d'assurer le sort.

Le jeune Abel, moins âgé de quatre ans que sa sœur, annonçait l'intelligence la plus heureuse ; mais Jeanne-Antoinette était une enfant délicieuse, qu'il était impossible de ne pas aimer. Le fermier général devait jouer, auprès de la fille de son ami, un rôle de père adoptif, qui a trompé même des contemporains, trop prompts à tirer des conclusions malicieuses ; mais le véritable père n'avait laissé à personne le soin de décider de la première éducation. Continuant à diriger sa famille du fond de son exil, il avait voulu que la petite fille fût mise au couvent et était entré lui-même en correspondance régulière avec la supérieure de la maison pour recevoir, directement et par le détail, des nouvelles de son enfant.

Il y a en effet, bien qu'on ne s'y attende guère, un peu de couvent dans la vie de Madame de Pompadour ; elle a passé une année au moins chez les Ursulines de Poissy, où deux de ses tantes étaient religieuses et où une de ses cousines était élevée. Les menus faits de sa vie enfantine la montrent déjà telle qu'elle sera plus tard. Elle exerce autour d'elle, toute petite fille de huit à neuf ans, cette séduction de grâce à laquelle il sera si difficile de résister et qu'on devine dans tous les récits envoyés en Allemagne par le couvent : « Votre aimable chère fille, Monsieur, écrit la supérieure à M. Poisson en septembre 1729, a fort bonne grâce et sent tout à fait son bien. M. de la Motte envoie tous les jours de marché quelqu'un en savoir des nouvelles, et la fait sortir de temps en temps avec sa cousine Deblois, pour aller dîner avec lui, et l'on dit que tout au long il s'entretient avec elle. Elle ne s'ennuie point chez nous, au contraire ; elle a été charmée d'y revenir. Le 25 d'août, jour de la Saint-Louis, il y a une foire à Poissy ; nous l'y avons envoyée avec sa cousine et une de nos tourières qui leur a montré toutes les beautés et raretés ; elle les a menées aussi à l'Abbaye, où on les a fort caressées et trouvées très aimables ; on a fait demander depuis de leurs nouvelles. Le jour de l'Octave de l'Assomption de la Sainte Vierge, elles ont chanté dans leurs classes les vêpres de la Sainte Vierge, elles ont été les principales chantres. Elles s'aiment fort l'une l'autre et ne vont jamais l'une sans l'autre. Quand M. et Madame Deblois viennent, ils les font sortir toutes deux ; ils les doivent envoyer

quérir pour aller au Meny à vendanger, même avec celles qu'elles aiment le mieux de leur classe ; c'est de grande joie pour elles. La maîtresse d'écriture s'y applique fort pour la mettre en état de vous envoyer de son écriture, et vous marquer elle-même sa tendresse pour vous. Tout son désir est d'avoir l'honneur de vous voir et de vous embrasser. »

La jeune pensionnaire a, dès cette époque, un charmant surnom de famille, qui l'a suivie au couvent et qu'elle gardera jusqu'au seuil de Versailles ; pour tout le monde comme pour ses parents, elle est la petite reine, « Reinette ».

Mademoiselle Poisson n'est pas encore d'âge à intéresser beaucoup sa jeune mère, qui mène à Paris une vie assez difficile de jolie femme sans ressources. On doit noter la défiance que montre à son endroit la correspondance de sa sœur religieuse, Madame de Sainte-Perpétue, avec M. Poisson : « Notre révérende mère est fort surprise de ne point recevoir de vos nouvelles ; elle ne sait pas si c'est que l'on retient vos lettres. Tout ce que je sais, c'est que ma sœur Poisson en a envoyé une toute décachetée. Il est à croire qu'elle les lit toutes avant que de les envoyer ; ainsi, mon cher frère, je vous conseille d'écrire plutôt par la poste : c'est la voie la plus sûre, si vous ne voulez pas que ma sœur sache ce que vous faites pour votre chère enfant. Sous le prétexte qu'elle s'imagine que vous lui donnez beaucoup, elle ne lui donne positivement que son pur nécessaire. Je crois bien que c'est qu'elle n'est point à son aise, mais l'enfant est très délicate ; actuellement elle a un rhume assez considérable : par conséquent, elle a besoin de douceurs. Je vous dirai que le louis que vous lui avez envoyé est employé, et que je lui ai avancé un écu ; notre mère supérieure en a le mémoire ; si vous pouvez lui envoyer encore quelque chose, que ce ne soit point par ma sœur ni par les Invalides... Reinette est toujours aimable à son ordinaire, elle me parle très souvent de vous, elle me dit l'autre jour qu'elle savait bien que vous l'aimez beaucoup, qu'elle n'avait pas le cœur assez grand pour vous aimer autant que vous le méritez, mais qu'elle vous aime de toute l'étendue de son petit cœur, et qu'à mesure qu'elle grandissait, qu'elle sentait son amitié pour vous grandir avec elle. Je ne peux pas vous dire tout ce qu'elle me conte de semblable... Je crois que vous savez que nous avons un Dauphin; on est dans de grandes réjouissances à Paris. Je souhaite que cela fasse finir vos affaires bien vite et à votre avantage. »

Madame Poisson, retenue à Paris par d'autres soins, faisait rarement le voyage de Poissy et ne s'occupait de sa fille que pour la fournir régulièrement de « corps » et de fourreaux d'indienne. Le père ne se souciait point que l'enfant lui fût trop souvent confiée; elle la reprit, cependant, à l'occasion d'un rhume, pour la faire soigner chez elle, et ce fut un prétexte pour ne plus la ramener au couvent : « L'on nous a dit qu'elle n'a plus de fièvre, écrit la bonne supérieure à M. Poisson, qu'elle se porte bien, qu'elle est fort aise d'être auprès de Madame sa mère. Il y a apparence qu'elle y va rester. Ainsi, Monsieur, nous ne saurons plus des nouvelles si certaines; nous ne laisserons pas que de nous en informer souvent, y prenant beaucoup d'intérêt et l'aimant tendrement. Elle est toujours très aimable et d'un agrément qui charmait tous ceux qui la voyaient. »

C'était au mois de janvier 1730. L'enfant avait huit ans, et déjà toute formation religieuse était finie pour elle. Elle n'oubliera pas tout à fait ce temps aimable, que rien dans l'avenir ne devait plus lui rappeler. On la verra plus tard servir une pension à sa vieille tante ursuline et contribuer, pour quelques milliers de livres, aux réparations de son couvent. Mais ce ne sera qu'un souvenir vague, effacé dans sa mémoire par les brillantes années qui suivirent, et par les premiers succès du monde, auxquels Madame Poisson sut admirablement la préparer.

La royauté de Mademoiselle Poisson avait commencé de bonne heure. Les familiers de sa mère, comme ses compagnes de couvent, continuaient à l'appeler « Reinette », et elle était de celles qui établissent partout leur domination, habituées à se reconnaître supérieures sans imposer cette certitude aux autres et pouvant se faire pardonner leurs mérites par l'incomparable don de plaire. L'éducation la plus raffinée du temps avait paré des agréments les plus rares la séduisante jeune fille. Deux poètes tragiques lui avaient enseigné la déclamation et le jeu scénique; c'étaient le vieux Crébillon, aussi célèbre alors que l'avait été Racine, et Lanoue, qui, après quelques succès d'auteur, allait entrer comme comédien au Théâtre-Français. Elle savait danser en perfection, dessinait convenablement, et peut-être aimait-elle déjà à guider la pointe sur une planche de cuivre. Mais son principal talent, à cette époque de sa vie, était le chant; elle en tenait les principes de Jélyotte, le chanteur de l'Opéra, aussi aimé dans les salons qu'au théâtre, et dont les succès, dit-on, ne s'arrêtaient pas aux applaudissements.

Avec tant de grâces et de dons naturels, cultivés d'une façon aussi brillante, Mademoiselle Poisson avait été recherchée dans les réunions du monde, et sa mère s'était vu ouvrir par elle des portes qui lui fussent sans doute demeurées closes. On les recevait à l'hôtel d'Angervilliers, où la jeune fille chanta un jour le grand air d'*Armide,* de Lulli, et charma tellement Madame de Mailly que celle-ci la voulut embrasser. On les devine admises dans quelques cercles peu difficiles de l'époque, où l'esprit et les grâces invitaient de droit. Des conversations où brillaient Voltaire, Gresset, Vauvenargues, et où s'aiguisait l'esprit des femmes, donnaient à la jeune fille, comme préparation à la vie, sinon certains principes moraux, dont elle ne fut jamais avertie par personne, du moins l'aisance des manières et une connaissance précoce du monde.

Son éducation avait été payée par le fermier général, qui s'intéressait tendrement à elle et qu'elle devait plus tard si magnifiquement récompenser par la charge de Directeur général des Bâtiments du Roi. M. Le Normant de Tournehem n'entendait point, d'ailleurs, être privé par le mariage de la présence d'une enfant qui lui était chère et qu'il destinait à tenir brillamment sa propre maison. Dès qu'elle eut vingt ans, il la fit épouser à un sien neveu, plus âgé qu'elle de quatre ans seulement. Le jeune Charles-Guillaume Le Normant, fils du trésorier général des monnaies, était un fort beau parti pour la fille de François Poisson. Médiocrement tourné, il est vrai, et petit de sa personne, il avait la distinction des sentiments, le ton de la meilleure compagnie, et l'on ne peut s'empêcher de trouver bien sonnants, dans l'acte de mariage, ses titres d'écuyer, seigneur d'Étioles, Saint-Aubin, Bourbon-le-Château et autres lieux, chevalier d'honneur au présidial de Blois.

Le sacrement fut donné aux époux le 9 mars 1741, en l'église Saint-Eustache. Quelques jours auparavant avait été signé chez les Poisson, rue de Richelieu, devant le notaire Perret, un contrat qu'il n'est pas sans intérêt de feuilleter. Le mariage a lieu sous le régime de la communauté; mais les apports sont fort inégaux. C'est à grand'peine et avec toutes sortes de réserves que les parents de la future épouse lui constituent en dot une somme de cent vingt mille livres, savoir : « trente mille en pierreries, bijoux, linge et hardes à l'usage de ladite demoiselle », et une grande maison, sise rue Saint-Marc, estimée quatre-vingt-dix mille livres. Ajoutons-y 141 livres 8 sols 6 deniers de rentes viagères dites tontines, constituées sur la tête de la future épouse par des contrats qui remontent à vingt ans. Les munificences viennent au futur époux de son oncle paternel, Charles-François-Paul Le Normant (de Tournehem), écuyer, qui lui fait donation entre-vifs d'une somme de 83,500 livres, sous forme d'avances dans les sous-fermes, et qui s'engage à bien autre chose par les articles suivants : « En faveur du même mariage, ledit sieur Le Normant, oncle, promet et s'oblige de loger et nourrir lesdits futurs époux, leurs domestiques au nombre de cinq, équipages et chevaux, pendant la vie dudit sieur Le Normant, oncle, et au cas que lesdits futurs époux et ledit sieur Le Normant voulussent se séparer, à compter du jour de ladite séparation, ledit sieur Le Normant, oncle, paiera la somme de 4,000 livres auxdits futurs époux pour leur tenir lieu desdits nourriture et logement pour chacun an. Plus, en la même considération, ledit sieur Le Normant, oncle, assure audit futur époux, sur les biens qu'il laissera au jour de son décès, la somme de 150,000 livres, qu'il prendra en effets de la même succession à son choix, » sans préjudice de la part d'héritage qui lui reviendra suivant la coutume de Paris.

Les ressources du nouveau ménage étaient considérables. Par les libéralités de M. de Tournehem, ils étaient logés chez lui, à Paris et à la

campagne, nourris et défrayés de tout, et ils vivaient sur le pied de quarante mille livres de rente, avec l'espérance d'une opulente succession à recueillir de cet oncle incomparable. Malgré tant d'avantages assurés à cette union, un témoin, mieux informé que ceux qu'on a cités, le président du Rocheret, lié alors avec toute la famille, rapporte que le jeune homme refusa tout d'abord de s'engager avec une femme, infiniment séduisante sans doute, mais pour laquelle trop de considérations pouvaient faire hésiter un esprit sérieux. Alléché, au contraire, par les considérations d'argent, le père du jeune Le Normant, qui était veuf, le menaça d'épouser lui-même, s'il ne se décidait. C'est tout le contraire de la tradition adoptée, qui met un amour contrarié au compte du fils et l'opposition du côté du père. Ce qui importe, au reste, ce sont les sentiments qui suivirent et qui furent, chez le jeune époux, extrêmement passionnés. Madame d'Étioles avait tout ce qu'il fallait pour se faire aimer de son mari jusqu'à la folie ; elle y joignait les suffrages de l'admiration universelle, l'habileté d'une coquette de race, et jusqu'à cette froideur de tempérament qui redouble les désirs d'un homme épris.

Le premier portrait que nous aurions d'elle, le seul souvenir gardé de la fugitive par la famille de son mari, serait une toile de Nattier, « l'élève des Grâces », le peintre de la Famille Royale et de la Cour, celui qui avait fixé la beauté touchante de Madame de Mailly, la beauté fière de Madame de Châteauroux. C'était aussi l'artiste à la mode, recherché de toutes les femmes qui passaient pour jolies. Il était naturel qu'il fût appelé auprès de Madame d'Étioles. Mais les œuvres de Nattier sont presque toujours plus exquises que fidèles. Combien plus précieux est pour nous le portrait simplement écrit par le Lieutenant des Chasses de Versailles, où les retouches soigneuses révèlent l'exactitude du peintre ! Il pose en quelques mots le gracieux modèle et l'ensemble de sa personne, « d'une taille au dessus de l'ordinaire, svelte, aisée, souple, élégante », et qui semble faire « la nuance entre le dernier degré de l'élégance et le premier de la noblesse » ; mais ce qui l'intéresse le plus, c'est le jeu d'une physionomie qu'il a souvent examinée de près et vraiment comprise : « Son visage était bien assorti à sa taille, un ovale parfait, de beaux cheveux, plutôt châtain clair que blonds; des yeux assez grands, ornés de beaux sourcils de la même couleur; le nez parfaitement bien formé, la bouche charmante, les dents très belles et le plus délicieux sourire; la plus belle peau du monde donnait à tous ses traits le plus grand éclat. Ses yeux avaient un charme particulier, qu'ils devaient peut-être à l'incertitude de leur couleur ; ils n'avaient point le vif éclat des yeux noirs, la langueur tendre des yeux bleus, la finesse particulière aux yeux gris ; leur couleur indéterminée semblait les rendre propres à tous les genres de séduction et à exprimer successivement toutes les impressions d'une âme très mobile. »

Pour mobile qu'elle soit, cette âme de femme est assez maîtresse d'elle-même, et ces jolis traits, toujours en pleine vie, ne présentent jamais une discordance qui la trahisse. On s'explique toutefois que les artistes la voient et la comprennent de façon très différente, non seulement selon leur tempérament particulier, mais encore suivant son âge, son heure et son moment. Il faut les consulter tous et ne se fier à aucun, puisque M. de Marigny nous assure que les portraits de sa sœur n'ont jamais été ressemblants. Au temps de sa longue faveur, celle dont nous racontons la jeunesse charmera et déconcertera les meilleurs maîtres, qui ne fixeront chacun qu'une partie assez fuyante de ses charmes. Après Nattier, le plus ancien de ses peintres et sans doute le moins troublé, elle attirera sans cesse les pinceaux familiers ou mythologiques de Boucher; ceux de Carle Vanloo, qui remplira assidûment auprès d'elle, sans être jamais satisfait, ses fonctions de « premier peintre du Roi »; ceux de Drouais enfin, qui sera le peintre de ses derniers jours et reviendra mainte fois au difficile modèle. Nous aurons encore, s'il le faut, pour compléter son image, les crayons de La Tour et de Cochin, les marbres de Lemoyne et de Pigalle; mais c'est à peine si nous serons renseignés et satisfaits par cette richesse de documents et cette profusion de chefs-d'œuvre.

Madame d'Étioles devient bien vite une des reines de Paris. Elle a un train de fortune et une parenté qui lui permettent de recevoir une très bonne société en l'hôtel de l'oncle Tournehem, rue Saint-Honoré, paroisse Saint-Roch, décoré au goût le plus nouveau par un maître fastueux, lié avec les meilleurs artistes et qui volontiers joue au Mécène. Les étés se passent à son château d'Étioles, à proximité de Choisy et des grandes chasses royales. Louis XV vient assez souvent dans la forêt de Sénart se livrer à son divertissement favori, et les bois retentissent du cor des gentilshommes des chasses sonnant la fanfare de la Reine. Avec d'autres châtelaines des environs, Madame d'Étioles est admise à suivre les équipages; vêtue de bleu ou de rose, elle aime à conduire elle-même un léger phaéton, à apparaître brusquement devant le Roi, comme la fée de cette forêt, dont elle connaît tous les détours. Sa jeunesse hardie et sa beauté ne laissent point le Roi indifférent; il l'aperçoit avec plaisir et elle est du nombre des dames à qui il fait envoyer des chevreuils. Elle-même se dit éprise de lui et assure, en riant, que Sa Majesté seule la pourrait éloigner de ses devoirs envers M. d'Étioles. Nul, hormis l'oncle et la mère qui savent à quoi s'en tenir, ne prend au sérieux cette boutade, et le mari, fort honnête homme et très amoureux, s'en offusque moins que personne. La jeune femme est, d'ailleurs, de conduite irréprochable; après avoir perdu un fils en bas âge, elle met au monde une fille, le 10 août 1744, et semble devoir être aussi bonne mère que fidèle épouse.

La vie qu'on menait au château d'Étioles était à la fois familière et brillante, avec ces nombreuses réunions d'amis, cette gaieté de propos et le manque d'apprêt qui donnait tant de charme à l'ancienne société française. Le président du Rocheret nous fait voir, en peu de mots, la charmante maîtresse du logis : « Belle, blanche, douce, ma Paméla! Je la nommais ainsi à Étioles, où je passai une partie des étés de 1741 et de 1742, et où nous lui lisions le roman anglais de *Paméla*, chez M. Bertin de Blagny, mon parent, maître des requêtes, trésorier des parties casuelles et seigneur de Coudray-sous-Étioles. » « Reinette » ou « Paméla », qu'intéresse le roman de Richardson, a le théâtre pour plaisir favori : elle chante et joue la comédie sur une grande scène, munie de tous ses accessoires, que M. de Tournehem, très amateur de spectacles et très fier des talents de sa nièce, a fait construire à côté du château.

La déesse du lieu s'entoure de serviteurs dignes d'elle. Le beau Brige, écuyer de la Petite-Écurie, la célèbre avec tant d'enthousiasme, qu'on lui prêtera plus tard des succès dont il n'y a pas d'apparence, mais qui ne laisseront pas que d'inquiéter un peu Louis XV. On compte, parmi les familiers d'Étioles, auprès de Crébillon, qui est un ami autant qu'un maître, Gresset, alors dans sa grande gloire de petit poète ; le vieux Fontenelle, doyen honoré des lettres françaises ; le président de Montesquieu, connu surtout comme l'auteur des *Lettres persanes,* et le spirituel Louis de Cahusac, un parolier de Rameau et un émule de Crébillon le fils. Parmi ces libres esprits s'agite Voltaire, débordant de verve et dévoré d'ambition encore mal satisfaite ; il n'est pas le dernier à rendre hommage à « la divine d'Étioles » ; il la juge à ce moment « bien élevée, sage, aimable, remplie de grâces et de talents, née avec du bon sens et un bon cœur ». Sur ce groupe de sujets de choix règne l'aimable sceptre de la jeune femme ; la vie la plus facile et la plus souhaitable s'ouvre devant elle, et personne ne comprendra, quand son heure troublée sera venue, qu'elle échange, pour le rôle incertain de maîtresse du Roi, la paisible royauté bourgeoise de sa richesse et de sa beauté.

A la Cour, on n'était point sans avoir entendu parler de Madame d'Étioles. Elle y connaissait Madame de Sassenage, femme d'un menin de M. le Dauphin, qui vivait au Château, et la vieille marquise de Saissac, qui n'y venait plus, mais qui était une tante du duc de Luynes et que la Reine n'avait pas oubliée. La bonne duchesse de Chevreuse s'intéressait, depuis son enfance, à cette petite Poisson et prenait plaisir à la nommer, quand un cercle de Versailles daignait s'occuper sans malveillance des « caillettes » de Paris. Au reste, les communications d'une société à l'autre étaient établies par quelques grands seigneurs curieux, par quelques abbés bien nés et par les gens de robe reçus chez les princesses pour leur esprit ; les chroniques de la bourgeoisie parisienne, souvent plus amusantes

que celles de la Cour, y faisaient l'objet de conversations continuelles.

L'abbé de Bernis, qui rencontrait Madame d'Étioles chez une parente de son mari, la comtesse d'Estrades, rendait volontiers hommage à ses charmes. Le marquis de Valfons, l'ayant vue à un souper, la déclarait « jeune, jolie, pleine de talents ». Un autre bon juge, ami particulier de Marie Leczinska, le président Hénault, faisait cette charmante découverte dans l'été de 1742. Il écrit à la marquise du Deffand qu'il doit souper gaiement chez son cousin, M. de Montigny, avec le Directeur des postes Dufort et quelques femmes de qualité, Madame d'Aubeterre, Madame de Sassenage : il doit y avoir aussi, ajoute-t-il, « *une Madame d'Étioles,* Jélyotte, etc. ». Le lendemain, il raconte à son amie la soirée et le succès de Jélyotte : « Il me parut qu'il était en pays de connaissance. Mais je trouvai là une des plus jolies femmes que j'aie vues ; c'est Madame d'Étioles ; elle sait la musique parfaitement, elle chante avec toute la gaieté et tout le goût possible, sait cent chansons, joue la comédie à Étioles sur un théâtre aussi beau que celui de l'Opéra, où il y a des machines et des changements. Paris est admirable pour la diversité incroyable des sociétés et pour les amusements sans nombre. On me pria beaucoup d'aller être témoin de tout cela dans un pays que j'ai beaucoup aimé, où j'ai passé ma jeunesse, et dans une maison qui est la même que mon père avait, mais où l'on a dépensé cent mille écus depuis. » Le président Hénault n'eut garde d'oublier cette aimable connaissance, et, l'hiver suivant, il reçut Madame d'Étioles à ses fameux soupers, où se réunissait, pour les plaisirs de l'esprit unis à ceux de la table, ce qu'il y avait de mieux à la Ville et à la Cour.

D'autres circonstances rapprochaient la jeune femme de Versailles, et son nom des oreilles du Roi. A Chantemerle, chez Madame de Villemer, qui avait un théâtre de société semblable à celui d'Étioles, elle jouait la comédie avec le duc de Nivernois et le duc de Duras, et M. de Richelieu en personne l'y applaudissait. S'il est vrai que Madame de Châteauroux se soit montrée inquiète, comme l'a été sa sœur Mailly, de « la petite d'Étioles », qu'on songeait déjà à donner au Roi, la duchesse savait fort bien, par son oncle Richelieu, que ce pourrait être, à l'occasion, une rivalité sérieuse et plus qu'une passade sans conséquence. Avertie des manèges de Sénart, irritée par cette apparition en bleu ou en rose et par ce phaéton qui se jetait sur la route des chasses royales, elle avait, dit-on, fait faire à l'indiscrète défense de s'y représenter.

Il ne paraissait pas, malgré quelques chances favorables, que Madame d'Étioles pût jamais réaliser le rêve démesuré qu'elle avait conçu. Le retour de Louis XV aux sentiments religieux pendant sa maladie de Metz, puis la reprise de Madame de Châteauroux, annoncée dès le retour à Versailles, écartaient également de lui la jeune bourgeoise. Vainement sa mère continuait-elle à lui souffler son exaltation, l'assurant qu'elle était plus belle que l'altière duchesse ; vainement Tournehem la montrait-il à ses amis, demandant : « N'est-ce pas un morceau de roi ? » Il semblait qu'elle dût renoncer à cette ambitieuse folie, qui avait pris peu à peu en elle la forme de l'amour même. Un sentiment complexe, où il entrait en tout cas plus d'orgueil que d'intérêt, l'avait envahie tout entière, et on peut bien reconnaître la réalité de ce sentiment, car Louis le Bien-Aimé l'a fait naître sincèrement en beaucoup de cœurs. Elle avait pour lui « cette violente inclination », dont elle faisait confidence à Voltaire, et que soutenait un secret pressentiment qu'elle finirait par être aimée. Soudain, le grand obstacle tombait : Madame de Châteauroux, emportée par une maladie rapide et inattendue, disparaissait de la scène, laissant le Roi désespéré, mais consolable, et le siège en règle commençait.

Madame d'Étioles et sa mère avaient à Versailles un accès singulièrement aisé et qui leur permettait de se passer de Bachelier et de Lebel, les premiers valets de chambre, aussi bien que de M. de Richelieu, conseiller ordinaire de Sa Majesté pour les affaires de son caprice. Le sieur Binet, premier valet de chambre du Dauphin, qui avait la survivance de Bachelier, était parent des Le Normant et l'était aussi de Madame d'Estrades. Aucune introduction meilleure que ces gens du service intime, hommes de confiance, importants et discrets, d'ailleurs convenablement apparentés et que le Roi finissait toujours par anoblir.

Binet ne semble pas avoir joué, de propos délibéré, le rôle que la chronique atteste pour d'autres valets de chambre de Louis XV, et l'amitié dont l'honorait l'austère gouverneur du Dauphin, le duc de Châtillon, semble assurer qu'il n'était point homme à prendre l'initiative de certaines complaisances. Mais il approchait le Roi trop souvent et de trop près, dans les intérieurs, pour ne pas être en état de rendre les services que lui demandait sa jolie cousine. Et pourquoi n'aurait-il pas favorisé ses vues? Madame d'Étioles n'avait-elle pas à solliciter pour son mari une place de fermier général, et n'était-il pas naturel qu'elle disposât de la seule influence qu'elle eût à la Cour pour essayer d'approcher le maître ? Cette raison fut celle qui justifia les démarches de Madame d'Étioles aux yeux de l'époux, à qui Binet inspirait confiance et qui n'avait, au surplus, aucune raison de suspecter la fidélité de sa femme. Ce fut, en tout cas, par cette voie et pour ces motifs que Madame d'Étioles pénétra pour la première fois dans les intérieurs de Versailles.

Dès avant le mariage du Dauphin, elle y apparait, mystérieuse encore, car il semble bien qu'il soit question d'elle, à propos du bal masqué donné, le 7 février, chez Mesdames, au rez-de-chaussée où logea plus tard le Dauphin. Le duc de Luynes, racontant ce bal dans son journal du lendemain, dit que ce n'était pas sans intention que le Roi avait ordonné ce divertissement de carnaval chez ses filles : « On prétend, ajoute-t-il, qu'il fut, il y a quelques jours, à un bal en masque dans la ville de Versailles. On a même tenu, à cette occasion, quelques propos, soupçonnant qu'il pouvait y avoir quelques projets de galanterie, et on croit avoir remarqué qu'il dansa hier avec la même personne dont on avait parlé. Cependant, c'est un soupçon léger et peu vraisemblable. Le Roi paraissait avoir grand désir hier de n'être point reconnu. La Reine fut aussi, hier, au bal en masque, et y est restée jusqu'à quatre heures. » Le 10 mars, dix jours après la fête de l'Hôtel de Ville, alors que le carême est commencé et qu'on résume les incidents du Carnaval, M. de Luynes mentionne pour la première fois le nom de Madame d'Étioles : « Tous les bals en masque ont donné l'occasion de parler des nouvelles amours du Roi et principalement d'une Madame d'Étioles, qui est jeune et jolie ; sa mère s'appelle Madame Poisson. On prétend que, depuis quelque temps, *elle est presque toujours dans ce pays-ci,* et que c'est le choix que le Roi a fait. Si le fait était vrai, ce ne serait vraisemblablement qu'une galanterie et non pas une maîtresse. » Le mari de la dame d'honneur de la Reine est ici l'écho de son entourage : il constate les bruits qui courent, mais ne s'inquiète aucunement; à ses yeux, une bourgeoise, quoi qu'il advienne, ne saurait être à craindre pour longtemps.

A la Cour, tout se sait, et ce qui ne se sait pas se devine. Le rôle de Binet ne tarde pas à être connu. La femme qui vient chez lui et qu'il a introduite, au moins une fois, en solliciteuse, dans les Petits Appartements, met en train la verve des nouvellistes. Le valet de chambre prétend que ce sont là des calomnies « affreuses » contre Madame d'Étioles; il assure la duchesse de Luynes qu'il n'y a pas contre elle « le plus léger fondement »; qu'elle est venue uniquement pour cette place de fermier général, qu'elle l'a obtenue et qu'elle ne reparaîtra plus à la Cour. Binet est-il complice ou dupe? Croit-il que les choses en resteront là, ou veut-il tout simplement se protéger contre un orage terrible qu'il sent gronder sur sa tête?

Il ne faut pas croire que l'affaire des amours du Roi n'intéresse que la chronique de l'Œil-de-bœuf: de très graves questions y sont en jeu, et toute la politique de Versailles commence à s'en préoccuper. Ce qu'on appelle « le parti des dévots » craint une liaison du Roi, qui serait pire que les précédentes. Après un éphémère triomphe, ce parti se sent menacé chaque jour davantage auprès de Louis XV. L'homme qui en a pris la direction, lors de l'exil du duc de Châtillon, M. Boyer, évêque de Mirepoix, chargé de la feuille des bénéfices, ne manque ni d'intelligence, ni de volonté; mais l'intelligence est courte et la volonté têtue. De bons esprits, tels que le cardinal de Bernis, lui reprocheront un jour d'avoir, par ses maladresses, réveillé le jansénisme expirant, et jeté la France dans la plus fatale des guerres religieuses. Si l'on s'en tient aux choses de Cour, l'influence de l'évêque de Mirepoix semble moins funeste

et s'exerce même d'honorable façon : sa parole, toujours écoutée du Roi pour les affaires ecclésiastiques, fait autorité pour toutes choses chez la Reine et chez le Dauphin. Il n'aime guère la noblesse, qui encombre son ordre de cadets ambitieux, et volontiers il soutient des prêtres méritants et obscurs contre le clergé courtisan.

Les ennemis de l'évêque cherchent depuis longtemps à le détruire dans l'esprit de Louis XV. On l'a d'abord attaqué sur les sentiments de piété outrée qu'il aurait inculqués au Dauphin, et que des gens comme Richelieu traitent couramment de bigoterie et cagoterie. Le Roi, qui a de la religion, n'a pas paru se soucier de ce reproche. On a dit alors que le parti Boyer se croit assez maître du jeune prince pour tenir ouvertement chez lui des propos contre la conduite de son père. Si la Dauphine montre au Roi une indifférence choquante et répond mal à ses attentions paternelles, ce n'est point timidité ou gaucherie de son âge, comme on le pourrait croire, c'est répugnance inspirée par ce qu'elle entend dire chez son époux. Le Roi lui a proposé à mainte reprise de venir visiter les curiosités précieuses accumulées dans ses Petits Appartements ; elle a manqué deux fois de se rendre aux heures données, et ce n'est qu'à la troisième qu'elle s'est décidée, avec une gêne visible, à pénétrer dans ces élégants réduits dont on lui a dit tant d'horreurs. Voilà, dit-on, l'œuvre de Boyer et de ses complices. Le Roi sera-t-il insensible à la pensée de cette désunion semée dans sa famille au nom des principes de la religion ?

L'évêque de Mirepoix sent fort bien qu'un grave péril approche, non seulement pour sa personne, mais pour les idées qu'il représente et pour les intérêts du clergé de France, dont il a la garde. Il a fallu les menaces d'une mort prochaine pour obtenir du Roi qu'il renonçât à une vie coupable, et encore rappelait-il Madame de Châteauroux quelques semaines après la guérison. Une liaison nouvelle n'amènerait pas un scandale moindre, et peut-être en préparerait-elle de plus grands. Celle dont on parle à présent est une femme qui, selon l'expression de son ami Voltaire, « pense philosophiquement », c'est-à-dire en dehors de toute croyance religieuse.

On la sait liée avec ce dangereux écrivain et avec d'autres, ses pareils. Il est sûr qu'elle apporterait chez le Roi les idées d'incrédulité dans lesquelles elle a été nourrie ; la voix de Dieu y serait de moins en moins écoutée ; quelles ne seraient pas les conséquences, sur l'esprit de Louis XV et sur l'avenir du royaume, de cette substitution d'influence !

L'homme d'église a plus de connaissance du cœur humain que ces gens de cour, infatués de leur naissance, sûrs d'avance qu'on ne saurait voir à Versailles une favorite roturière. Rien ne s'éduque aussi vite qu'une femme d'esprit, et le Roi, si la roture le gêne, dispose de titres à son gré. L'évêque a donc jugé qu'il était temps de se défendre. On dit qu'il a mandé Binet, rendu responsable de l'intrigue, et qu'il l'a menacé de le faire chasser de chez M. le Dauphin. « M. de Mirepoix, écrit Luynes, nie l'un et l'autre de ces faits ; mais il convient, et me l'a dit, que Binet l'étant venu trouver pour lui conter son affliction de ce qu'on disait contre lui, il lui a parlé assez fortement sur les dangers auxquels il s'exposerait, s'il y avait le moindre fondement aux bruits auxquels il ne voulait point ajouter foi. »

Les menaces de l'évêque obtiennent un résultat tout autre que celui qu'il en attendait. L'honnête Binet, averti de telle façon, comprend qu'il n'a plus rien à ménager. Inquiet pour sa place, il se croit en droit de la défendre par tous les moyens. Le Roi ne tarde pas à apprendre qu'on se mêle de traverser ses amours, qu'on veut soumettre ses inclinations aux préventions de son fils et des conseillers de son fils. Rien ne peut l'irriter davantage et pousser aux extrêmes résolutions une volonté faible, qui craint par-dessus tout de paraître conduite. Nous entrons ici, il est vrai, dans l'incertitude ; mais les dates se précipitent et suffisent à montrer que quelque chose s'est passé dans ces derniers jours du mois de mars, puisque Madame d'Étioles, qui ne devait plus reparaître à Versailles, n'en quitte pas. Binet jure ses grands dieux que, cette fois, il n'est pour rien dans ses voyages. Faut-il croire que c'est par une autre voie, Madame de Tencin par exemple, que l'amour sincère de Madame d'Étioles a été confirmé au Roi ? Binet a-t-il remis lui-même une lettre de sa jeune parente, disant au Roi que sa passion sera la cause de sa perte, assurant que la jalousie éveillée d'un époux qui l'idolâtre va lui faire subir les suites d'un juste ressentiment, en même temps qu'elle ne pourra survivre à la perte de l'objet aimé ? D'où que soit venu l'appel, l'auguste objet a été touché, a consenti à revoir Madame d'Étioles et permis qu'elle revienne au Château.

En même temps, l'oncle Tournehem, depuis longtemps dans les vues de sa nièce, est entré en scène : il a envoyé le jeune d'Étioles en province pour les affaires des sous-fermes, où il est intéressé, et l'y a retenu le plus de temps qu'il l'a pu. Les voyages sont longs, à cette époque, et les affaires se compliquent aisément. Madame d'Étioles, à la fin de mars, a toute liberté pour aller à Versailles, quand il lui plaît, et y demeurer, s'il lui convient.

« Avant-hier, écrit le duc de Luynes le 29 mars, le Roi fut à la chasse et devait souper dans ses cabinets ; l'ordre en était donné. Ceux qui ont coutume d'avoir l'honneur de souper avec le Roi se présentèrent à l'ordinaire, mais on n'appela personne, et l'on vint dire que le Roi ne soupait point. M. le duc d'Ayen s'était trouvé mal à la chasse et était au lit ; le Roi y descendit et y fit porter son souper, ou bien chez Madame de Lauraguais ; c'est ce que l'on n'a pas su positivement. » L'explication de ce mystère est-elle déjà la présence de Madame d'Étioles à Versailles ? On l'y trouve, en effet, deux jours après, assistant à la représentation d'un ballet comique de Rameau, dansé sur la scène du Manège. Tout Versailles a voulu y être et les places ont été fort disputées. Madame d'Étioles, sans aucun droit à cette faveur, a paru pour la première fois au milieu des femmes de la Cour. Elle se savait en mesure d'affronter toutes les comparaisons, et l'occasion était bonne pour le faire constater au Roi. Le 1er avril, on la remarque à la Comédie-Italienne, au Château même, où les places sont encore plus rares, la salle de spectacle étant extrêmement petite : « Le Roi y était dans une petite loge grillée, au-dessous de celle de la Reine. On continue toujours à tenir des propos sur Madame d'Étioles. On remarqua que ce jour-là elle était dans une loge près du théâtre, fort en vue de celle du Roi, et par conséquent de celle de la Reine ; elle était fort bien mise et fort jolie. »

Ces indications sont assez significatives sous la plume d'un homme aussi circonspect que M. le duc de Luynes. Le 10 avril, au reste, notre chroniqueur ne conserve plus de doute : « Le Roi soupa en particulier, en haut, dans ses cabinets, ou en quelque autre endroit qu'on ne sait point, mais il n'y eut personne d'appelé pour souper avec lui. On continue à tenir les mêmes propos sur Madame d'Étioles. » Ces lignes sont écrites le dimanche des Rameaux. Il doit y avoir, le samedi saint, un souper des Petits Cabinets, où l'on pense qu'il y aura des dames et qu'on fera médianoche; on désigne même Madame de Lauraguais avec Madame d'Étioles. Les pronostics sont en défaut ; il n'y a qu'un petit souper d'hommes, qui s'achève sans imprévu. Quant aux Pâques de Sa Majesté, bien entendu il n'en saurait être question.

En quel endroit du Château le Roi reçoit-il alors Madame d'Étioles ? Nul ne peut le savoir, car les intérieurs sont la discrétion même. Le premier souper où il montre sa nouvelle maîtresse, dans les Cabinets, a lieu le jeudi 22 avril. Richelieu se vante d'y avoir été ; on peut y compter également les familiers les plus intimes, le duc de Boufflers, le duc d'Ayen, le marquis de Meuse et quelques-uns des chasseurs de la journée. Luynes dit peu de chose de cette réunion : « M. de Luxembourg y fut admis. Comme Madame de Lauraguais était à Paris, le Roi fit avertir Madame de Bellefonds [dame de Madame la Dauphine] pour ce souper. Tout le monde croyait que le Roi viendrait au bal de l'ambassadeur [d'Espagne] ; il y envoya M. de Lujac, exempt des gardes, et M. de Tressan. Il resta dans ses Cabinets, et il ne s'est couché qu'à cinq heures. Aujourd'hui, il a encore dîné avec Madame d'Étioles, mais dans le grand particulier. On ne sait point précisément où elle loge; mais je crois cependant que c'est dans un petit appartement qu'avait Madame de Mailly et qui joint les Petits Cabinets. Elle ne demeure point ici de suite ; elle va et vient à Paris et s'y en retourne le soir. » Tel est le premier séjour à Versailles de la future Madame de Pompadour, séjour dissimulé et presque furtif qui ne se reproduira plus. Quand elle reviendra à la Cour, ce sera maîtresse déclarée et marquise.

A ce même moment, M. d'Étioles a fini de voyager. On a retardé son retour à Paris en le faisant inviter, pour les fêtes de Pâques, à Magnanville, près de Mantes, chez M. de Savalette. M. de Tournehem y est venu rejoindre son neveu et, en retournant à Paris, comme sa femme ne s'y trouve plus, il lui a révélé la nouvelle destinée de la fugitive. Elle a eu, lui a dit cet oncle excellent, « un goût si violent qu'elle n'a pu y résister, et, pour lui, il n'a d'autre parti à prendre que de songer à s'en séparer ». On prétend qu'à cette nouvelle M. d'Étioles est tombé évanoui, puis a montré un si violent désespoir qu'il a fallu lui enlever les armes; mais, qu'il ait pleuré de rage ou crié vengeance, qu'il ait écrit à sa femme les prières les plus tendres pour la rappeler à son devoir ou qu'il ait rêvé la folie d'aller la reprendre à Versailles, le résultat est inévitable. Il est une volonté à laquelle on ne résiste pas ; d'ordre du Roi, de bon gré ou par violence, M. d'Étioles devra accepter la séparation.

Ce rôle de mari exalté par la jalousie, les inquiétudes que peut faire concevoir un tel état d'esprit, la crainte qu'inspire son ressentiment, tout cela sert à merveille et fort opportunément les desseins de Madame d'Étioles. Elle s'adresse au cœur du Roi et à ses sentiments de gentilhomme. Elle le supplie de la défendre, de changer son état et son nom. Ces précautions, qui lui donneront pied à la Cour et l'amèneront à être « déclarée », elle les prend moins contre son mari, qu'on pourra toujours réduire, que contre les rivalités qu'elle sait nombreuses et contre l'hostilité du parti dévot. Ce sont là les vrais dangers qui la menacent, et qui paraissent devoir la détruire, quand la passion royale arrivera à l'heure du déclin. A ce moment, l'amant heureux ne saurait rien refuser, et il est d'un esprit avisé de saisir l'instant : « Le Roi, écrit Luynes, achète pour Madame d'Étioles le marquisat de Pompadour, dont elle portera le nom ; c'est une terre de dix ou douze mille livres de rente. Ce n'est point le contrôleur général qui est chargé de faire cette acquisition ; on ne lui en a pas seulement parlé. C'est M. de Montmartel (garde du Trésor royal) qui fournit l'argent. » Ainsi reparaît, en cette circonstance décisive de la vie de la favorite, le nom de ces frères Pâris qui ont tenu tant de place dans l'histoire de sa famille et qui vont être pendant longtemps les soutiens les plus sûrs de sa fortune.

Au reste, ce qu'on avait cru fantaisie passagère, devient maintenant, aux yeux de tous, une affaire sérieuse. « Ce qui paraissait douteux il y a peu de temps, écrit le duc de Luynes le 27 avril, est presque une vérité constante. On dit qu'elle aime éperdument le Roi, et que cette passion est réciproque. » Il ajoute qu'on « n'ose en parler publiquement ». La discrétion de la Cour, faite surtout de la gêne qu'inspire le choix roturier du Roi, n'est point imitée à Paris Un chroniqueur bourgeois, comme l'avocat Barbier, d'ordinaire frondeur et malveillant, exprime des sentiments inattendus : « Cette Madame d'Étioles, dit-il, est bien faite et extrêmement jolie, chante parfaitement et sait cent petites chansons amusantes, monte à cheval à merveille et a reçu toute l'éducation possible. » On devine presque de la fierté chez l'écrivain à voir sa classe sociale représentée dignement auprès du maître par cette personne accomplie.

Quant aux amis qui l'ont connue avant ces événements, aux familiers de la « divine » d'Étioles, nous savons leurs sentiments par une lettre égarée dans une correspondance illustre, lettre qu'il faut dater de ce mois d'avril et qui vaut la peine d'être lue de près : « Je suis persuadé, Madame, écrit Voltaire en envoyant ses petits vers sur César et Cléopâtre, que du temps de César il n'y avait pas de frondeur janséniste qui osât censurer ce qui doit faire le charme de tous les honnêtes gens, et que les aumôniers de Rome n'étaient pas des imbéciles fanatiques. C'est de quoi je voudrais avoir l'honneur de vous entretenir avant d'aller à la campagne. Je m'intéresse à votre bonheur plus que vous ne pensez, et peut-être n'y a-t-il personne à Paris qui y prenne un intérêt plus sensible. Ce n'est point comme vieux galant flatteur de belles que je vous parle, *c'est comme bon citoyen;* et je vous demande la permission de venir vous dire un petit mot à Étioles ou à Brunoi, ce mois de mai. Ayez la bonté de me faire dire quand et où. Je suis avec respect, Madame, de vos yeux, de votre figure et de votre esprit, le très humble et très respectueux serviteur. »

Que de choses en cette petite lettre de l'habile homme, qui prépare, dans la femme encensée aujourd'hui, l'amie utile de demain ! Comme s'y insinuent déjà les espérances que fonde tout un parti sur la nouvelle maîtresse ! Et quelle meilleure justification des craintes de l'évêque de Mirepoix ! On voit s'établir ici, dès la première heure, ce concert de louanges intéressées et réciproques qui rendra les philosophes indispensables à Madame de Pompadour, et fera de Madame de Pompadour la protectrice, l'Égérie des philosophes ; on surprend l'éveil des ambitions de ce groupe ardent et batailleur, qui la pousse au pouvoir et qui contribuera à l'y maintenir. Ils comptent bien, par elle, se produire plus hardiment dans le monde, monter plus haut qu'ils n'ont pu faire jusqu'à présent et voir triompher dans l'État, grâce à l'heureux choix du monarque, leurs doctrines et leurs personnes.

ENCADREMENT

[illegible]

II

DE FONTENOY A ROCOUX

Louis XV eut quelque mérite à ne point se laisser retenir par le plaisir d'un nouvel engagement, quand un devoir royal l'appela aux frontières. Il y obéit sans hésiter, remplissant ainsi la promesse qu'il avait faite à Maurice de Saxe en lui confiant son armée de Flandre. Il avait décidé de s'aller mettre en personne à la tête des troupes, dès que la tranchée serait ouverte devant Tournay, et de mener avec lui le Dauphin. Il voulait lui donner de bonne heure cette initiation directe aux choses de la guerre, qu'il n'avait eue lui-même que l'année précédente, aux sièges de Menin, d'Ypres et de Fribourg.

C'était pour le jeune prince, nouvellement marié et tendrement épris, une séparation cruelle, et pour la Reine, pour Mesdames, pour la Dauphine, une cause d'alarmes trop justifiées, « deux boulets, disait-on, pouvant priver la France de son maître et de ses espérances ». Cependant le Dauphin bouillait d'impatience et sentait s'éveiller en lui les instincts militaires de sa race. Le Roi l'avait trouvé trop jeune l'été précédent, et, malgré ses prières instantes, on l'avait profondément humilié en le laissant à Versailles. La vraie raison de ce refus était sans doute qu'on projetait de faire venir à l'armée Madame de Châteauroux. Cette année, l'empêchement n'existait plus ; aucun prétexte décent n'eût permis à une Madame d'Étioles de paraître aux camps, et le départ du Roi et de son fils fut fixé au 6 mai.

L'événement avait attiré à Versailles beaucoup de monde. Toutes les dames titrées et les charges avaient tenu à y paraître, et il y eut jusqu'à treize dames ayant le droit de s'asseoir au souper du Roi. La veille du départ, Louis XV soupa au grand couvert et passa dans la chambre de la Reine, comme à son ordinaire. Il y eut le petit quart d'heure de conversation générale, rempli des insipidités d'usage, et sans qu'une allusion fût faite à l'émotion qui remplissait les cœurs. Le lendemain, la Reine et Mesdames furent au lever; la Dauphine, trop affligée, nous dit-on, n'y put aller. On partait à sept heures. « La Reine a attendu M. le Dauphin, lorsqu'il a passé pour aller chez le Roi ; elle était à la porte du petit passage qui va chez elle; elle l'a rappelé, elle l'a embrassé vingt fois, fondant en larmes. » M. de Luynes observe que le Roi ne s'est couché qu'à trois heures et demie : « Il avait l'air fort sérieux ce matin ; il a dit un mot fort court à M. d'Argenson l'aîné : mais, hors cela, il n'a pas dit un mot à personne, ni à ses ministres, ni à aucun des courtisans. »

Le Roi fut avec des relais jusqu'à Compiègne et continua le voyage en poste. La couchée du second jour fut à Douai. Le Dauphin dormait encore quand Louis XV quitta la ville à quatre heures du matin. La nouvelle des mouvements de l'ennemi l'appelait en hâte devant Tournay. Il était temps qu'il arrivât : l'armée de secours, commandée par le duc de Cumberland, et composée de troupes anglaises, hollandaises, autrichiennes et hanovriennes, serrait de près les assiégeants, et le maréchal de Saxe s'attendait à chaque instant à être attaqué. Le Roi et le Dauphin allèrent reconnaître le terrain, visitèrent les redoutes établies par le maréchal et furent acclamés dans les campements. Louis XV passa la soirée du 10 à deviser, de la meilleure humeur du monde. Il rappela les batailles où les rois de France s'étaient trouvés en personne ; il observa que, « depuis la bataille de Poitiers, aucun roi de France n'avait combattu avec son fils, et qu'aucun, depuis saint Louis, n'ayant gagné de bataille signalée contre les Anglais, il espérait donc être le premier ». Après cette leçon d'histoire, on fit des bons mots ; on fut gai comme pendant une nuit de bal ; le Roi chanta une chanson fort drôle à plusieurs couplets, puis s'en fut, comme les autres, coucher sur la paille.

Le 11 mai, à la petite pointe du jour, il se fait éveiller pour aller se rendre compte des dispositions de l'ennemi. Le vieux maréchal de Noailles et quelques officiers entrent chez lui, quand il achève de se botter : « Vous voilà bien paré », dit-il à Tressan, qui a un habit tout neuf de maréchal de camp. « Sire, dit l'officier, je compte bien que c'est aujourd'hui jour de fête pour Votre Majesté et pour la Nation. »

On est à peine en selle que l'ennemi attaque au canon. Le Roi, bientôt rejoint par le Dauphin, va prendre position sur une éminence, à l'entrée du champ prévu pour la bataille et qui n'a guère que neuf cents toises de largeur. Ils assistent de là, exposés eux-mêmes aux boulets, à toute l'action qui commence. Ils voient le magnifique mouvement de l'infanterie anglaise et hanovrienne, qui force, en masses épaisses, le centre des lignes françaises ; elle perd des rangs entiers, mais le reste avance et repousse de son feu régulier les régiments qui successivement se présentent. Gendarmes, carabiniers, Normandie, Hainaut, brigade irlandaise, rien ne résiste à la marche de cette colonne, de plus en plus serrée, qui répare ses pertes à mesure et semble manœuvrer comme à l'exercice, avec une lenteur puissante et sûre. On aperçoit les majors anglais appuyant leur canne sur les fusils de leurs hommes pour abaisser leur tir. Devant l'intrépidité de l'attaque, les gardes françaises ont lâché pied et, malgré leurs officiers, se débandent. Le Roi ne reçoit que de mauvaises nouvelles ; les redoutes tiennent encore, mais déjà celle de Fontenoy manque de boulets et ne répond plus à l'ennemi. La retraite peut être coupée d'un moment à l'autre, même au Roi, malgré les préparatifs du maréchal de Saxe, qui a tout prévu, sauf la déroute.

Sur tout le champ de bataille, passant hardiment au front de la colonne anglaise, court une légère chaise d'osier, attelée de quatre chevaux gris; c'est le fameux « berceau » qui porte le maréchal. Malade, affaibli, amaigri, obligé de rester couché, il n'a rien perdu de son beau sang-froid de héros. Le Roi et son entourage suivent ses mouvements dans la plaine, d'où s'efface toute espérance. Un instant, la colonne formidable demeure immobile, ne tirant plus, et paraît maîtresse du champ de bataille. Autour du Roi se tient un conseil assez tumultueux, où les avis s'agitent dans la fièvre. Le Dauphin, très excité, met d'un joli geste l'épée à la main et demande à charger à la tête de la maison du Roi. Le maréchal a déjà fait prier Sa Majesté, au nom de la France, de ne pas s'exposer davantage et de repasser l'Escaut pour être à l'abri. Le Roi a refusé et parle aussi de se jeter en personne au milieu de l'action. Le maréchal envoie le chevalier de Castellane le supplier d'attendre encore, un quart d'heure seulement, d'autres nouvelles.

En pleine défaite, Maurice de Saxe improvise le plan d'une nouvelle bataille. Il donne ses ordres suprêmes, parcourt une fois de plus les lignes rompues, relève les courages, rappelle aux troupes qu'elles combattent sous les yeux de leur roi. Il veut ébranler de tous les côtés la colonne victorieuse, avant que les Hollandais, qui ont encore peu donné, se décident à l'appuyer. Tandis que l'artillerie, changeant ses dispositions, concentre son tir sur le même point, tous les escadrons de la maison du Roi, mis en bataille par M. de Richelieu, chargent ensemble, Brionne, Aubeterre, Penthièvre, Chabrillan, Brancas. Les régiments déjà décimés secondent le furieux élan. Le régiment de Noailles, qui charge au centre, y laisse d'abord tout un escadron; mais la masse ennemie, attaquée à la fois de front et par les flancs, commence à s'ouvrir peu à peu: en quelques minutes, elle est forcée de reculer et se retire, sans confusion, cédant le terrain et la victoire.

Il était une heure après-midi, quand le jeune marquis d'Harcourt accourut ventre à terre, annoncer que la bataille était gagnée. Le maréchal, à bout de forces, arriva peu d'instants après, et voulut embrasser les genoux

LA BATAILLE DE FONTENOY

Gouache de Van Blarenberghe

Musée [illegible]

du Roi : « Sire, dit-il, j'ai assez vécu ; je ne souhaitais de vivre aujourd'hui que pour voir Votre Majesté victorieuse. Elle voit à quoi tiennent les batailles ! » Le Roi le relève et l'embrasse. Le comte d'Argenson s'occupe des courriers. Le Roi et le Dauphin écrivent sur des tambours.

A deux heures et demie, un page part pour Versailles, portant à la Reine les billets de son mari, de son fils et du ministre. Le premier est ainsi conçu : « Du champ de bataille de Fontenoy, ce 11 mai, à 2 1/2. — Les ennemis nous ont attaqués ce matin à cinq heures. Ils ont été bien battus. Je me porte bien et mon fils aussi. Je n'ai pas le temps de vous en dire davantage, étant bon, je crois, de rassurer Versailles et Paris. Le plus tôt que je pourrai, je vous enverrai le détail. » Le jeune prince écrit avec plus de tendresse : « Ma chère maman, je vous fais de tout mon cœur mon compliment sur la bataille que le Roi vient de gagner. Il se porte, Dieu merci, à merveille et moi, qui ai toujours eu l'honneur de l'accompagner. Je vous en écrirai davantage, ce soir ou demain, et je finis en vous assurant de mon respect et de mon amour. LOUIS. — Je vous supplie de vouloir bien embrasser ma femme et mes sœurs. »

Les courriers expédiés, Louis XV remonte à cheval avec le Dauphin et parcourt les lignes ; de régiment en régiment, ils sont salués par les cris des soldats et des officiers ; on leur présente les drapeaux percés de balles. Le Roi parle à tous, remerciant les commandants, ne tenant à l'écart que les gardes françaises, dont il plaint les officiers d'avoir des troupes si peu solides devant le feu. Il s'intéresse aux blessés et donne des ordres pour les évacuer sur les hôpitaux, préparés d'avance avec plus de soin qu'à l'ordinaire. « Le triomphe est la plus belle chose du monde, écrira le marquis d'Argenson à Voltaire ; les *Vive le Roi!* les chapeaux en l'air au bout des baïonnettes, les compliments du maître à ses guerriers, la visite des retranchements, des villages..., la joie, la gloire, la tendresse. Mais le plancher de tout cela est du sang humain, des lambeaux de chair humaine ! » Les terribles pertes de cette journée, meurtrière entre toutes, sont oubliées dans l'allégresse de la victoire. Ceux qui ont aidé à la gagner comprennent la fierté royale : Fontenoy a donné au règne le prestige éclatant de gloire militaire qui lui manquait.

Ces belles nouvelles arrivaient à Versailles avec une incertitude cruelle sur les morts et les blessés. Le lendemain, le comte d'Argenson envoyait à la Reine la liste des pertes dont la noblesse française avait payé la gloire de son Roi. On comptait soixante-treize officiers tués sur le champ, cinquante-cinq en danger de mort, quatre cent soixante-quatre officiers blessés ; il y avait eu seize cents soldats français morts et trois mille blessés, et cette proportion indiquait quelle part revenait au dévouement des officiers dans le succès de la journée. On citait le duc de Gramont, tué par un des premiers boulets et roulant de cheval aux pieds du maréchal de Noailles, son oncle, qui venait de l'embrasser et l'envoyait à son poste. Un autre lieutenant général, M. de Lutteaux, avait reçu deux coups de fusil dans le corps. Plusieurs colonels étaient tombés à la tête de leurs troupes : M. de Dillon, M. de Courten, le prince de Craon. Ces deuils, qui touchaient tant de familles et frappaient aussi plus d'un cœur en secret, assombrissaient la joie générale.

D'ailleurs, la guerre n'était point finie, et même la place de Tournay tenait toujours. On commença à se rassurer, le jour où un page de la Petite-écurie, M. de Lordat, apporta la nouvelle que la ville était rendue et que la garnison s'était retirée dans la citadelle. Le siège de cette citadelle n'en fut pas moins d'une difficulté extrême : les assiégés faisaient jouer presque chaque nuit des mines meurtrières, et le bulletin quotidien envoyé à la Reine restreignait toujours le nombre des blessés et des morts, pour éviter l'excès d'inquiétude. Après un mois seulement, la brèche étant faite, la garnison anglo-hollandaise consentit à se rendre et sortit avec les honneurs de la guerre. Louis XV vit défiler ces quatre mille hommes sur les glacis de Tournay. Tout le chemin était bordé de cavalerie française, maison du Roi, gendarmerie, carabiniers. Quand passa le gouverneur, M. de Brackel, le Roi le félicita de cette belle défense ; puis il entra solennellement dans la ville, fut reçu à la cathédrale par l'évêque entouré de son clergé, et traité à dîner par le prince de Tingry, lieutenant général en survivance de la province de Flandre. Le plus difficile de la campagne était terminé.

D'autres succès s'accumulèrent rapidement en six semaines; Gand se laissait surprendre par M. de Lowendal; Bruges ouvrait ses portes sans résistance au marquis de Souvré; Oudenarde se rendait au Roi après quatre jours de tranchée; Dendermonde était pris par le duc d'Harcourt, Ostende, par Lowendal encore. Et tandis que de bonnes nouvelles arrivaient d'Italie, où l'infant don Philippe, gendre du Roi, combinait ses efforts avec ceux du maréchal de Maillebois, tandis que le roi de Prusse, ayant battu les troupes de Marie-Thérèse à Friedberg, écrivait à son allié : « J'ai acquitté la lettre de change que vous aviez tirée à Fontenoy », Louis XV parcourait la Flandre conquise et se faisait acclamer de ses nouveaux sujets, au milieu d'une continuité de fortune qui rappelait les plus belles campagnes de Louis XIV.

Pendant que les batailles se gagnent, que les villes se rendent et que la France s'emplit du chant des *Te Deum* pour les victoires de Sa Majesté Très-Chrétienne, Madame d'Étioles est à la campagne, chez l'oncle Tournehem, point inquiétée, à ce qu'il semble, par son mari, toute à ses projets d'avenir et à la réalisation de son rêve. Il arrive autant de courriers de l'armée à Étioles qu'à Versailles. Le Roi y écrit tous les jours une lettre au moins; en deux mois, on en compte jusqu'à quatre-vingts; on sait qu'elles sont toutes adressées à *Madame la marquise de Pompadour,* et qu'elles sont cachetées d'une devise galante : *Discret et fidèle*. D'autres lettres viennent de l'entourage du Roi; M. de Richelieu lui-même, l'ami de toutes les maîtresses, a entamé une correspondance, montrant assez par là qu'il a constaté les signes d'une faveur durable. Le plus significatif est, sans doute, qu'on rafraîchit à Versailles le bel appartement de Madame de Châteauroux.

Toutes ces satisfactions d'amour et d'amour-propre ont de quoi dédommager Madame d'Étioles de la retraite à laquelle elle est condamnée. Cette retraite, désirée par le Roi, est absolue. Elle ne reçoit qu'un petit nombre d'amis, des plus éprouvés ou des plus utiles. Deux surtout s'empressent auprès d'elle, qui joueront dans sa vie un rôle important et qui, dès ce moment même, dirigent en quelque mesure sa destinée.

Voltaire, qui a été le premier courtisan de la fortune naissante de Madame d'Étioles, est aussi le premier obligé de Madame de Pompadour. Il lui doit déjà le don gratuit de la première charge vacante de gentilhomme de la Chambre du Roi, un beau cadeau en vérité, qui représente environ soixante mille livres; la charge d'historiographe, dont il a eu le brevet en même temps, lui vaut, avec deux mille livres d'appointements, le droit de flatter officiellement Sa Majesté. Le prétexte des faveurs royales, vainement sollicitées jusqu'alors par l'auteur de *la Henriade,* a été le ballet du mariage, *la Princesse de Navarre;* mais c'est Madame d'Étioles qui les a obtenues à son poète, et il a bénéficié de la première prière peut-être qu'elle ait faite au Roi. Il n'aurait garde de négliger une amitié qui promet d'être avantageuse et de lui assurer, par exemple, l'Académie, de laquelle on l'a une première fois écarté. Tout ce printemps, tout cet été, Voltaire tourne autour d'Étioles, fort aise qu'on sache qu'il est dans les confidences. Il ne quitte le duc et la duchesse de la Vallière, ses protecteurs du moment, que pour aller chez sa nouvelle déesse : « Je suis tantôt à Champs, tantôt à Étioles », écrit-il à d'Argenson, qui est sous Tournay avec le Roi et qui doit montrer sa lettre, et au mois d'août, écrivant d'Étioles même, il assure gaiement le ministre qu'il se dit infiniment de mal de lui chez Madame de Pompadour.

La jeune favorite entend, de la bouche de Voltaire, la première lecture de ce fameux poème sur la *Bataille de Fontenoy,* qui est, pour l'auteur, une grande affaire. Né courtisan, il aspire toujours à devenir le *Poeta regius* de quelque prince, voire du Saint-Père s'il ne trouve mieux, et cette carrière, avec ses honneurs lucratifs et la liberté qu'elle assure, semble encore suffire à ses ambitions. La victoire de Fontenoy et les bonnes grâces de la maîtresse lui paraissent au nombre des meilleures aubaines de sa vie. Quel avantageux moyen de faire entendre à Louis XV qu'il ne saurait être loué dignement que par celui de ses sujets dont le génie honore le plus son règne. Et quelle agréable occasion de lui promettre, avec tous les sous-entendus les plus agréables,

Le prix de la Vertu par les mains de l'Amour!

Dans le poème qu'inspire Madame de Pompadour, on voit reparaître les mouvements, les épithètes, les hémistiches de l'*Ode sur la prise de Namur* ou de l'*Épître sur le passage du Rhin,* et du même style, des mêmes mots, de la même mythologie qu'employait Boileau pour flatter le Grand Roi, Voltaire flagorne le Bien-Aimé.

Toute cette rhétorique, apprise chez les Jésuites, charme, enivre, exalte la petite bourgeoise. Le poète sait l'intéresser au côté profitable de son entreprise. Il n'a célébré jusqu'alors que des hommes de cour aimant les lettres, qui donnent à souper et payent des dédicaces ; d'autres appuis semblent plus sûrs dans une monarchie militaire et auprès d'un roi peu sensible aux arts et médiocre juge du talent. Il va pouvoir multiplier, en nommant les héros de Fontenoy, le nombre des gens qui lui voudront du bien, et il cherche à persuader Madame de Pompadour que ces amis nouveaux seront les siens. C'est à Étioles qu'il compose une partie des additions et corrections qui surchargent les éditions successives, et lui permettent de répandre ses louanges sur plus de têtes. Comme il se croit le grand dispensateur de renommée, il entasse dans ses vers, toujours à l'imitation de Boileau, les noms militaires qu'il voue à l'immortalité. Il envoie ses exemplaires à l'armée par ballots, et c'est d'Argenson qu'il charge de les distribuer. L'imprimeur ne suffit point aux tirages, on épuise en dix jours dix mille exemplaires, et l'engouement du public grise le poète : « La tête me tourne, écrit-il ; je ne sais comment faire avec les dames, qui veulent que je loue leurs cousins ou leurs greluchons. On me traite comme un ministre : je fais des mécontents! »

Il prie Tressan, un des blessés de la journée, de lui mander des épisodes héroïques, pour enrichir ses éditions nouvelles. De celle dont le Roi a daigné agréer la dédicace, il adresse un exemplaire à son ami Moncrif, pour que le poète des *Chats* obtienne qu'il soit lu par la Reine ; il lui demande de faire remarquer, à cette occasion, à l'auguste souveraine, l'indignité de confrères sans talent, qui se sont permis de célébrer le même sujet, et surtout de l'un d'eux qui s'est posé en rival : « Vous êtes engagé d'honneur à faire connaître à la Reine ce misérable; si je n'étais malade, j'irais me jeter à ses pieds. Je vous supplie instamment de lui faire ma cour. Je n'avais supplié Madame de Luynes de présenter ma rapsodie à la Reine que parce qu'il paraissait fort brutal d'en laisser paraître tant d'éditions sans lui en faire un petit hommage; mais je vous prie de lui dire très sérieusement que je lui demande pardon d'avoir mis à ses pieds ma pauvre esquisse, que je n'avais jamais osé donner au Roi. Enfin Sa Majesté ayant bien voulu que je lui dédiasse sa *Bataille*, j'ai mis mon grain d'encens dans un encensoir un peu plus propre et le voici que je vous présente. » En vérité, Voltaire ne dédaigne aucun appui, puisqu'à l'heure même où il se fait l'hôte assidu d'Étioles, il tient à s'assurer la bienveillance, si peu nécessaire aujourd'hui, de « la bonne Reine ».

C'est peut-être qu'il commence à s'inquiéter et que ses façons « d'adjuger des lauriers » paraissent indiscrètes dans les cercles de la Cour. Le duc de Luynes nous donne, avec sa bonne grâce habituelle, l'opinion des honnêtes gens sur l'auteur du fameux poème : « Il a voulu parler de tout le monde, et sans avoir eu le temps d'être assez instruit des particularités; il a même suppléé par des notes à ceux qu'il ne pouvait nommer; mais, en voulant contenter tout le monde, il a fait grand nombre de mécontents. Les uns se sont trouvés trop confondus dans la foule, les autres ont jugé qu'ils n'étaient point à leur place. Il a fait M. le duc de Gramont maréchal de France de son autorité; enfin, il s'est trouvé tant de fautes qu'il a été obligé de faire plusieurs corrections. Il y en a dans ce moment-ci cinq éditions, et ce n'est qu'à la cinquième qu'il a cru son poème en état d'être présenté à la Reine. Malgré toutes ces critiques, il est pourtant certain qu'il y a de très beaux vers, et il est vrai qu'on passe moins de fautes à Voltaire qu'à un autre, parce qu'on le croit moins capable d'en faire. » L'avocat Marchand, qui a rimé lui-

même sur Fontenoy, est moins indulgent pour son remuant confrère :

Il a loué depuis Noailles
Jusqu'au moindre petit morveux
Portant talon rouge à Versailles !

On reproche à M. de Richelieu d'avoir chargé Voltaire, l'auteur de *la Henriade,* de composer le poème à son profit, et de s'être fait attribuer le vrai succès de la bataille. Le duc est, en effet, dans une période de grande ambition et, depuis qu'il est entré dans les vues du Roi au sujet de Madame de Pompadour, il a repris son crédit des meilleurs jours. Les lettres écrites du camp devant Tournay racontent l'extrême familiarité que le Roi lui montre, en venant l'éveiller chaque matin dans sa chambre, causer et plaisanter au bord de son lit. Dans ces conversations intimes, dont Madame de Pompadour fait souvent les frais, Voltaire tient à être nommé. Il correspond avec Richelieu, à propos des fêtes du retour que doit organiser le Premier gentilhomme, et ses lettres peignent plusieurs âmes d'un seul pinceau : « Voici un petit morceau dans lequel il y a d'assez bonnes choses. Il y a surtout un vers admirable :

Un roi plus craint que Charle et plus aimé qu'Henri !

« Vous devriez bien, Monseigneur, mettre le doigt là-dessus à notre adorable monarque. De héros à héros, il n'y a que la main... » Tout cela est pour amener une requête plus passionnée : « En vérité, vous devriez bien mander à Madame de Pompadour autre chose de moi que ces beaux mots : « Je ne suis pas trop content de son acte. » J'aimerais bien mieux qu'elle sût par vous combien ses bontés me pénètrent de reconnaissance, et à quel point je vous fais son éloge ; car je vous parle d'elle comme je lui parle de vous ; et, en vérité, je lui suis très tendrement attaché, et je crois devoir compter sur sa bienveillance autant que personne. Quand mes sentiments pour elle lui seraient revenus par vous, y aurait-il eu si grand mal ? Ignorez-vous le prix de ce que vous dites et de ce que vous écrivez ? Adieu, Monseigneur, mon cœur est à vous pour jamais. » La veille, Voltaire a envoyé au duc des essais de la fête, des projets de livret pour Rameau ; le lendemain il en enverra d'autres ; il n'est jamais à court ni d'idées, ni de compliments.

Cette agitation d'esprit, ce bouillonnement de projets, cette parole rapide, mordante, souvent sincère, cette flamme d'éloquence qui illumine et ce tumulte de mots qui étourdit, voilà ce qu'apporte à Étioles la menue et ardente personne de Voltaire. Il entretient la fièvre de la future marquise, lui souffle ses propres ambitions, la mêle à ses grands desseins, l'intéresse à ses petites rancunes, la consulte, l'encense, l'intimide, lui persuade par instants qu'il n'y a à écouter que lui, et qu'il n'est pas auprès de lui d'écrivain qui compte. Qui donc a plus d'esprit d'invention pour suggérer à une femme fêtes nouvelles, ballets, opéras? Qui serait mieux apte à la célébrer en vers ou en prose et à la servir à travers le monde ? Et déjà les petits vers du poète se multiplient, courent Paris, apprenant à tous en quelle intimité il a su se mettre et ce qu'il se croit permis d'écrire :

> Sincère et tendre Pompadour
> (Car je peux vous donner d'avance
> Ce nom qui rime avec l'amour
> Et qui sera bientôt le plus beau nom de France),
> Ce tokai dont Votre Excellence
> Dans Étioles me régala,
> N'a-t-il pas quelque ressemblance
> Avec le Roi qui le donna?
> Il est comme lui, sans mélange;
> Il unit comme lui, la force et la douceur,
> Plaît aux yeux, enchante le cœur,
> Fait du bien et jamais ne change.

Dans une lettre au président Hénault, Voltaire nous introduit au milieu des causeries d'Étioles, où achève de se former l'esprit de la maîtresse de demain : « Je parlais, Monsieur, il y a quelques jours, à Madame de Pompadour de votre charmant, de votre immortel *Abrégé de l'Histoire de France.* Elle a plus lu à son âge qu'aucune vieille dame du pays où elle va régner *et où il est bien à désirer qu'elle règne.* Elle avait lu presque tous les bons livres, hors le vôtre; elle craignait d'être obligée de l'apprendre par cœur. Je lui dis qu'elle en retiendrait bien des choses sans efforts, et surtout les caractères des rois, des ministres et des siècles; qu'un coup d'œil lui rappellerait tout ce qu'elle sait de notre histoire, et lui apprendrait ce qu'elle ne sait point; elle m'ordonna de lui apporter, à mon premier voyage, ce livre aussi aimable que son auteur. Je ne marche jamais sans cet ouvrage; je fis semblant d'envoyer à Paris et, après souper, on lui apporta votre livre en beau maroquin, et à la première page était écrit :

Le voici ce livre vanté;
Les Grâces daignèrent l'écrire
Sous les yeux de la Vérité,
Et c'est aux Grâces de le lire... »

L'épître n'aurait pas toute sa saveur, si l'on ne se rappelait comment Voltaire traita par la suite l'*Abrégé* du président, « compilation informe. exécutée par des mercenaires », œuvre d'un homme dont la « petite âme ne voulait qu'une réputation viagère » et qui n'était au fond qu'un « charlatan ». Il faut songer aussi aux vers ignobles et fameux qui vinrent orner un jour un chant de la *Pucelle,* pour flétrir « l'heureuse grisette », des charmes de laquelle avait trafiqué sa mère. Il est vrai qu'alors Hénault avait osé adresser à Voltaire des critiques sur le *Siècle de Louis XIV,* et que Madame de Pompadour n'avait pas consenti à lui sacrifier Crébillon.

Il est trop évident que le gentilhomme de la Chambre du Roi, en affichant pour la maîtresse l'excessif enthousiasme dont nous mesurons la sincérité, ne songeait qu'aux avantages qu'il en pouvait retirer pour lui-même. Nul souci chez lui des véritables intérêts de sa protectrice. Par son zèle indiscret et bruyant, il l'eût plutôt desservie et lui eût fait assez vite le dangereux présent de ses propres ennemis. Madame de Pompadour avait besoin d'avoir auprès d'elle un ami moins égoïste, et dont le dévouement fût de meilleure étoffe. Elle le trouva dans l'abbé de Bernis, qui était aussi devenu un familier d'Étioles, puisque chaque semaine il y passait une journée. Aussi bien le Roi l'avait ainsi décidé à son départ, pour des raisons qu'il importe de connaître.

Ce n'est point une compagnie banale que celle de l'abbé de Bernis, et plus d'une grande dame la pourrait envier à la fille des Poisson. Ce cadet de vieille famille, apparenté aux meilleurs noms de France, est obligé par la gêne à demander sa carrière à ses talents et à son mérite. Il est ardemment désireux de la réussir, mais incapable, même pour cela, d'une bassesse ou d'une hypocrisie ; il a pris le petit collet, sans vouloir recevoir la prêtrise, pour la raison très loyale que la vocation lui manquait. Ses trente ans sont venus, sans qu'il eût d'avenir assuré dans l'Église, Fleury d'abord, puis Boyer lui ayant impitoyablement fermé la Feuille des bénéfices. Riche de jeunesse, s'endettant un peu (mais une belle princesse qui l'estime payera ses dettes), il vient d'obtenir son premier succès et d'entrer à l'Académie, moins comme écrivain de profession, qu'en grand seigneur ami des lettres et des lettrés. Ses titres littéraires auraient été, s'il eût fallu en produire, son poème de la *Religion vengée,* qu'il a dédaigné d'imprimer ; il a fait aussi des madrigaux galants, qui n'ont guère coûté à sa verve méridionale et qu'on lui jouera le mauvais tour de publier, quand il sera devenu prêtre, diplomate et cardinal. Le gentil poète n'a d'ailleurs rien écrit dont il puisse jamais avoir à rougir ; dans son œuvre comme dans sa vie, tout est du ton de la meilleure compagnie.

L'éducation première n'a pas moins servi le comte de Bernis que les dispositions de son heureuse nature. Frais, joufflu, poupin, soigné de sa personne, — « Babet la bouquetière », comme l'appelle Voltaire qui le ménage et le jalouse, — d'une physionomie avenante et candide, instruit sans pédanterie, sensible et gai, il sait tourner à point le compliment mythologique et parle naturellement à Églé et à Silvie le langage qui les caresse. Il est dans leurs salons « la coqueluche » ; mais il ne rime point pour toutes les belles, car il sait respecter l'habit qu'il porte, et, même dans le monde qu'il fréquente, il faut s'y prendre de loin pour l'avoir à souper. Si l'on est surpris qu'un homme aussi jeune et aussi recherché des deux sexes n'ait aucune fatuité, c'est qu'on ignore qu'il cache sous ces aimables dehors une fort belle intelligence, qui le garde de la vanité. On ne saurait désirer amitié plus sûre et plus agréable que la sienne.

Madame Poisson et sa fille, qui rencontraient M. de Bernis chez leur cousine Madame d'Estrades, l'avaient plus d'une fois prié chez elles. La compagnie qu'elles voyaient ne lui convenant pas, il s'était poliment dérobé. Si les choses se modifièrent, ce ne fut pas sans quelque débat de conscience, tout à l'honneur du jeune abbé, et qu'il faut lui laisser raconter dans ces véridiques mémoires qui le vengent aujourd'hui de tant de sottes médisances d'envieux : « Je reçus un jour, dit-il, un billet de la comtesse d'Estrades, qui me priait de passer chez elle; je m'y rendis; elle m'apprit que Madame d'Étioles était maîtresse du Roi; que, malgré mes refus, elle désirait avoir en moi un ami et que le Roi l'approuvait. J'étais prié à souper chez Madame d'Étioles huit jours après pour convenir de nos faits. Je marquai à Madame d'Estrades la plus grande répugnance à me prêter à cet arrangement, où, à la vérité, je n'avais aucune part, mais qui paraissait peu convenable à mon état : on insista, je demandai le temps pour y réfléchir. Je consultai les plus honnêtes gens : tous furent d'accord que, n'ayant contribué en rien à la passion du Roi, je ne devais pas me refuser à l'amitié d'une ancienne connaissance, ni au bien qui pouvait résulter de mes conseils. Je me déterminai donc ; on me promit et je promis une amitié éternelle. On verra que j'ai tenu parole. Le Roi devait faire la guerre en Flandre et Madame d'Étioles passer l'été à la campagne. Il fut convenu et approuvé du maître que je la verrais souvent. »

L'ordre de Louis XV fut scrupuleusement obéi, et Bernis ne laissa pas que d'y trouver quelque agrément : « Je fus souvent à Étioles dans l'été de 1745. A l'exception du duc [alors marquis] de Gontaut qui y demeura quelques jours, je fus *le seul homme du monde* avec qui la marquise de Pompadour pût avoir des entretiens. J'allais toutes les semaines à Paris, et je faisais valoir sans affectation ses sentiments et ses intentions. Je lui conseillai de protéger les gens de lettres : ce furent eux qui donnèrent le nom de Grand à Louis XIV. Je n'eus point de conseil à lui donner pour chérir et rechercher les honnêtes gens : je trouvai ce principe établi dans son âme; je n'aperçus alors dans l'âme de Madame de Pompadour qu'un amour-propre trop aisé à flatter et à blesser, et une défiance trop générale, qu'il était aussi facile d'exciter que de calmer. Malgré cette découverte, je résolus de lui dire toujours la vérité sans aucun ménagement... Je dois dire à sa louange que, pendant plus de douze ans, elle a mieux aimé mes vérités quelquefois dures, que les flatteries des autres. »

Ces deux hommes, M. de Gontaut et l'abbé de Bernis, qui ont déjà rencontré Madame d'Étioles, lui rendent à l'entrée de sa vie nouvelle, un inappréciable service. Ce sont gens de haute naissance et de sérieux caractère : le premier, après une belle carrière dans les armes, a obtenu l'amitié de Madame de Châteauroux et celle du Roi; le second, malgré sa jeunesse, inspire confiance par sa conduite et la sûreté de son esprit. Ils n'ont pas été envoyés sans raison, par Louis XV, auprès de Madame de Pompadour. L'un et l'autre sont du monde, et du plus grand, celui dans lequel va entrer la nouvelle marquise, et qu'elle ignore presque entièrement. Quelque brillante qu'ait été sa vie jusqu'à ce jour, c'est la finance et la bourgeoisie qui l'ont formée. Tout autre est le milieu où des circonstances inouïes la transportent. Ni les mœurs, ni la langue, ni les façons n'y sont les mêmes. Pour éviter les faux pas, si dangereux en un pays comme la Cour et que le maître ne tolère guère, que de choses à connaître, que d'allusions à deviner, que de noms, de généalogies, d'alliances à tenir dans sa mémoire! Il faut avoir vécu toujours dans un monde aussi fermé pour en posséder les traditions et en savoir le langage. Puisque des gentilshommes comme Gontaut et Bernis parlent ce langage de naissance, leur rôle est précisément de l'apprendre à la favorite. Intelligente à la façon de Paris, et douée à merveille de la facilité qu'ont les femmes de se transformer suivant les temps et les lieux, elle profite rapidement de ces leçons délicates. Il n'y a pas seulement pour elle, à fréquenter ceux qui les lui donnent, la vanité de pouvoir nommer au Roi des amis qui ne sentent ni le grimoire, ni la maltôte; il y a surtout le profit, qu'elle sent fort bien, d'y prendre insensiblement un ton nouveau et d'y décrasser sa roture.

Bernis remplit auprès de Madame de Pompadour une sorte de « préceptorat » (le mot est de Brienne, qui eut plus tard les confidences du prélat), et de ces premières relations sort une véritable amitié. Cette amitié tient tant de place dans la vie de la favorite, et une place si mal connue, qu'il est indispensable d'en bien marquer le caractère. Le comte de Bernis n'est point si sévère qu'il ne se laisse aller au plaisir d'en cultiver les charmes. N'appartenant encore à l'Église que par son habit, il est au monde par ses mœurs, et c'est la morale du monde qu'il pratique, celle de l'honnête homme, qui est assez différente de la morale chrétienne, mais d'après les règles de laquelle il semble équitable de juger sa conduite. On voit en lui un frappant exemple de l'indulgent respect des sujets de Louis XV pour ses faiblesses : elles sont acceptées d'eux sans trop de scandale, et rien n'empêche que justice soit rendue aux qualités de la nouvelle favorite, même par des gens de vie vertueuse et de sincère piété. Pour le grand nombre des Français d'alors, les volontés du Roi sont choses qui ne se discutent pas, et ses caprices même. nul ne les condamne, ni ne les juge : « En France, écrit précisément Bernis, le Roi est non seulement le maître des biens et de la vie, mais aussi de l'esprit de ses sujets. Quel pouvoir ! et qu'il serait aisé d'en tirer un parti avantageux ! »

On ne peut oublier, en ce siècle où règne la femme, que la galanterie, qui est un trait du caractère français, laisse partout le sceptre, à tous les degrés de la nation, aux mains des grâces et de la beauté. La noblesse particulièrement a hérité sur ce point des traditions de l'ancienne chevalerie. Le comte de Bernis, plus gentilhomme qu'abbé, met une parfaite aisance à les pratiquer. Les vers qu'il dédie à Madame de Pompadour diffèrent singulièrement par là de ceux de Voltaire, dont les madrigaux sentent toujours le placet. Grand seigneur et poète sentimental, Bernis est réellement sous le charme de la femme d'esprit, qui n'a pas dédaigné de le conquérir, et l'on devine qu'il rime pour elle-même, et non en vue du crédit qu'elle pourra posséder un jour. C'est de cette époque de leurs relations que date le joli conte des « petits trous », un peu familier sans doute, puisqu'il s'agit de célébrer des fossettes, mais qui reste de bonne compagnie :

Ainsi qu'Hébé, la jeune Pompadour
A deux jolis trous sur sa joue,
Deux trous charmants où le plaisir se joue
Qui furent faits par la main de l'Amour.
L'Enfant ailé sous un rideau de gaze
La vit dormir et la prit pour Psyché..

Ce sont encore les ombrages du parc d'Étioles qui inspirent au poète sa transparente allégorie sur l'Enfant de Cythère, revenu au jour pour protéger, non plus l'infidélité, mais la constance, et qu'on aperçoit

dans le bois solitaire
Où va rêver la jeune Pompadour.

Ces visites, ces causeries, cette littérature de boudoir ou de bataille charmaient le monotone isolement de Madame d'Étioles. Elle était occupée aussi par les négociations d'un procès en séparation de biens, qu'elle intentait à son mari, devant le Châtelet, et qu'il y avait peu de chances qu'elle perdît. Ses parents, son frère, l'oncle Tournehem et quelques parents formaient sa société habituelle, où ne paraissait point la petite Alexandrine encore en nourrice. Les incidents étaient rares à Étioles. Un jour du mois de juillet, on était au salon d'assemblée, quand retentit une détonation violente, suivie d'un mouvement du sol qui jeta hors de ses gonds la porte de la pièce. Le magasin de poudre d'Essonnes venait de sauter, à une lieue de distance; il y avait une trentaine de victimes et Corbeil entier perdait ses vitres. Madame de Pompadour en parlait encore à son frère voyageant en Italie, six ans plus tard, a propos d'un tremblement de terre du Vésuve. Ç'avait été pour elle le présage d'un important événement survenu quelques jours après et depuis longtemps attendu dans sa vie.

Le courrier des Flandres apportait à Étioles le brevet de marquise. Par une galanterie toute royale, Louis XV l'avait fait partir de Gand, le 11 juillet, jour où la ville venait d'être prise par le comte de Lowendal;

et Voltaire datait de la maison de Madame de Pompadour les quatrains que lui suggérait cette coïncidence, et qu'on voudrait avec de la musique de Rameau pour les trouver supportables :

A Étioles, juillet 1745.

Il sait aimer, il sait combattre :
Il envoie en ce beau séjour
Un brevet digne d'Henri quatre,
Signé Louis, Mars et l'Amour.

Mais les ennemis ont leur tour ;
Et sa valeur et sa prudence
Donnent à Gand le même jour
Un brevet de ville de France

Ces deux brevets si bien venus
Vivront tous deux dans la mémoire :
Chez lui les autels de Vénus
Sont dans le temple de la Gloire !

Lous XV et le Dauphin rentrèrent à Paris le 7 septembre. Les rues étaient tendues et pavoisées de la porte Saint-Martin jusqu'au Carrousel. La Reine, la Dauphine, Mesdames, les Princesses et toute la Cour attendaient au château des Tuileries, et s'avancèrent sur le haut de l'escalier, quand, vers cinq heures et demie, les carrosses se rangèrent au grand perron. La réunion fut émouvante : le Roi embrassa la Reine ; le Dauphin embrassa tout le monde, y compris sa gouvernante et l'évêque de Mirepoix. Le Roi causa dans la galerie, debout, près de trois quarts d'heure ; puis il fut se déshabiller, et la Reine, ayant gardé quelque temps chez elle le Dauphin et la Dauphine, revint dans la galerie, et tint publiquement son cavagnole. Le Roi ne reparut pas de la soirée.

Le lendemain matin, il fit, en grande pompe, sa visite à Notre-Dame, et, l'après-dînée, reçut les félicitations de la Ville, suivies du compliment des harengères. A la tombée de la nuit, on fut à l'Hôtel de Ville, en nombreux carrosses escortés des compagnies de la Maison du Roi. Cinq appartements différents étaient préparés pour la Famille royale, qui devait être traitée par la Ville. Le feu d'artifice de la place de Grève, que Leurs Majestés virent de la croisée du milieu, précéda une demi-heure de musique

8

des Petits-Violons, où fut exécuté un divertissement sur le *Retour du Roi*, terminé par des couplets de circonstance et le refrain : *Vive Louis! Vive son Fils!* Le souper, dans la grande salle, ne commença guère avant dix heures. Le Roi et la Reine étaient seuls au bout de la table, ayant, sur le retour, à droite, M. le Dauphin, à gauche, Madame la Dauphine. La table était de cinquante couverts, tous les autres étant, selon l'usage, uniquement occupés par des dames. On servit exactement cent plats. De fort belles symphonies rendirent moins pesante la longueur de cette cérémonie, qui ne dura pas moins de deux heures et demie.

Le reste des dames et de la Cour était traité en d'autres salles de l'Hôtel de Ville. On sut que Madame de Pompadour s'était fait servir un fort beau souper dans une des chambres du haut, ayant avec elle Mesdames de Sassenage et d'Estrades, et, en hommes, son frère et M. de Tournehem. Mais des honneurs plus significatifs lui ont été accordés cette nuit-là. Le duc de Gesvres, gouverneur de Paris, et M. de Marville, lieutenant général de police, qui allaient chez elle, les jours précédents, lui rendre compte des préparatifs de la fête, sont montés à son souper pour lui rendre leurs devoirs; on y a vu M. de Richelieu, M. de Bouillon; et le prévôt des marchands, M. de Bernage, bien qu'il servît lui-même le Roi à table, a trouvé le moyen de quitter deux fois la grande salle, afin d'aller donner à la favorite des nouvelles du souper royal.

Le Roi rentra aux Tuileries à deux heures après minuit, ayant parcouru, selon la tradition, les rues illuminées de sa bonne ville; à peine levé, il reçut, le matin, les harangues des Cours souveraines, celles de l'Académie et le remerciement de la Ville pour l'honneur que Sa Majesté lui avait fait la veille. La Reine et Mesdames eurent de la musique dans la Galerie ; la Famille royale se promena au jardin ; il y eut cavagnole et grand couvert. Le lendemain, tout le monde partait pour Versailles, et le roi Stanislas arrivait de Trianon pour offrir à son tour des félicitations à son gendre, après ses brillantes victoires.

Pendant les journées de fêtes officielles, toujours prévues et un peu monotones, les préoccupations de la Cour se rapportent à l'événement dont on parle depuis longtemps, la présentation de Madame de Pompadour. On sait que la cérémonie est prochaine et qu'il y sera donné un certain éclat. La vieille princesse de Conti a cru devoir informer la Reine, aux Tuileries, que le Roi lui a demandé de présenter cette dame, qu'elle ne connaît même pas de vue. Elle désire, dit-elle, que le Roi veuille bien changer de sentiment. Au fond, elle est moins fâchée de cette préférence qu'elle ne consent à le paraître, car elle est affligée de dettes qui montent à un chiffre considérable et qu'elle est sûre de voir promptement payées, la cassette royale ayant mainte façon de rémunérer les complaisances.

Le 10 septembre, à l'heure même où la Maison du Roi reconduisait à Versailles la Famille royale, harassée de fêtes, de musiques et de harangues, un carrosse des Écuries a amené au Château, sans attirer la moindre attention, deux femmes qui vont y habiter désormais, la comtesse d'Estrades et la marquise de Pompadour. Celle-ci est montée tout droit à l'appartement préparé pour elle dans l'attique, au-dessus des Grands Appartements, et, dès le lendemain, le Roi y a soupé en tête-à-tête, sans que le chaperonnage de Madame d'Estrades ait paru nécessaire. La comtesse a été, d'ailleurs, présentée le lendemain, formalité aisée à remplir pour une femme bien née et qui n'intéresse que comme prélude à la cérémonie plus piquante que l'on attend.

La journée du mardi 14 satisfait la curiosité générale. Dans l'après-dînée, quelques personnes ont rencontré la nouvelle venue, conduite chez la duchesse de Luynes, dame d'honneur de la Reine, par une Madame de la Chau-Montauban, née des Adrets, dont le mari est colonel d'un régiment du duc d'Orléans. La présentation doit avoir lieu à six heures. Toute la Cour est venue pour voir et moquer cette mystérieuse marquise, venue aux fêtes de l'hiver sous son nom de bourgeoise, et il y a un monde prodigieux dans la Galerie, l'Œil-de-Bœuf et la Chambre de parade. La princesse de Conti paraît la première, fend la foule et entre dans le Cabinet du Roi, suivie de sa dame d'honneur et de trois autres dames en grand habit ; ce sont Mesdames de la Chau-Montauban, d'Estrades et de Pompadour. La princesse dit les phrases d'usage, et la marquise fait les trois révérences. Le

Roi n'est pas sans quelque gêne, et l'embarras est grand de l'autre côté. Après une courte conversation, les dames se retirent pour se rendre chez la Reine, puis chez le Dauphin et la Dauphine.

La duchesse de Luynes a retardé son départ pour Dampierre, afin d'être auprès de sa maîtresse en cette circonstance pénible et singulière. Lisons le récit de son mari, qui nous montre les dames, curieuses et malveillantes, rassemblées dans la Chambre de la Reine : « Il n'y avait pas moins de monde à la présentation chez la Reine ; et tout Paris était fort occupé de savoir ce que la Reine dirait à Madame de Pompadour. On avait conclu qu'elle ne pourrait lui parler que de son habit, ce qui est un sujet de conversation fort ordinaire aux dames, quand elles n'ont rien à dire. La Reine, instruite que Paris avait déjà arrangé sa conversation, crut, par cette raison-là même, devoir lui parler d'autre chose. Elle savait qu'elle connaissait beaucoup Madame de Saissac. La Reine lui dit qu'elle avait vu Madame de Saissac à Paris et qu'elle avait été fort aise de faire connaissance avec elle. Je ne sais si Madame de Pompadour entendit ce qu'elle lui disait, car la Reine parle assez bas ; mais elle profita de ce moment pour assurer la Reine de son respect et du désir qu'elle avait de lui plaire. La Reine parut assez contente du discours de Madame de Pompadour, et le public, attentif jusqu'aux moindres circonstances de cet entretien, a prétendu qu'il avait été fort long et qu'il avait été de douze phrases. »

Cette journée difficile passée, les belles dédaignées peuvent se moquer à leur aise de l'intruse et débiter des horreurs sur sa famille ; on assurera tant qu'on le voudra qu'elle n'a pas d'esprit, on jouera sur le nom de « la d'Étioles » en l'appelant « la Bestiole », les malintentionnés en seront pour leurs plaisanteries fort inutiles ; il faudra que tous et toutes acceptent le fait accompli, et que l'on s'incline devant cette loi toute-puissante qu'est la volonté du Roi. Il est malaisément supportable, à coup sûr, de voir une bourgeoise investie d'un rôle qui a semblé, jusque-là, réservé à des femmes de haute naissance, et que, par un étrange renversement des idées morales, quelques-uns considèrent comme un des privilèges de leur caste. Mais la nouvelle maîtresse a désormais son rang,

son titre, ses droits au milieu de la noblesse de race. Par la présentation qui vient d'avoir lieu, tout est réglé exactement d'une façon conforme aux usages de la société d'alors. Les courtisans, quels qu'ils soient, devront des égards à une personne distinguée par leur maître, et les plus sévères sur le chapitre des mœurs auront à respecter le rang d'une dame régulièrement présentée à Leurs Majestés. Marquise de par le Roi, qui crée la noblesse, fixée auprès de lui par le logement accordé dans les châteaux, détachée de ses origines par le brevet qui change son nom et modifie sa condition légale, la fille du commis Poisson est devenue dame de la Cour de France.

Pour le repos du Roi après une longue campagne militaire, comme pour l'isolement propice aux amours qui commencent, un « voyage », suivant le mot du temps, semble nécessaire. C'est à Choisy qu'on se rend. Cette maison royale a été achetée pour recevoir Madame de Vintimille, et Madame de Châteauroux y a triomphé. Ces souvenirs, qui ne troublent point le Roi, enivré de sa passion nouvelle, sont faits pour plaire à la marquise de Pompadour. On va d'ailleurs trouver Choisy complètement transformé, car des changements considérables y ont été ordonnés pendant l'été : l'appartement royal a été agrandi, la terrasse sur la Seine prolongée, et Gabriel bâtit un corps de logis qui coûtera cent mille écus. Parrocel a reçu, pour décorer la Galerie, la commande d'une suite de batailles, rappelant les conquêtes de Louis XV en Flandre. Dans ce séjour favori de ses plaisirs, le Roi veut réunir, pour excuser ou ennoblir la vie qu'il y coule, les témoignages de ses exploits et de sa gloire.

Il a conduit avec lui tous les courtisans de son cercle intime, afin qu'ils se lient avec Madame de Pompadour dans le particulier de ce séjour, où l'étiquette est beaucoup plus simple que celle des « grands voyages ». Elle y voit MM. de Richelieu, d'Ayen, de Meuse, de Duras, avec quelques combattants de la dernière campagne, que cette distinction récompense. Pour ses propres amis, la marquise a obtenu une grande faveur : les gens de lettres ont été appelés à Choisy et forment une réunion qu'on n'y reverra guère. Il y a Duclos, Voltaire, Gentil-Bernard, Moncrif, l'abbé Prévost; et tout ce monde, auquel se joint quelquefois Bernis, se réunit chez le comte de Tressan, qui leur donne à dîner dans sa chambre, où une table spéciale est servie par ordre du Roi.

Les femmes, peu nombreuses, ont été conviées seulement pour que la favorite ne fût pas seule. Ce sont Mesdames de Lauraguais, de Sassenage et de Bellefonds; la princesse de Conti a supplié le Roi de la laisser faire sa cour à la Reine. Celle-ci, qui ne doit point venir et dont la présence n'est pas désirée, se trouve appelée à Choisy par un événement imprévu. Le Roi, à peine arrivé, ayant eu une fièvre assez violente, s'est fait saigner par La Peyronie, et la Reine demande aussitôt la permission de l'aller voir. Il répond qu'il la recevra avec plaisir et qu'elle trouvera un bon dîner au château, les vêpres du dimanche à la paroisse et le salut; il l'accueille bien, paraît occupé qu'on lui fasse bonne chère et qu'on lui montre les embellissements. Toutes ces prévenances sont pour adoucir l'amertume qu'il lui a réservée : les dames de Choisy dînent avec la Reine, et Madame de Pompadour est du nombre. Quelques jours après, le roi Stanislas, qui ne se soucie point cependant de faire une nouvelle connaissance, se décide, sur la demande de sa fille, à annoncer sa visite. Cette fois, les choses se passent autrement, et on lui laisse voir franchement qu'il est importun. Quand il arrive à Choisy, le Roi, convalescent, est levé et joue dans sa chambre; à l'une des deux parties de quadrille, Madame de Pompadour est assise en habit de chasse. La présence du visiteur paraît gêner tout le monde. Au bout d'une demi-heure de conversation plus que languissante, il n'a qu'à se retirer, blessé de la réception glaciale de son gendre.

A peine revenu de Choisy, le Roi ordonne le voyage de Fontainebleau. Cette fois, toute la Cour le suit, le séjour devant durer les six semaines d'usage à chaque automne. C'est à Fontainebleau que se fait l'installation définitive de Madame de Pompadour dans ses « fonctions ». Rien ne lui manque des avantages dont jouirent celles qui l'ont précédée. Elle occupe, au rez-de-chaussée, l'appartement qu'avait, au dernier voyage, Madame de Châteauroux et qu'un escalier spécial fait communiquer avec celui du Roi. Dès les premiers jours, les soupers des cabinets s'établissent et elle y préside. Avec les deux complaisantes ordinaires, Mesdames de Sassenage et d'Estrades, viennent s'asseoir à la table royale la maréchale de Duras, la grosse Lauraguais et quelques princesses, Madame de Modène, Mademoiselle de Sens, la princesse de Conti. Celle-ci semble chaperonner la favorite d'à présent, comme faisait pour Madame de Mailly Mademoiselle de Charolais ou pour Madame de Châteauroux Madame de Modène ; c'est un service délicat, auquel l'auguste cousin n'est pas insensible.

Les jours où l'on ne soupe point dans les cabinets, Madame de Pompadour donne elle-même de fort bons petits soupers, grâce à un excellent cuisinier. Peu de femmes encore y paraissent, mais les hommes commencent à s'y presser. A côté de Moncrif et de Voltaire, qui viennent d'obtenir leurs entrées chez le Roi, et de l'abbé de Bernis, qui remplit maintenant aux yeux de tous son rôle de conseiller, les plus grands seigneurs se font inviter chez la marquise. Des amis prennent position pour la défendre. Par bonheur pour elle, elle a, comme tenant déclaré, l'homme de la Cour le plus spirituel et le plus mordant, le modèle du *Méchant* de Gresset, le duc d'Ayen, qui la soutient pour faire pièce à la princesse de Rohan, qu'il déteste; elle commence en même temps à se lier avec l'excellent prince de Soubise, gênant peut-être par ses prétentions militaires, au demeurant fort honnête homme et capable d'être un ami de toute la vie.

Le Roi ne quitte guère la marquise. Dès qu'il est levé et habillé, il descend dans son appartement, y reste jusqu'à l'heure de la messe, y revient ensuite et y mange un potage et une côtelette, ce qui lui tient lieu de dîner; il cause avec elle jusqu'à cinq ou six heures, moment du travail avec les ministres. On les voit ensemble continuellement : quand le Roi va courre le cerf dans la forêt, il la mène dans son carrosse jusqu'à l'assemblée, habillée en amazone ; puis elle monte à cheval dans la suite de Mesdames, toutes très ardentes à partager le divertissement favori de leur père. Les jours de comédie italienne, le Roi rejoint la marquise dans la loge grillée du haut du théâtre. Elle sort peu, sauf pour paraître exactement au cercle de la Reine, avec les autres dames, et petit à petit se faire accepter.

Son père est à Fontainebleau, ce qui ne laisse pas que d'exciter de faciles railleries, le bonhomme ayant des façons rustiques ; mais elle le voit ouvertement et sans en rougir, montrant qu'elle tient à remplir tous les devoirs d'une bonne fille envers un bon père. Quant aux grosses médisances, aux calomnies qui se chuchotent dans l'antichambre du Roi, elle n'en embarrasse pas son chemin. En somme, elle se conduit droit et simplement, et l'opinion générale lui est plutôt favorable. Le duc de Luynes se fait l'écho de ceux qui l'approchent, dans les notes très précises de son journal : « Il paraît que tout le monde trouve Madame de Pompadour extrêmement polie ; non seulement elle n'est point méchante et ne dit de mal de personne, mais elle ne souffre pas même que l'on en dise chez elle. Elle est gaie et parle volontiers. Bien éloignée jusqu'à présent d'avoir de la hauteur, elle nomme continuellement ses parents, même en présence du Roi, peut-être même répète-t-elle trop souvent ce sujet de conversation. D'ailleurs, ne pouvant avoir eu une extrême habitude du langage usité dans les compagnies avec lesquelles elle n'avait pas coutume de vivre, elle se sert souvent de termes et expressions qui paraissent extraordinaires dans ce pays-ci... Il y a lieu de croire que le Roi est souvent embarrassé de ces termes et de ces détails de famille. »

Si l'entourage de la Reine montre aussi peu de malveillance pour Madame de Pompadour, c'est que sa bonne grâce la distingue complètement des favorites antérieures. La Reine garde sur le cœur les avanies qu'elles lui faisaient subir, non moins que les duretés qu'elles inspiraient au Roi. Elle n'a pas oublié ces égards affectés qui cachaient mal le triomphe insolent de leur orgueil. A chaque instant, les lieux même lui rappellent ses blessures d'autrefois ; ne vient-elle pas de découvrir, dans la porte d'un de ses cabinets, des trous percés pour l'épier et pour entendre ce qu'on pouvait dire chez elle sur Madame de Châteauroux ! Comment ne serait-

elle pas sensible à ce respect délicat, point trop empressé mais sincère, à cette déférence sans relâche, finement observée par la nouvelle venue ? Celle-ci lui facilite l'exercice de son inépuisable charité, désormais résignée à tous les sacrifices, et lui permet de satisfaire, sans trop de souffrance, le désir passionné qui lui reste de complaire au Roi.

La conduite de Madame de Pompadour est, au fond, toute naturelle. La condition d'où elle sort, ne lui donnant pas le point d'appui d'une famille et d'une coterie puissante, lui fait une nécessité de ménager tout le monde pour prendre le temps de s'affermir. Mais elle a aussi une bonté et une délicatesse instinctive qui lui rendent aisée, à l'égard de la Reine, l'attitude qu'elle a prise dès les premiers jours. Elle se permet d'envoyer, avec les plus humbles façons, de très beaux bouquets, des fleurs qu'elle sait préférées de Sa Majesté. A la moindre incommodité dont on parle, elle demande des nouvelles à la dame d'honneur et s'exprime avec l'accent d'un intérêt véritable. Elle est vraiment fâchée de ne pouvoir assister, ayant été saignée la veille, à l'assemblée de charité qui se tient chez la Reine et pour laquelle elle a reçu un billet ; elle s'en excuse de la manière la plus empressée auprès de Madame de Luynes, la priant de vouloir bien en remettre à Sa Majesté un louis pour la quête. Mais ce n'est pas seulement en paroles qu'elle montre son ardeur à lui plaire. Elle suggère au Roi des attentions dont l'épouse était depuis longtemps déshabituée. Elle obtient, par exemple, qu'il fixera le départ de Fontainebleau suivant les convenances de la Reine, et partira un jour plus tôt pour la bien recevoir à Choisy et lui offrir à dîner à son passage. Bientôt cette influence se fera sentir sur un point plus important, celui où la générosité du Roi ne se montre guère : il paiera les dettes de la Reine, ce qu'il n'a fait depuis la naissance du Dauphin. Ce déficit de la charité montait seulement, depuis tant d'années, à quarante mille écus, et celle qui l'a fait combler a la délicatesse de dire à Madame de Luynes « qu'elle n'a pas eu grand'peine à y décider le Roi ».

Ces procédés font honneur au bon cœur de Madame de Pompadour, comme témoignent en faveur de son intelligence les propos qu'elle se plaît à tenir et qui reviennent aux oreilles intéressées : « Madame de Pompadour disait l'autre jour à Madame de Luynes que, si la Reine l'avait traitée mal, elle en aurait été véritablement affligée, mais qu'elle ne s'en serait jamais plainte; que, par conséquent, il n'était pas extraordinaire qu'elle profitât de toutes les occasions de parler des bontés que la Reine lui voulait bien marquer et qu'elle cherchât tous les moyens de lui plaire. Ces sentiments réussissent fort bien dans le public, et l'on remarque avec plaisir la politesse, l'attention, la gaieté et l'égalité d'humeur de Madame de Pompadour. »

Une opposition pourtant se manifeste, car toute la Famille royale n'accepte pas aussi aisément que la Reine l'installation de la marquise à la Cour : « Il paraît, écrit encore notre témoin, qu'elle est fort satisfaite, non seulement de la Reine, mais même de Mesdames, qu'elle est aussi assez contente de la manière dont Madame la Dauphine la traite; mais le silence, l'embarras et l'air sérieux de M. le Dauphin, quand il la voit, lui font de la peine. Cependant, elle ne s'en plaint point, et ce n'est que par ses amis qu'on peut le savoir. » Elle est assez fine cependant et assez avertie pour deviner, à cette attitude du Dauphin, d'où lui peut venir un jour un danger sérieux. D'ailleurs ces dispositions du prince n'ont rien d'inattendu. Il a vu des mêmes yeux, durant son adolescence, les premières maîtresses de son père; il ne transige point avec les principes qui lui ont été enseignés et qui font la règle de sa vie; il se sent humilié, comme fils et comme sujet, de la conduite du Roi. Ce qu'il sait des origines de Madame de Pompadour et des idées qu'elle professe est fait pour lui inspirer une autre sorte de répugnance. Presque tous les hommes qui ont sur lui de l'influence, et entre tous l'évêque de Mirepoix, l'entretiennent dans ces sentiments. Enfin, il est trop tendre fils pour ne pas souffrir une fois de plus des contacts imposés à sa mère, même s'il la voit consentir, à force de vertu et d'oubli de soi, à les accepter sans se plaindre.

Le Dauphin s'est beaucoup développé durant l'année qui s'achève. Le mariage, la vie des camps, l'enthousiasme militaire l'ont transformé. Il a pris l'habitude de juger davantage par lui-même et de dire ses jugements.

L'exemple du duc d'Ayen, qu'il a particulièrement fréquenté à l'armée, lui a donné une liberté de langage qui commence même à inquiéter la Reine; il y a du moins gagné d'être un peu retiré de cette « enfance » persistante, qui menaçait de durer toujours. Il ne se risquera plus aux juvéniles hardiesses qui lui ont si mal réussi au temps de Madame de Châteauroux; mais il attendra son heure et préparera l'assaut qu'il compte bien livrer, un jour prochain, à la nouvelle dame.

Une opposition plus menaçante se dessine, celle des moqueries et de rivalités de femmes. L'empressement de M. de Richelieu n'a pas duré longtemps; il a trouvé, sans doute, Madame de Pompadour moins docile qu'il ne l'espérait aux directions de son expérience. Sa nièce Lauraguais, à son tour, au profit de laquelle il avait eu des vues sur le Roi, se met en froid avec la favorite; elle boude, se prétend malade pour ne point paraître aux soupers, et l'on dit que le Roi lui-même doit prendre la peine d'intervenir dans la brouille, pour raccommoder duchesse et marquise. C'est surtout par Richelieu et Madame de Lauraguais qu'on sait ce qui se passe dans les intérieurs, le ton qui y règne, la gêne que causent au Roi certains propos de la favorite, qui sentent encore la « grisette ». Ces propos se font rares cependant, et plus rares qu'on ne le dit; mais il suffit d'un seul bien authentique pour alimenter longtemps les médisances. C'est chaque fois une aubaine pour la princesse de Rohan, par exemple, femme de cour jusqu'au bout des doigts et femme d'esprit, malicieuse et mordante, qui chante la chanson comme un page et y ajoute au besoin les plus verts couplets.

M. de Maurepas, charmant et perfide, qui prend décidément parti contre toutes les maitresses, exerce, aux dépens de celle-ci, sa verve méchante, colporte les gaucheries qu'on lui prête, singe ses révérences, ses façons vives, son ton décidé. Pour une épigramme, rimée ou non, dont le succès contre une femme est toujours sûr devant d'autres femmes, M. de Maurepas risquerait sa place de ministre; mais il ne pense pas courir de tels risques; personne ne croit à l'avenir de la « caillette du Roi », et l'on imagine que Sa Majesté se trouvera fort gênée d'avoir donné un brevet, le jour, probablement prochain, où elle se lassera de son caprice de bourgeoisie.

Brusquement, dès le retour à Versailles, les choses se modifient et l'on commence à craindre que cette liaison puisse avoir des chances de durée et produire naturellement des conséquences politiques. Une des plus grosses charges de l'État change de titulaire, et c'est Madame de Pompadour qui l'a voulu. Il s'agit du contrôle général des finances, que tenait avec une compétence reconnue et l'autorité d'une expérience de quinze ans, l'honnête Philibert Orry. Les frères Pâris ont rencontré souvent auprès de lui des difficultés pour passer et signer les marchés des entreprises qu'ils font pour les subsistances militaires. Ces amis de la marquise sont gens importants, avec lesquels comptent les généraux en temps de guerre et qui, assurant à eux seuls les approvisionnements, détiennent en leurs mains le sort des batailles. Ils se savent indispensables et veulent que, désormais, Madame de Pompadour fasse exécuter leurs volontés sans de gênantes vérifications. Précisément, M. Orry a trouvé excessifs leurs derniers prélèvements; étant vif et de parole rude, il l'a dit en termes peu obligeants, et MM. Pâris ont déclaré qu'ils ne feraient plus aucune affaire tant que le contrôleur général serait en place.

La marquise s'est mise au service de leur rancune et assiège le Roi de leurs récriminations. On reproche à Orry d'avoir imposé son jeune neveu Bertier de Sauvigny pour l'intendance de Paris; on prétend qu'il assure à tort que l'état des finances ne permettra pas de continuer la guerre très longtemps. Le Roi, nullement mécontent d'un serviteur éprouvé, mais obsédé de plaintes, cède pour s'éviter l'ennui de les entendre. Toutefois, fidèle une fois encore aux conseils du cardinal de Fleury, ce n'est point un homme de Madame de Pompadour qu'il choisit. Orry lui-même, invité à remettre ses charges pour prendre du repos, avertit le Roi, dans son audience, du danger qu'il y aurait à laisser ses finances à la disposition de certaines complaisances; il lui fait nommer Machault d'Arnouville, l'habile intendant de Valenciennes, et s'offre à mettre ce successeur au courant

des affaires. Ce dernier service rendu, il se retire dans sa maison de Bercy. La Cour et la Ville l'y vont visiter, moins par estime que pour protester contre les intrigues qui le renversent ; mais ce renvoi de ministre, malgré les formes honorables dont on l'entoure, donne à penser à tout le monde qu'il y aura quelque danger à faire de l'opposition à la favorite, et qu'il sera bon d'être de ses amis.

On apprend précisément, coup sur coup, d'autres nouvelles qui montrent jusqu'où va son crédit et ce qu'elle peut obtenir pour ceux qu'elle soutient. Pâris de Montmartel, qui se remarie, épouse Mademoiselle de Béthune, fille du duc de Charost, capitaine des gardes du corps, et ce mariage va faire entrer le financier aux humbles origines dans une des plus nobles familles approchant le Roi. En même temps, la charge de Directeur général des Bâtiments, laissée vacante par le départ d'Orry, qui la remplissait, est donnée à Le Normant de Tournehem, qui échange sa ferme générale contre cette haute fonction. C'est une véritable surintendance des arts, fort bien placée d'ailleurs entre ses mains, qui lui donne la direction des commandes royales, des manufactures, des constructions et des embellissements des châteaux, qui l'amène au travail du Roi comme un ministre, qui le mêle à une quantité d'affaires, le rend serviable à beaucoup de gens et fera de lui, pour sa nièce, un des appuis les moins apparents et les plus sûrs. Par la même décision royale, la survivance de cette charge est assurée au frère de Madame de Pompadour, son « frérot », comme elle l'appelle, Abel Poisson, qui a vingt ans et paraît à la Cour sous le nom de M. de Vandières. Le jeune Vandières ne tardera point à être marquis de Marigny : « marquis d'avant-hier », dira la raillerie de Versailles, le jour où il prendra son titre, mais marquis tout de même et d'aussi bonne façon que la grande sœur.

C'est au milieu du triomphe de tous les siens, ayant pleinement assuré l'avenir de ses enfants, que disparaît la femme qui a mené de si loin cette aventure extrordinaire. Le 24 décembre 1745, Madame Poisson, depuis assez longtemps malade, meurt à Paris, suffoquée d'une indigestion. A quarante-six ans, elle gardait quelque chose de cette beauté qui avait peut-être décidé de sa fortune et préparé, au degré suprême, celle de sa fille. Il ne pouvait être malaisé de souiller cette mort de mille ordures, et la malignité publique n'y a point manqué. La marquise, qui n'a pas encore à ses ordres l'intendant de police et le « cabinet noir », ignore sans doute ces brocarts et ces chansons, qui rendraient plus amer son chagrin filial. Mais elle passe dans le deuil les derniers jours de l'année, ayant sans cesse auprès d'elle le Roi, attendri par ses jolies larmes. Il l'emmène à Choisy pour la distraire, avec très peu de monde, et soupe chez elle, comme en famille, en compagnie du « petit frère ». Il veut décommander Marly, mais elle-même déclare, paraît-il, « que la mort de sa mère n'est pas un événement assez important pour déranger la Cour, et que les dames qui ont fait de la dépense pour Marly auraient justes raisons d'y avoir regret ».

Cette condescendance, qu'on nous rapporte sans étonnement, cette grâce faite par la marquise aux dames de la Reine et aux duchesses à tabouret, prête quelque peu à sourire. Au reste, l'ironie d'un observateur indépendant aurait de quoi s'exercer à cette heure. N'est-ce point chose incroyable qu'une telle mort puisse changer les projets d'une cour, troubler la vie du roi de France ? Il y a mieux encore. La Reine a reçu, pour la première fois depuis bien des années, un présent du Roi pour ses étrennes, une magnifique tabatière d'or émaillé, sur laquelle est incrustée une petite montre. La Reine a été extrêmement sensible à cette attention et l'attribue à la nouvelle influence. Elle serait moins touchée et moins heureuse, si elle savait l'origine d'un si bel objet, car on vient à connaître qu'il avait été commandé par le Roi pour feu Madame Poisson.

Le carnaval de la Cour fut particulièrement joyeux en 1746. Les événements de l'année précédente avaient mis le Roi en bonne humeur. On lui trouvait l'air plus ouvert et s'intéressant à plus de choses. Il travaillait beaucoup avec ses ministres, surtout avec les d'Argenson. Les nouvelles des armées étaient heureuses : le maréchal de Saxe faisait le siège de

Bruxelles et revenait, après son succès, recevoir de son maître le château de Chambord, et une couronne de lauriers du public de l'Opéra. M. de Richelieu préparait, sur les côtes de l'Artois, l'embarquement de troupes qu'on pensait envoyer en Écosse pour soutenir le prince Charles-Édouard contre les Anglais. Il y avait toujours, autour de Louis XV, de nombreux projets militaires et des espérances de victoires.

La Cour s'animait par la présence d'une Dauphine et par l'achèvement de l'éducation de Mesdames aînées. Les deux princesses avaient désormais une dame d'honneur, une maison complète, le droit de jouer au jeu de la Reine, le devoir de paraître à toutes les fêtes et les moyens de tenir, avec tout l'éclat qu'il comportait, leur rang de Filles de France. Le Roi avait réglé qu'elles auraient quarante mille écus chacune pour leurs habillements et leurs menus plaisirs. Le renouvellement complet des garde-robes avait amené de fortes dépenses, Madame de Tallard, le jour où prit fin l'éducation, ayant fait main basse, suivant ses droits, sur tous les objets à l'usage de Mesdames, y compris les tabatières qu'elles avaient dans leur poche. La respectable maréchale de Duras, née Bournonville, avait été nommée dame d'honneur de Madame. Ce titre de « Madame » était réservé à Madame Henriette, la jumelle de Madame Infante, mariée depuis sept ans déjà et dont l'exemple ne décidait point sa sœur. On parlait de marier la seconde sœur, Madame Adélaïde, brune piquante de quatorze ans, de caractère fier et de sang vif, au prince de Piémont, fils du roi de Sardaigne. En attendant, se donnaient chez Mesdames des bals fort réussis, où tout le monde venait; la Reine continuait, en ses appartements, ses concerts de musique choisie; enfin, dans la Salle du Manège, on représentait, avec l'opéra, de grands ballets allégoriques, devant la plus brillante assemblée qui fût en Europe.

Madame de Pompadour avait pris avec aisance la seule place qu'elle pût occuper encore dans cette Cour, celle de directrice et d'ordonnatrice des plaisirs. Le Premier Gentilhomme en exercice, de qui c'était un des devoirs de la charge, s'empressait de rechercher ses conseils, et le programme des spectacles était décidé par elle. Nul ne s'étonnait qu'elle y fit triompher ses amis. Le grand succès de l'année, à Versailles comme à Paris, était le ballet de *Zéliska*, où le comédien Lanoue, qui en était l'auteur, avait mis en scène, le plus galamment du monde, une quantité de fées, de pâtres et de bergères, et dans lequel la musique des divertissements avait été composée par Jélyotte. Le Roi, assez souvent indifférent, feignait, pour plaire à la marquise, de s'intéresser à ces questions de théâtre, auxquelles elle s'entendait si bien. Pour finir le carnaval, un des jours gras, elle voulut l'accompagner au bal de l'Opéra et lui rappeler ainsi le singulier anniversaire dont les détails demeuraient leur secret.

Cette fois, la compagnie se trouvait nombreuse et tous les incidents de la soirée étaient racontés le lendemain. On sut que, le lundi gras, le Roi, ayant soupé dans ses Cabinets, fut au bal dans Versailles, qu'on appelait le Bal du Petit Écu, puis alla prendre ses carrosses à la Petite Écurie : « Il y en avait trois, et trois officiers à cheval ; point de gardes. Le Roi alla, dans ses carrosses, jusqu'au Pont-Tournant, où il trouva un carrosse à M. de Soubise et un de remise ; il y avait de dames avec le Roi : Mesdames de Pompadour, d'Estrades, du Roure, et beaucoup d'hommes, entre autres le maréchal de Duras. Le Roi et sa compagnie s'arrangèrent comme ils purent dans les deux carrosses et arrivèrent à l'Opéra, où le Roi ne fut point reconnu, tout au plus par quelques personnes vers la fin du bal. En revenant, le carrosse de M. de Soubise, où était le Roi, cassa vis-à-vis Saint-Roch ; toute la compagnie fut obligée de se servir du carrosse de remise ; on le remplit tant qu'on pût ; les uns montèrent derrière et le maréchal de Saxe sur le siège jusqu'au Pont-Tournant, où le Roi trouva ses carrosses. Le Roi arriva ici à sept heures un quart, entendit la messe et se coucha ; il ne se releva qu'à cinq heures du soir. Il alla au bal de Mesdames, dont Madame de Tallard faisait encore les honneurs, conjointement avec Madame de Duras. » Pendant ce temps, la reine Marie prenait part chaque jour aux prières publiques des Quarante Heures, et le Roi, ayant reçu les cendres le mercredi matin, allait se recoucher et ne se relevait qu'à sept heures de l'après-dînée.

Cette vie de mouvement et de plaisirs, qu'interrompt à peine le saint temps du carême et qui reprend ensuite, sous une nouvelle forme, avec les chasses forcenées et les continuels voyages, convient quelque temps aux nerfs résistants de Madame de Pompadour. Mais déjà les pièges de la Cour se multiplient, lui révélant la méchanceté et la bassesse, et lui faisant payer cher ses premiers triomphes. Ne voulant de mal à personne, elle est surprise de celui qu'on cherche à lui causer ; elle souffre assez vivement des perfidies qui lui sont faites et qui tendent à travestir ses sentiments. Madame de Tallard, par exemple, a été des premières à la flatter et à s'empresser pour gagner ses bonnes grâces ; il s'agissait pour cette dame d'obtenir qu'on lui conservât un titre qui l'attachât pour toujours à Mesdames. Madame de Pompadour, sollicitée, accepte d'en parler au Roi. Mais une autre démarche, qui montre bien le rôle qu'elle joue déjà auprès de la Famille royale, vient l'arrêter dans son zèle : Madame Henriette, qui ne veut plus de sa gouvernante, s'adresse à elle de son côté pour le faire savoir à son père. Madame de Pompadour ne saurait hésiter, et transmet naturellement la seconde requête. Madame de Tallard, qui l'apprend, invente, pour se venger, une histoire de femme de chambre à nommer chez la Dauphine ; il circule par ses soins un billet anonyme qui compromet la marquise, en laissant croire qu'elle veut avoir cette place pour une de ses créatures, afin de faire espionner les princes à son profit.

Très émue de cette « noirceur épouvantable », Madame de Pompadour demande audience au Dauphin et à la Dauphine, et se justifie, pièces en main, des infamies qu'on lui a prêtées. Comme il lui est plus difficile de demander audience à la Reine, qu'elle suppose trompée également, c'est Madame de Luynes qu'elle va trouver et qu'elle supplie de savoir si la Reine ajoute foi à ces « horreurs ». Nous gagnons à cette alerte deux billets admirablement significatifs, la réponse de la dame d'honneur et le remerciement : « Je viens de parler à la Reine, Madame, je l'ai suppliée avec instance de me dire naturellement si elle avait quelque peine contre vous ; elle m'a répondu du meilleur ton qu'il n'y avait rien et qu'elle était même très sensible à l'attention que vous avez de lui plaire en toutes occasions ;

elle a même désiré que je vous le mandasse. » La marquise répond aussitôt : « Vous me rendez la vie, Madame la Duchesse ; je suis depuis trois jours dans une douleur sans égale, et vous le croirez sans peine, connaissant comme vous le faites mon attachement pour la Reine. On m'a fait des noirceurs exécrables auprès de M. et de Madame la Dauphine ; ils ont eu assez de bonté pour moi pour me permettre de leur prouver la fausseté des horreurs dont on m'accusait. On m'a dit, quelques jours avant ce temps, que l'on avait indisposé la Reine contre moi ; jugez de mon désespoir, moi qui donnerais ma vie pour elle, et dont les bontés me sont tous les jours plus précieuses. Il est certain que plus elle a de bontés pour moi, et plus la jalousie des monstres de ce pays-ci *seront* occupés à me faire mille horreurs, si elle n'a la bonté d'être en garde contre eux et vouloir bien me faire dire de quoi je suis accusée ; il ne me sera pas difficile de me justifier. La tranquillité de mon âme à ce sujet m'en répond. J'espère, Madame, que l'amitié que vous avez pour moi et plus encore la connaissance de mon caractère vous seront garants de ce que je vous mande. Sans doute je vous aurai ennuyée par un si long récit, mais j'ai le cœur si pénétré que je n'ai pu vous le cacher. Vous connaissez mes sentiments pour vous, Madame, ils ne finiront qu'avec ma vie. »

Il n'y a aucune raison pour suspecter, sous les grâces toutes féminines du style, la sincérité des sentiments. La marquise espère toutefois quelque récompense de ses attentions bien reçues et de son empressement auprès de la Reine. Les paroles bienveillantes ne lui suffisent pas ; elle voudrait recueillir quelqu'une de ces distinctions d'étiquette dont elle a besoin pour ressembler parfaitement aux autres dames de la Cour. A la cérémonie de la Cène, par exemple, qui a lieu le jeudi saint, quinze dames sont nommées par la Reine pour l'aider dans ses habituelles fonctions et lui présenter les plats qu'elle sert elle-même aux douze petites filles pauvres, de qui elle a d'abord lavé les pieds. Madame de Pompadour, croyant l'occasion bonne de se glisser, sous couleur de charité, auprès de la Reine, écrit à Madame de Luynes que, si Sa Majesté a besoin d'une dame pour

porter ses plats, elle s'offre avec grand plaisir, étant flattée de tout ce qui pourrait lui prouver son respect. La Reine la fait remercier de façon aimable, l'assurant qu'elle aura le mérite de sa démarche sans en avoir la peine, le nombre de dames étant suffisant pour la cérémonie. La marquise espère réussir mieux pour la quête du jour de Pâques ; mais elle s'y prend mal et comme si elle voulait forcer la main : « Il y a deux ou trois jours que Madame de Luynes rencontra Madame de Pompadour dans l'Appartement ; Madame de Pompadour lui dit : « Tout le monde dit que je quêterai le « jour de Pâques. » Madame de Luynes lui répondit qu'elle n'en avait point entendu parler à la Reine. Madame de Luynes rendit compte aussitôt à la Reine de ce propos. La Reine a jugé que ce désir de quêter venait plutôt de Madame de Pompadour que du Roi, lequel pourrait peut-être trouver lui-même qu'il ne serait pas trop décent que Madame de Pompadour quêtât; ainsi la Reine nomma hier Madame de Castries pour quêter dimanche. » C'est la conscience religieuse de la Reine qui s'est trouvée offensée en cette affaire, et l'on sait que de ce côté elle ne transige jamais ; Madame de Pompadour, experte dans toutes les délicatesses, ignore celles qui se rattachent à ces sentiments.

Malgré ces petits échecs qui la montrent un peu trop pressée, la favorite ne se décourage point et cherche à gagner son terrain d'autre façon. Le duc de Luynes conte une anecdote sur les carrosses de la Reine, dans lesquels Madame de Pompadour s'obstine à vouloir monter au moins une fois : « Cette proposition n'a pas été trop bien reçue ; Madame de Luynes a cherché à adoucir autant qu'il lui a été possible la peine qu'elle faisait à la Reine, et a pris la liberté de lui représenter que, lorsque Madame de Pompadour lui demandait une grâce, on pouvait être sûr que c'était de l'agrément du Roi ; qu'ainsi ce n'était point la personne de Madame de Pompadour qu'il s'agissait, mais de la personne même du Roi, et que, par conséquent, ce serait une occasion de plaire au Roi, dont la Reine profiterait. A ces réflexions on aurait pu en ajouter une dernière, *si la Reine avait été disposée à l'entendre*, c'est que Madame de Pompadour cherche en toute occasion non seulement à donner des marques de son respect à la Reine, mais même tout ce qui peut lui être agréable. Madame de Luynes a diminué autant qu'il lui a été possible le désagrément du refus, en lui disant que la Reine ne mène que deux carrosses, que, par conséquent, il n'y a que douze places, parce que Mesdames vont avec la Reine ; que si cependant quelqu'une des dames qui doivent suivre la Reine manquait, comme par exemple Madame de Villars, Madame de Pompadour aurait une place. La Reine a consenti à cet adoucissement. »

La bonne Reine s'est impatientée visiblement d'une insistance vraiment indiscrète; mais, comme elle se repent vite et quelle hâte chrétienne à réparer! Non seulement elle nomme Madame de Pompadour pour une place devenue vacante dans les carrosses, mais, ayant dans son grand cabinet un dîner de dames un peu nombreux, elle lui fait dire de venir dîner avec elle. Madame de Pompadour s'empresse, reconnaissante, ravie, orgueilleuse plutôt qu'humiliée d'être la seule de toutes ces dames qui n'ait point de charge à la Cour. Elle est d'ailleurs, en tout temps, d'une aisance parfaite, prenant sa place partout sans embarras, et un témoin nous la fait voir, à ce moment, chez la Reine, dans une attitude qui parait à l'honneur des deux femmes : « Elle jouait toujours au jeu de la Reine, y étant avec beaucoup de grâce et de décence; et je remarquai que, l'heure étant venue d'aller aux Petits Cabinets, elle demandait la permission de quitter le jeu à la Reine, qui lui disait avec bonté : « Allez! » Belle remarque à faire en philosophe et en chrétien sur tout cela. »

Les soupers des jours de chasse n'avaient presque jamais lieu maintenant dans les Petits Cabinets du Roi. C'était chez la favorite qu'on se réunissait trois ou quatre fois par semaine, et rien ne marquait mieux la place prise par elle que de voir transporté dans son propre appartement cette sorte de rite établi par le Roi chasseur et qui créait autour de lui, à côté de la grande représentation, comme un cercle familier et choisi.

C'était à ces soupers que Louis XV s'humanisait un peu, s'intéressait au moins d'une parole aux affaires de chacun, écoutait la plaisanterie des hommes d'esprit et daignait sourire. La faveur était grande d'y être nommé et la liste, toujours assez courte, dépendait du caprice du moment. Les courtisans les plus importants guettaient anxieusement, au débotter dans le cabinet, le regard du maître, pour se rappeler à lui à l'instant où il songeait à désigner les convives. Il valait la peine d'y penser, car avec le Roi les absents avaient toujours tort, et c'était beaucoup qu'il eût aperçu à ses côtés, dans la familiarité d'un souper, le visage de l'homme qui sollicitait un cordon ou un commandement. Les plus honnêtes gens ne dédaignaient point les petits moyens pour se faire mettre sur la liste, et l'on commençait d'ordinaire par le demander à Madame de Pompadour, qui prenait une occasion favorable pour rappeler au Roi le nom et la requête.

Un des témoins les moins connus et les plus véridiques de la cour de Louis XV, le prince de Croÿ, plus tard duc de Croÿ et maréchal de France, alors tout jeune colonel au régiment de Royal-Roussillon-Cavalerie, ne manquait point de passer à la Cour la plus grande partie de son temps, entre ses campagnes militaires. C'était un homme d'une intégrité irréprochable, comme ses mémoires amplement l'attestent; mais, ne vivant pas à la Cour, il y avait chance que le Roi l'oubliât, ainsi que tant d'autres, s'il ne faisait parler de lui. En effet, quoique son rang lui donnât droit de chasser avec Sa Majesté, il était un des rares chasseurs qui ne soupaient jamais. Bien qu'il lui en coûtât un peu, au début, d'agir par Madame de Pompadour, le jeune officier n'hésita pas trop longtemps à recourir à elle. Il trouvait la femme « charmante de caractère et de figure », ce qui diminuait beaucoup l'humiliation de lui porter une requête et, voulant souper avec le Roi, sachant « qu'on n'y avait accès que par la marquise », il se décida à prendre la voie qu'il fallait pour réussir.

Le beau-père du jeune officier, le maréchal d'Harcourt, l'a un jour présenté à la dame, à sa toilette; mais on n'a pas fait attention à lui. Il s'adresse donc aux Pâris, avec qui il est bien, et à M. de Tournehem. M. de Montmartel le recommande à son amie, qui le lendemain porte les yeux sur lui : l'examen étant satisfaisant, on promet à Montmartel de parler au Roi. Enfin, un soir de janvier, ayant chassé comme à l'ordinaire,

M. de Croÿ est, avec les autres courtisans, devant la porte du petit escalier; l'huissier lit la liste du Roi et les élus montent à mesure qu'ils sont appelés, laissant derrière eux la foule humiliée des refusés. Après une courte anxiété, le prince a la joie d'entendre son nom, et le voilà à son tour dans ces Petits Cabinets de Versailles, ou sa première entrée va faire une des grandes dates de sa vie. Ce qu'il y a vu et noté, il l'a dit avec tant de précision qu'il n'y a qu'à lui laisser la parole, sans rien changer au style de ce gentilhomme, habitué à causer la plume à la main et sans autre prétention que de parler clair :

« Étant monté, l'on attendait le souper dans le petit salon ; le Roi ne venait que pour se mettre à table avec les dames. La salle à manger était charmante et le souper fort agréable, sans gêne; on n'était servi que par deux ou trois valets de la garde robe, qui se retiraient après vous avoir donné ce qu'il fallait que chacun eût devant soi. La liberté et la décence m'y parurent bien observées; le Roi était gai, libre, mais toujours avec une grandeur qui ne le laissa't pas oublier; il ne paraissait plus du tout timide, mais fort d'habitude, parlant très bien et beaucoup, se divertissant et sachant alors se divertir. Il paraissait fort amoureux de Madame de Pompadour, sans se contraindre à cet égard, ayant toute honte secouée et paraissant avoir pris son parti, soit qu'il s'étourdît ou autrement, ayant pris le sentiment du monde là-dessus, sans s'écarter sur d'autres, c'est-à-dire s'arrangeant (comme bien des gens font) des principes suivant ses goûts ou passions. Il me parut fort instruit des petites choses et des petits détails sans que cela le dérangeât, ni sans se commettre sur les grandes choses. La discrétion était née avec lui; cependant on croit qu'en particulier il disait presque tout à la marquise. En général, *suivant les principes du grand monde, il me parut fort grand dans ce particulier,* et tout cela fort bien réglé. — Je remarquai qu'il parla à la marquise en badinant sur sa campagne, et comme réellement voulant y aller au 1er mai. Il m'a paru qu'il lui parlait fort librement en maîtresse qu'il aimait, mais dont il voulait s'amuser et qu'il sentait qu'il n'avait que pour cela, et elle, se conduisant très bien, avait beaucoup de crédit, mais le Roi voulait

SCÈNES CHINOISES : FEMME ASSISE DANS SON JARDIN
FEMME FAISANT VOIR UN CRIQUET A SON ENFANT

toujours être maître absolu et avait de la fermeté là-dessus. Voilà comme cela me parut, mais tout cela est si douteux qu'il est bien difficile de discerner la vérité. Il me paraissait que le particulier des Cabinets ne l'était pas absolument, ne consistant que dans le souper et une heure ou deux de jeux après le souper, et que le véritable particulier était dans les autres petits cabinets, où très peu des anciens et des intimes courtisans entraient. Le Roi était, comme j'ai dit, fort d'habitude, aimant ses anciennes connaissances, ayant de la peine à s'en détacher et n'aimant pas les nouveaux visages; et c'est, je crois, à cette humeur constante et d'habitude que plusieurs devaient la durée de leur apparente faveur, car, hors les véritables intimes dans le petit intérieur, les autres n'avaient, je crois, que très peu ou point de crédit. — Nous fûmes dix-huit serrés à table à savoir, à commencer par ma droite et de suite : M. de Livry, Madame la marquise de Pompadour, le Roi, Madame la comtesse d'Estrades, la grande amie de Madame de Pompadour, le duc d'Ayen, la grande Madame de Brancas, le comte de Noailles, M. de la Suse, dit le Grand Maréchal, le comte de Coigny, la comtesse d'Egmont, M. de Croissy, dit Pilo, le marquis de Renel, le duc de Fitz-James, le duc de Broglie, le prince de Turenne, M. de Crillon, M. de Voyer d'Argenson et moi. Le maréchal de Saxe y était, mais il ne se mit pas à table, ne faisant que dîner, et il accrochait seulement des morceaux étant extrêmement gourmand. Le Roi, qui l'appelait toujours comte de Saxe, paraissait l'aimer et l'estimer beaucoup, et lui y répondait avec une franchise et une justesse admirables. Madame de Pompadour lui était tout à fait attachée. On fut deux heures à table avec grande liberté et sans aucun excès. Ensuite le Roi passa dans le petit salon, il y chauffa et versa lui-même son café, car personne ne paraissait là et on se servait soi-même. Il fit une partie de comète avec Madame de Pompadour, Coigny, Madame de Brancas et le comte de Noailles, petit jeu; le Roi l'aimait, mais Madame de Pompadour le haïssait et paraissait chercher à l'en éloigner. Le reste de la compagnie fit deux parties, petit jeu. Le Roi ordonnait à tout le monde de s'asseoir, même ceux qui ne jouaient pas; je restai appuyé sur l'écran à le voir jouer; et Madame de

Pompadour le pressant de se retirer et s'endormant, il se leva à une heure et lui dit à demi haut (ce me semble) et gaîment : « Allons, allons nous « coucher. » Les dames firent la révérence et s'en allèrent, et lui fit aussi la révérence et s'enferma dans ses Petits Cabinets; et nous tous, nous descendîmes par le petit escalier de Madame de Pompadour où donne une porte, et nous revînmes par les appartements à son coucher public à l'ordinaire, qui se fit tout de suite. — Ainsi se passa la première fois que je soupai dans les cabinets à Versailles, et tout cela m'ayant paru simple et bien suivant le grand monde, et que je pouvais en être sans me mêler ni rien faire de mal, je résolus de m'y attacher assez et de faire ce qu'il faudrait pour y être admis de temps en temps..., et de ne m'y pas trop abandonner non plus, pour ne m'y pas laisser emporter au torrent. »

Une des choses qui apparaissent le mieux par ce récit, c'est la facilité que les intérieurs de Versailles donnent au Roi pour s'isoler. Au-dessus de sa chambre à coucher et des cabinets qui y font suite, règnent plusieurs étages de petites pièces et d'entre-sols s'éclairant par d'étroites cours ignorées du public et sur lesquelles ne donne aucun logement privé. Ce sont proprement les Petits Cabinets ou Petits Appartements, comme les désignent, le plus souvent par ouï-dire, les divers mémoires de l'époque. Ces Petits Cabinets, d'une distribution compliquée, véritable labyrinthe d'escaliers et de couloirs enchevêtrés, jouent un grand rôle dans la vie de Louis XV. C'est là qu'il a sa bibliothèque, ses cartes de géographie, son tour, ses cuisines, ses confitureries, ses distilleries, une salle de bains et même, sur une des terrasses supérieures, des jardins et des volières. La décoration est partout fort soignée; les sculptures ont été proportionnées au peu de hauteur et plus souvent vernissées que dorées. La principale pièce est la « petite galerie des Petits Appartements », peinte en vernis Martin, voisine d'un « Cabinet vert » réservé aux jeux, et ornée de tableaux représentant des chasses d'animaux sauvages, par Lancret, Pater, De Troy, Carle Van Loo, Parrocel et Boucher.

Dans ces « réduits délicieux », comme les nomme un contemporain, Louis XV se trouve vraiment chez lui, autant que pourrait l'être un simple particulier. En ce coin de Versailles, qu'il s'est réservé de préférence et qu'il dispose à son goût, il est sûr de n'être jamais dérangé. Il n'y convie que fort rarement ses enfants eux-mêmes. Une telle solitude a ses inconvénients, qui résultent de la multiplicité des escaliers, des issues difficiles à garder et du petit nombre des gens de service ; plusieurs fois des étrangers s'y introduisent et s'avancent par mégarde jusqu'à la pièce où est le Roi. Mais les commodités sont considérables pour mainte circonstance de la vie quotidienne ; et, tout d'abord, les passages des Petits Cabinets permettent à Louis XV de se rendre, à toute heure et à l'insu de tous, chez Madame de Pompadour.

La marquise est logée à peu de distance de ces Petits Cabinets, à la même hauteur, sous les toits, dans l'attique des Grands Appartements qui donne sur le Parterre du Nord. Bien que l'appartement soit à une centaine de marches au-dessus des cours, il n'est dédaigné par personne ; c'est celui dont Madame de Châteauroux s'est contentée, et plus tard il doit être habité par M. de Richelieu. Le Roi a peu de chose à faire changer pour y loger ses nouvelles amours, et le meuble ancien y est resté. Par un hasard singulier, ce premier appartement de Madame de Pompadour, dont on oubliera jusqu'à nos jours l'emplacement, se trouvera conservé à peu près intact dans sa disposition ancienne, alors que tous les étages supérieurs des Petits Cabinets auront disparu. On le reconnaît, des jardins, aux neuf fenêtres qui font suite à celles de l'attique du salon de la Guerre. La vue fort étendue qu'on a de cet appartement y ajoutait un véritable charme pour l'habitation ; au-dessus des grands arbres du parterre qu'on dominait, à peu près aussi élevés alors que ceux qui les remplacent aujourd'hui, l'horizon était borné par la forêt de Marly, qui rappelait au Roi et à ses invités leurs prouesses cynégétiques.

On y entre aujourd'hui par une grande antichambre aux boiseries simples, dont la cheminée porte une glace de style Louis XIV et qui donne accès, à droite sur la chambre à coucher, à gauche sur une grande pièce boisée avec une large alcôve, comme en présentent souvent les salles à manger de l'époque ; le voisinage d'un petit réchauffoir dallé de marbre montre, en effet, que c'est bien la salle à manger où il faut évoquer les soupers de Louis XV. La chambre à coucher n'est pas moins intacte ; la boiserie, d'un dessin élégant et simple, est formée de grands panneaux à coquille, dans le goût de Verberckt ; seuls ont disparu les vernis mis en 1748, les glaces et les plâtres de la voussure. L'alcôve, au cintre couronné d'un écusson fleuri, s'ouvre entre deux cabinets munis d'armoires. Dans ce sanctuaire des grâces, que le hasard des temps a respecté, on se figure volontiers la cérémonie de la toilette : tous les hommes de la Cour et les femmes les plus brillantes montant chez Madame de Pompadour vers une heure de l'après-midi, chacun désireux de s'y montrer, fier d'y apporter les nouvelles, de dire une parole qui soit remarquée et qui ait chance d'être répétée au Roi ; enfin, suivant le mot d'un habitué de ces jolies heures, « la marquise entourée à sa toilette comme une reine », et régnant en effet, moins par le prestige de sa faveur que par sa beauté, son à-propos et son esprit.

Tels sont les lieux où se passe, à Versailles, la plus grande partie de la journée du Roi et de Madame de Pompadour, pendant les six premières années de leur liaison, celles où le lien de la passion n'a pas fait place encore à la chaîne de l'habitude. Le décor des Petits Cabinets, comme celui de l'appartement de la maîtresse, revèle leur vie somptueuse et retirée. Nul ne pénètre dans ces parties du Château, quand le Roi s'y trouve. S'il y a une affaire urgente, les ministres écrivent ; ils ne sont reçus que s'ils ont à amener un courrier de grande importance : hors ce cas, les garçons bleus, qui font le service intérieur, n'introduisent jamais personne.

Quelle puissance conférée à la femme par ces longues heures de tête-à-tête, et quel champ pour l'intelligence et l'ingéniosité de son esprit ! C'est alors que le Roi est le plus à l'aise auprès d'un être aimable, qui le devine, le distrait, l'intéresse, combat son pitoyable ennui par l'activité d'une imagination toujours éveillée, par des projets sans cesse variés de

L'INFANTE ISABELLE, PETITE-FILLE DU ROI LOUIS XV

Portrait peint par Nattier

Musée de Versailles

spectacles, de fêtes, de jeux, de voyages, de bâtiments. Elle connaît tous les bons écrivains de France et peut réciter des scènes entières de comédie. D'autres fois, après s'être risquée à parler affaires, à asseoir un protégé, quand le front royal se rembrunit, elle se met au clavecin, chante l'opéra en vogue ou l'une de ces simples chansons du temps, fraîches et joyeuses, qui conviennent aux harmonies délicates de sa voix.

Le sentiment n'est point absent de ces causeries, mais avec les nuances de discrétion et de respect qui plaisent au Roi. La façon d'aimer de Madame de Pompadour, pour sincère et passionnée qu'elle soit, ne va pas sans le désir de dominer son maître. Une des raisons qui exaltent sa joie vient de ce qu'elle a résolu, en partie du moins, ce difficile problème; mais personne, hormis son entourage domestique le plus étroit, ne sait au prix de quelles luttes et de quels efforts, et avec quelles anxiétés du lendemain. Le Roi est lié par l'accoutumance, et ce trait de son caractère est connu de tout ce qui l'approche; il supporte indéfiniment les choses et les gens; mais les coups brusques et inattendus qu'il aime porter révèlent à quel point il était détaché de ceux à qui il faisait bonne figure. Il faut que la favorite ne perde pas un instant le souci de plaire, que toutes ses paroles, ses actes, ses gestes soient pour charmer, et que le charme se renouvelle et se rajeunisse, car on n'est pas sûr d'agir deux fois par les mêmes moyens et, chez de tels hommes, la satiété est prompte et sans retour.

La beauté de Madame de Pompadour, cette beauté dont elle est vaine et qu'elle veut entendre louer, n'a, en vérité, rien d'exceptionnel, rien qui l'assure d'un triomphe constant. Ses insomnies, ses nerfs aisément troublés, l'effort qu'elle fait pour les dominer, ses traits qui se tirent et qu'altère assez souvent la maladie, rendent l'arme toujours fragile du plaisir plus fragile encore et plus incertaine. Pour livrer sa bataille journalière, pour vaincre au moins par la surprise, parler à une imagination lasse et à des goûts d'homme blasé, elle doit parer ses grâces d'attifements rares et imprévus, de même que son logis s'encombre des curiosités les plus singulières, des futilités charmantes que multiplie l'art du temps et qu'elle ne manque jamais d'acquérir en leur nouveauté.

Pendant de longues années elle ne parle guère au Roi des choses du Gouvernement, ou du moins elle ne les voit que sous la forme des hommes, agréables ou antipathiques, qui les dirigent; il semble qu'elle considère la politique comme une sorte de rivale qui lui enlève trop souvent l'amant qu'elle chérit et qu'elle voudrait posséder sans partage. A ce moment de sa vie, son ambition est surtout au service de son amour. Tout le temps qu'elle y sacrifie est occupé à se créer une force, à se faire des amis, à récompenser les concours qui s'offrent, à conquérir ceux qui se refusent; elle doit lutter pied à pied, et heure par heure, contre les influences ennemies, les insinuations, les calomnies, reprendre le Roi presque chaque jour, parce que presque chaque jour il se détache, veiller enfin à ce que tout ce qui avoisine le maître soit à elle ou du moins ne travaille pas contre elle. Ce rôle, soutenu avec tant de persévérance, avec tant d'efforts et parmi tant de périls, lui vaudra une récompense, point peut-être celle qu'elle eût choisie, car le cœur du Roi, un instant pris avec les sens, lui échappera avec eux, mais celle que tant de femmes lui envieront davantage : elle quittera son appartement « d'en haut », n'étant déjà plus maîtresse du Roi, mais pouvant presque se croire maîtresse de la France.

Le 2 mai 1746, Louis XV se rendit à l'armée de Flandre, renonçant pour cette campagne à prendre avec lui le Dauphin. Le jeune prince allait être père, et l'heureux événement qu'on attendait devait ramener le Roi au bout d'un mois à peine. Cette année, ce ne fut plus un château de famille, mais une maison royale qui abrita Madame de Pompadour pendant l'absence. On avait fait, quelques jours auparavant, un court voyage à Choisy, afin d'y arrêter les arrangements de séjour; les adieux y avaient été d'autant plus tendres, qu'on remarquait chez la jeune femme une altération de santé particulière, et qui semblait comporter des suites. Quelles qu'en fussent les causes, il suffit de penser combien, surmenée par ce premier hiver de Versailles, elle devait avoir besoin de quelque répit et de ce repos de la campagne dont elle avait pris l'habitude en sa vie bourgeoise.

Le Roi lui avait demandé, en partant, de vivre à Choisy dans la retraite, et d'en sortir seulement pour aller faire de temps en temps sa cour à la Reine. Elle pouvait, il est vrai, recevoir quelques dames à demeure, et les visites ne devaient point lui manquer. On lui laissait, de plus, un présent vraiment royal, et l'occasion d'occuper par des projets le temps de la solitude : « Lundi matin, écrit le duc de Luynes, Madame de Pompadour partit avec M. de Montmartel et M. de Tournehem pour aller à Crécy. C'est un très beau château, bien meublé, avec une terrasse que l'on dit avoir coûté cent mille écus; c'est une terre qui vaut 25,000 livres de rente... Le Roi l'a acheté pour Madame de Pompadour, en cas que le lieu et le séjour lui convinssent; elle en paraît extrêmement contente, et fait déjà des arrangements pour la personne du Roi, comptant qu'il ira faire des voyages. » Rien ne convenait mieux à la marquise que d'avoir une terre à elle, et celle de Crécy, toute voisine de Dreux, ne l'éloignait point trop de Versailles. Un arrangement fait par le Roi avec Montmartel permit à la nouvelle propriétaire de paraître payer elle-même cette acquisition, qui allait être la première de tant d'autres.

Le Roi revient pour les couches de la Dauphine. Elles se font attendre et sont mauvaises : une fille, qui doit vivre peu, naît le 19 juillet, et, trois jours après, meurt la mère. Cette pauvre princesse, dont la destinée a été si courte, sera vite et complètement oubliée; seul le mari restera fidèle à son souvenir, même dans un second lien de mariage, et demandera, par ses volontés dernières, que son cœur soit mis à Saint-Denis, auprès du cercueil de celle qui a eu son premier amour. Nul autre que lui, à Versailles, ne se souviendra de l'infante aux yeux bleus, aimante et timide, dont un portrait de Tocqué a fixé la douce image sans beauté. Personne ne parlera plus d'elle, après le trouble qui émeut la Cour, met en larmes la Famille royale, rassemble la Faculté pour l'ouverture du corps, cause un évanouissement de Madame de Lauraguais auprès du cadavre, et fait défiler, dans les longues galeries tendues de noir, la foule qui va visiter la chapelle ardente.

La Famille royale s'est retirée à Choisy, bien que le château soit plein d'ouvriers. Mais Trianon est trop petit, Meudon sans meubles, Compiègne et Fontainebleau trop éloignés; Marly rappelle les malheurs arrivés en 1712, la mort du duc de Bourgogne six jours après sa femme, souvenirs tragiques qui ont frappé le Roi. Il a distribué les appartements de Choisy un peu en hâte; la Reine a le plus beau, le Dauphin le plus retiré, et Madame de Pompadour a dû céder à une dame de la Reine celui qu'elle vient d'occuper. Dans ce séjour des plaisirs du Roi, on se met à mener une vie d'une telle tristesse que tout le monde s'ennuie à périr. Le jeu manque, qui fait toujours la grande ressource, et les soirées semblent sans fin : « La table des dames et des hommes se sert en bas à dix heures un quart. Madame de Pompadour y est toujours à dîner et à souper. Vers minuit, le Roi vient à l'endroit où se tient toute la compagnie. Il s'assied auprès de Madame de Pompadour; il fait la conversation avec elle et avec tout le monde, jusqu'à une heure ou une heure un quart qu'il va se coucher. » On remarque qu'il a mauvaise mine, et quelques-uns vont jusqu'à craindre « un mouvement de bile et d'humeur pareil au commencement de la maladie de Metz, dont l'époque ne peut s'oublier ».

Le voyage de Choisy avait été si morne et Versailles demeurait si sévère, avec ses tentures et son mobilier de deuil et la tristesse de la Famille royale, que le Roi décida de se distraire et fut passer quelques jours à Crécy. C'était la première fois que la favorite le recevait chez elle. Elle avait amené la princesse de Conti, Mesdames du Roure et d'Estrades; les hommes venus avec le Roi, en deux berlines allemandes, étaient les familiers intimes, MM. de Richelieu, d'Aumont, de Villeroy, d'Estissac, d'Ayen, de la Vallière et le marquis de Gontaut. Le duc de Chartres et le prince de Conti arrivèrent séparément. Le Roi s'intéressa à la maison et aux jardins, approuva les travaux décidés, et pour lesquels il avait donné lui-même à la marquise l'architecte Lassurance, qui se trouvait là avec le petit Vandières. Madame de Pompadour fit des politesses à tout le monde : le mieux traité fut le prince de Conti, pour qui elle obtint une patente de généralissime, par laquelle il était assuré, s'il reparaissait aux armées, que personne ne pourrait lui disputer le commandement suprême.

La marquise n'avait guère pu refuser cette satisfaction au fils de la princesse qui avait consenti à la présenter. Elle voyait, en outre, à cette combinaison, qui permettait au prince du sang de se substituer au Roi, un avantage considérable pour elle-même, celui de garder son amant, d'éviter qu'il s'exposât aux dangers des campagnes, à l'air de cette petite vérole toujours redoutée et qui ravageait les camps, enfin de l'arracher à ces compagnies où elle ne pouvait être et où elle craignait qu'il n'entendît plus parler d'elle. Poursuivant les mêmes pensées, elle obtenait mieux encore; le Roi se laissait convaincre que son retour à l'armée était inutile et le renvoyait à l'année suivante.

Pour amener cette décision du Roi, la marquise avait été appuyée par le maréchal de Saxe en personne. Toujours plus embarrassé que flatté d'une présence auguste, l'homme de guerre ne tenait qu'à demi à la voir se renouveler. Interrogé, à la demande de Madame de Pompadour, il s'était empressé d'écrire au Roi qu'aucune action importante ne devait terminer la campagne. La marquise se montrait ravie d'une assurance qui concordait si bien avec ses désirs : « Que vous seriez ingrat, mon cher maréchal, écrivait-elle, si vous ne m'aimiez pas, car vous savez que je vous aime beaucoup ! Je crois ce que vous me dites comme l'Évangile et, dans cette croyance, j'espère qu'il n'y aura plus de bataille, et que notre adorable maître ne perdra pas l'occasion d'augmenter sa gloire. Il me semble qu'il fait assez ce que vous voulez... Je mets toute ma confiance en vous, mon cher maréchal; en faisant la guerre comme vous la faites, je me flatte d'une bonne et longue paix. » Maurice de Saxe retira de son intervention le droit de faire appel à la reconnaissance de Madame de Pompadour et l'honneur de gagner tout seul la victoire de Rocoux.

Le jeune colonel de Valfons fut chargé d'en porter le détail à Fontainebleau, avec l'état des régiments, et de rendre compte au Roi de la brillante journée. Il a narré lui-même les audiences successives qu'il eut du comte d'Argenson, son ministre, du Roi, de la Reine, enfin de Madame de Pompadour. Celle-ci n'a point oublié qu'elle a soupé un jour avec lui, étant encore Madame d'Étioles, et qu'il l'a contrariée à table assez vivement, de la façon gaie qui est le ton d'alors. Il est d'ailleurs joli homme et de physionomie heureuse. Elle le reçoit à merveille, le fait entrer dans son cabinet, lui dit de prendre un fauteuil à côté d'elle et de causer tranquillement, le Roi ne venant que dans une heure : « Ah çà, dites-moi tout; ne me cachez rien, et pour vous mettre à votre aise, lisez ces deux lettres, elles vous prouveront que je suis instruite. » « J'en reconnus l'écriture, raconte Valfons, l'une était de M. de Soubise, l'autre de M. de Luxembourg. Elle me fit mille questions, surtout sur le maréchal de Saxe, qu'elle aimait autant qu'elle haïssait M. d'Argenson. Dans le courant de la conversation elle me dit : « Je savais qu'il était arrivé un officier de l'armée; les gens peu instruits que j'ai questionnés n'ont pu me dire votre nom; mais sur le portrait, j'ai dit : C'est mon Valfons, il a bien figure à cela. — Oh! Madame, peut-on parler figure devant la vôtre! — Mais je crois que vous m'en contez? — Non, Madame, mais il doit m'être permis, vu vos bontés, de dire ce que tout le monde pense. » Elle me fit offre de service, me demanda si on m'avait accordé un grade. « Non Madame. — Oh! ça viendra; voilà le temps où le Roi va descendre, venez demain à ma toilette à dix heures; ma porte ne sera ouverte pour le public qu'à onze; j'ai encore tout plein de questions à vous faire. Mon maréchal est donc bien content! Qu'il doit être beau à la tête d'une armée, sur un champ de bataille! — Oui, Madame, il y a fait l'impossible pour se rendre encore plus digne de votre amitié. — Vous pouvez lui écrire que je partage ses succès et que je l'aime bien. »

L'aimable amitié de la marquise pour le vainqueur de Fontenoy et de Rocoux trouva peu de jours après l'occasion de payer sa dette. Elle fut appelée à juger un grand projet, né dans la cervelle du maréchal entre deux victoires, et qui n'était autre que de faire dauphine de France sa propre nièce Marie-Josèphe, fille du roi de Saxe. Les derniers *De profundis* n'étaient pas encore chantés pour la Dauphine morte, que tout le monde se demandait par qui elle allait être remplacée. Le Dauphin ne se devait point à sa douleur, mais au bien de l'État. Prendrait-il la sœur de sa

LA REINE MARIE LECZINSKA ET LA DAUPHINE MARIE-JOSEPHE DE SAXE

femme, une infante que les Espagnols tenaient toute prête à partir pour Versailles? Lui donnerait-on une fille du roi de Sardaigne, malgré l'amitié de celui-ci pour Marie-Thérèse? L'influence l'emporta de l'admirable manieur d'armées qui avait acquis, par les services rendus, une autorité considérable auprès de Louis XV.

En pleine campagne de Flandre, s'improvisant négociateur et diplomate, il s'était mis à préparer des deux côtés, par une ardente correspondance, les quatre ou cinq personnes de qui dépendait le résultat. Au roi Auguste son frère, qu'il avait le premier convaincu, il communiquait une lettre de la marquise, en ajoutant modestement : « Je suis assez à même de savoir l'intrinsèque de la cour de France, et je ne laisse pas que d'avoir quelques liaisons... Le Roi incline pour la princesse Josèphe pour des raisons particulières, la santé et la fécondité lui paraissant préférables à des raisons politiques. Le roi de Prusse fera bien tout ce qu'il pourra pour traverser cette affaire; mais l'on s'en méfie ici et il a peu d'accès dans l'intérieur de la Cour. Je prends la liberté d'envoyer une lettre que m'a adressée ces jours derniers Madame de Pompadour, et qui pourra faire juger à Votre Majesté que je ne suis pas mal dans les Petits Cabinets. » Il y était si bien, en effet, que celle qui y régnait devenait, peu de jours après, sa véritable coopératrice.

La même lettre, par laquelle elle assure le maréchal de ses dispositions certaines, lui sert à faire accepter un acte du Roi à l'ombrageuse susceptibilité du soldat. Il s'agit de la décision prise en faveur du prince de Conti, et qui devait évidemment, le cas échéant, menacer la prééminence du maréchal au profit d'un rival d'ailleurs indigne : « Vous serez sans doute étonné, mon cher maréchal, d'avoir été si longtemps sans avoir de mes nouvelles; mais vous ne serez pas fâché quand vous saurez que j'ai toujours attendu une réponse que le Roi voulait faire à la lettre que vous m'écriviez. *J'espère que ce que vous désirez réussira.* Le Roi vous en dira plus long que moi. Vous savez qu'il a donné au prince de Conti une patente. Soit dit entre nous, cette patente l'a satisfait et a réparé sa réputation, qu'il croyait perdue. Voilà ce qu'il pense, et, moi, je crois que c'est une chose embarrassante pour le Roi et qui empêchera qu'on ne se serve de lui autant qu'il le croit. En tout cas, cela ne ferait rien pour vous, et l'on vous mettra toujours à l'abri de la patente. Ne dites mot de cela à âme qui vive. Adieu, mon cher maréchal, je vous aime autant que je vous admire. C'est beaucoup dire. » Le billet a beau être écrit sur papier satiné à bords bleu turquoise, ce n'en est pas moins une pièce diplomatique fort bien dressée, et celle qui l'a tourné semble bien n'avoir plus rien à apprendre du plus expert des politiques. Le maréchal ne pouvait se montrer froissé, et, quoi qu'il en pensât, le moment n'eût pas été choisi pour se plaindre, puisqu'un appui sincère et solide lui était promis dans l'affaire de famille qui lui tenait tant à cœur.

Cette affaire marcha à souhait et plus vite qu'on ne l'aurait cru. Du côté saxon, bien entendu, aucune difficulté ne fut soulevée. A Versailles, la Reine seule, qui gardait au fond d'elle-même « le petit coin de stanislaisme », montra de la tristesse à penser que son fils deviendrait le gendre du prince qui avait dépossédé son père du trône de Pologne. Mais Madame de Pompadour s'était donné mission de la convaincre, et Stanislas Leczinski, toujours chevaleresque, allait être le premier à écrire au roi Auguste ses félicitations. La reine Marie n'avait qu'à imposer à son amour-propre ce nouveau sacrifice après tant d'autres. Que pouvait-on refuser, du reste, à ce maréchal, toujours victorieux, qui envoyait au Roi tant de drapeaux pris aux ennemis et renouvelait les exploits du « tapissier de Notre-Dame » ?

Douze jours après Rocoux, l'ambassadeur du roi de France à la Cour de Dresde recevait l'ordre de faire la demande, le duc de Richelieu partait pour la Saxe comme ambassadeur extraordinaire, et Louis XV en donnait avis à son général par une lettre de sa main, que celui-ci analysait pour le roi Auguste : « Sire, j'ai reçu hier une lettre du Roi Très Chrétien par laquelle il me mande toutes les contradictions qu'il a essuyées et qui lui ont été suggérées par la Reine sa femme, qu'il a fallu vaincre; en quoi Madame de Pompadour nous a bien servis, *car elle est au mieux avec la Reine*... Les Pâris m'ont extrêmement aidé en toute cette affaire; ils sont amis intimes de la favorite, et comme ce sont eux qui ont fait le mariage de la Reine, ils ont tout pouvoir sur elle... Ce sont deux personnages qui ne veulent point paraître et qui, dans le fond, sont considérables dans ce pays-ci, parce qu'ils font mouvoir toute la machine. Ce sont mes amis intimes de tous les temps, et ce sont les plus honnêtes gens et les meilleurs citoyens, ce que sont peu de Français. » Cet éloge de la marquise et de ses amis, par un homme aussi bien placé que le maréchal pour juger exactement des hommes, ne montre pas seulement qu'ils valent mieux que leur réputation; on y peut voir aussi que tous les ressorts secrets de l'État sont déjà entre leurs mains.

La Cour était alors à Fontainebleau pour le voyage annuel. La veille du retour à Versailles, le Roi déclara la nouvelle et tout le monde fut chez leurs Majestés, chez le Dauphin, chez Mesdames, chez la « petite Madame » elle-même, fille de la défunte, pour faire les compliments d'usage. Le Dauphin les acceptait sans joie et répondait mal aux révérences. Le Roi, au contraire, semblait transformé, « se portait fort bien, l'air gai et décidé, s'amusant assez, ce qu'il n'avait guère paru faire, parlant beaucoup, bien et fort obligeamment ». Il s'était montré de plus en plus galant auprès de la marquise, que Nattier était venu peindre, sur son ordre, en Diane chasseresse. Ses attentions pour la Reine continuaient. A l'arrêt qu'on faisait à Choisy, en revenant de Fontainebleau, il s'était assis à sa table de cavagnole et y avait joué, ce qu'on n'avait pas vu depuis des années. L'idée du mariage de son fils et de l'arrivée de la jolie dauphine, que lui promettait Maurice de Saxe, le ragaillardissait; les projets de fête, les préparatifs, les questions de cérémonial l'intéressaient, le faisaient travailler agréablement avec les ministres. Ceux-ci étaient obligés, en même temps, de recevoir les avis de Madame de Pompadour, d'accepter pour la première fois cette intervention, qui s'expliquait bien pour les questions de ce genre, et qui peu à peu allait s'imposer pour les autres.

Le mariage du Dauphin était devenu l'affaire de la marquise, non moins que celle de « son maréchal », ainsi qu'elle nommait familièrement Maurice de Saxe. Elle paraissait décider sur tout. Le duc de Gesvres, Premier gentilhomme de la Chambre, venait prendre chez elle comme des ordres. Le Prévôt des marchands lui apportait les dessins du cortège triomphal et des chars magnifiques qui devaient parcourir Paris le jour du mariage, en symbolisant Mars, l'Hymen, Cérès, Bacchus et le vaisseau de Lutèce. Elle choisissait les couleurs, approuvait les costumes et les emblèmes. Aussi aisément que des questions d'habillement ou de théâtre, elle résolvait les épineuses difficultés de l'étiquette. Le Roi n'ayant invité pour Choisy, où l'on devait recevoir la Dauphine, qu'un petit nombre de dames, toutes femmes, filles ou sœurs de personnes en charge, elle demandait une invitation pour une Madame de Baschi, sœur de son mari, qui tenait à sa place la maison de M. de Tournehem ; et comme ce titre n'était point suffisant pour la grande faveur de Choisy, elle disait tout haut à sa toilette : « Je puis être comptée parmi les grands officiers ; ma belle-sœur peut donc être mise sur la liste ! » Et le Roi ajoutait de sa main, en souriant, le nom de Madame de Baschi. La liste des places pour le bal paré embarrassait M. de Gesvres, à cause de la quantité de gens qui en demandaient. Il en parla au Roi, raconte Luynes, et le Roi lui dit : « Vous avez un peu perdu de vue les dames de Paris ; donnez-moi votre liste ; Madame de Pompadour les connaît, et elle fera l'arrangement. » En effet, c'est Madame de Pompadour qui, avec le Roi, a examiné cette liste, et le Roi, conseillé par elle seule, a mis de sa main le nombre de places qu'il jugeait à propos de faire donner. En vérité, la marquise semblait née pour le rôle : « Elle menait tout cela, dit un témoin (Croy), avec une gaîté, une légèreté et des grâces infinies. »

Ne fallait-il pas un tact souverain pour se faire accepter ainsi en des circonstances aussi sérieuses, et quelle aisance n'avait pas déjà acquise la jeune femme pour se mouvoir dans tous ces détails, sans choquer personne ? On trouve presque naturelle la façon dont l'envoyé de Saxe à Paris, comte Loos, parlait d'elle dans les instructions secrètes qu'il envoyait à Dresde pour informer Marie-Josèphe des choses de France. Il les répétait, sans doute, de vive voix, dans le carrosse qui amenait la princesse de Strasbourg à Choisy : « Madame de Pompadour, disait-il, joue un grand rôle à la Cour. L'amitié dont le Roi l'honore, l'intérêt qu'elle a témoigné pour l'alliance du Dauphin avec la maison de Saxe, les insinuations qu'elle a faites au Roi pour fixer son choix, tout cela obligera la Dauphine à des attentions et à de bons procédés. La marquise a un excellent caractère; elle s'attachera à plaire à la Dauphine, qui fera sa cour au Roi en témoignant de l'amitié à une dame que la Reine comble de ses politesses. » La princesse à qui s'adressaient des définitions aussi précises avait quinze ans à peine et beaucoup d'ingénuité; elle ne pouvait être renseignée de manière plus avisée et plus discrète. Lorsque, au milieu de l'étincelant défilé des femmes parées et couvertes de pierreries qu'on lui présenta, elle entendit le nom de la marquise de Pompadour, et vit s'avancer une des plus jolies femmes de la Cour, elle lui donna volontiers un de ces gracieux sourires, qui s'épanouissaient aisément sur son aimable visage d'Allemande.

ENCADREMENT

Tiré du Recueil des Fêtes données par la Ville de Paris pour le second mariage du Dauphin
Exemplaire ayant appartenu au roi Louis XV, puis à Mesdames de France

Bibliothèque de la ville de Versailles

III

LE RÈGNE DE LA FAVORITE

Le second mariage du Dauphin fut célébré le 9 février 1747, presque exactement deux années après le premier. Chaque journée reproduisit, avec peu de changements, la journée correspondante. On ne semblait pas se douter du chagrin qu'apportaient au prince des souvenirs rappelés de telle façon après un si court veuvage. Dans la chapelle de Versailles la même solennité splendide se répéta; les mêmes curieux s'entassèrent dans la Galerie et les Appartements, les mêmes dames en grand habit formèrent la haie du premier rang pour le retour du cortège. Le bal paré au Manège, le banquet royal, la toilette publique se firent comme la première fois. La « mise au lit » eut lieu dans la même chambre, le nouvel appartement du Dauphin n'ayant pu être prêt à temps. Après la bénédiction du lit, les rideaux, selon l'usage, restèrent ouverts quelques minutes, toute la Cour étant dans la chambre. Le Roi envoya amicalement le maréchal de Saxe dans la ruelle, pour causer un moment avec sa nièce et diminuer pour elle la gêne de cette cérémonie. L'enfant semblait peu embarrassée; mais le Dauphin, devant tous ces regards indiscrets, se mit la couverture sur le visage. Ce fut moins par timidité, nous dit-on, que pour cacher les larmes qui lui venaient aux yeux. Marie-Josèphe allait avoir besoin de tout son courage pour supporter ces premières froideurs, et de toute sa tendresse pour conquérir un cœur qui refusera pendant des années de se donner à nouveau.

Au bal paré, Madame de Pompadour avait dansé le menuet, une des premières après les princesses, et avait été fort admirée. Au bal masqué, où tout Paris est venu la voir dans sa nouvelle fortune, elle dédaigne le domino et triomphe ouvertement, brillante et entourée; mais, par moments, elle est anxieuse et surveille le Roi, sachant quels dangers offrent pour elle ces heures de folie, dont elle a su profiter un jour. Le prince de Croÿ, qui se promène dans le bal en philosophe, a deviné ces sentiments : « Le coup d'œil, dit-il, était superbe, surtout dans la Galerie. Toute la bonne compagnie s'y était réfugiée, ce qui la rendait très belle. J'y examinai le Roi masqué, aux pieds de Madame de Pompadour, qui y était charmante. Je ne reconnus le Roi qu'à l'inquiétude qu'elle laissa échapper en le voyant passer sur les banquettes. Madame de Forcalquier y était : je la comparai à Madame de Pompadour et la trouvai plus jolie et moins de grâce. En fait de maîtresse, le Roi ne pouvait mieux choisir; aussi en paraissait-il éperdument amoureux. »

Cette petite Forcalquier, qui faisait trembler la marquise, et qui fut plus tard la « bellissima » prétentieuse du cercle de Madame du Deffand et des Choiseul, était veuve en premières noces du marquis d'Antin, fils d'un premier mariage de la comtesse de Toulouse. Faite au tour, comme on disait alors, elle avait « un beau teint, un visage rond, de grands yeux, un très beau regard, et tous les mouvements de son visage l'embellissaient ». Comme la coquetterie s'y joignait, Madame de Forcalquier avait ce qu'il fallait pour devenir une rivale redoutable. Mais ce n'était pas une seule femme qui inquiétait Madame de Pompadour. Elle faisait observer la belle Madame de Périgord, de qui elle voyait le Roi fort occupé. Celle-ci résistait à ces ardeurs avec une froideur respectueuse que la favorite ne comprenait guère. Cependant la comtesse de Périgord était vraiment vertueuse et le fit bien voir, en s'exilant volontairement dans sa terre de Chalais, pour mettre fin aux assiduités royales. D'autres, au contraire, s'ingéniaient à arracher le Roi à sa marquise. La princesse de Rohan se montrait encore; le duc d'Ayen lui opposait la grosse comtesse de la Mark, musicienne et galante, qui tenait à mettre le Roi sur sa liste. Enfin, plus décemment introduite par son père, M. de Luxembourg, on voyait sur les rangs la princesse de Robecque, de l'illustre maison de Montmorency, jeune, très courtisée, très jolie, qui plaisait visiblement au Roi; elle pouvait, s'il se laissait prendre davantage, régner par l'intelligence comme par la beauté. Pour garder, parmi tant de concurrences, la place conquise, ce n'était pas trop de toutes les adresses de la femme d'esprit, de toutes les ressources de la femme.

L'hiver même, où ses inquiétudes furent les plus fortes, Madame de Pompadour inventa, sans paraître y songer, un excellent instrument de défense. Par le théâtre des Petits-Cabinets, dont elle donna l'idée au Roi et qui devint vite la grande occupation des intérieurs, elle sut intéresser l'entourage, se rendit agréable à beaucoup de gens, se créa un petit royaume de favoris, et découvrit cent occasions différentes de faire goûter ses grâces au maître et de renouveler le cadre où s'épanouissait sa jeune beauté.

L'idée d'introduire en pleine Cour les spectacles d'amateurs qui faisaient fureur à Paris et dans les châteaux des provinces, ne revient pas tout entière à Madame de Pompadour. A l'époque où elle s'en avisa, une des femmes qui avaient des vues sur le cœur du Roi, Madame de la Mark, avait pris les devants et jouait l'opéra dans son appartement du Château, avec une troupe formée de ses amis et sans aucun acteur de profession. Plus anciennement, seigneurs et dames avaient donné régulièrement la comédie à Marly devant le Roi et la Reine, l'année même qui suivit celle de leur mariage. La marquise ramena parmi les divertissements royaux ces spectacles de salon, dont toute la France du XVIIIe siècle eut l'engouement. Après y avoir recueilli ses plus brillants succès de société, elle pouvait se croire assurée de les retrouver devant le Roi. Son cœur y était plus intéressé que sa vanité même ; ce n'était plus pour un public, mais pour un seul spectateur qu'elle allait s'efforcer de briller et de plaire. Il s'agissait, en prouvant à tous que ses talents égalaient ses charmes, de faire mieux sentir à l'amour le prix de les posséder.

La troupe fut aisément composée. Les ducs de Nivernois et de Duras, qui avaient déjà joué avec la jeune femme, l'aidèrent à reprendre ses amusements. Le premier, un des plus aimables esprits du temps, y gagnait d'être admis dans le particulier du Roi, ce qu'il n'avait pu obtenir par d'autres voies. Un troisième duc, M. de la Vallière, très expérimenté des choses du théâtre et qui avait lui-même une scène à son château de Champs, devenait le régisseur de celle des Cabinets; l'abbé de la Garde, secrétaire et bibliothécaire de la marquise, était nommé souffleur.

Les statuts de la compagnie, discutés en commun et adoptés d'un accord unanime, stipulaient qu'il fallait, pour être admis comme sociétaire, prouver qu'on ne jouait pas pour la première fois et qu'on n'aurait point de noviciat à faire. Le charmant esprit qui inspire ce petit document est tout entier dans les articles relatifs aux dames : « Article VIIe. Les actrices seules jouiront du droit de choisir les ouvrages que la troupe doit représenter. Article VIIIe. Elles auront pareillement le droit d'indiquer le jour de la représentation, de fixer le nombre des répétitions, et d'en désigner le jour et l'heure. Article IXe. Chaque acteur sera tenu de se trouver à l'heure très précise désignée pour la répétition, sous peine d'une amende que les actrices seules fixeront entre elles. Article X[e]. On accorde aux actrices seules la demi-heure de grâce, passé laquelle l'amende qu'elles auront encourue sera décidée par elles seules. » Rien n'était plus galant et plus français qu'une telle rédaction, qui attribuait aux femmes une charmante tyrannie sur les hommes qu'elles daignaient admettre à leurs plaisirs.

La première pièce fut répétée à Choisy, où l'on se rendit pour cela en grand mystère, et représentée au retour, le 16 janvier 1746. Le théâtre était dressé dans la Petite Galerie des Cabinets, celle qu'avait décorée Mignard et qui se dégageait par l'escalier des Ambassadeurs. On s'habillait

dans l'ancien Cabinet des Médailles du Roi. Les Premiers gentilshommes de la Chambre, qui dirigeaient les officiers des Menus-Plaisirs et qui tenaient dans leurs attributions tous les spectacles de Versailles et de Paris, n'avaient point eu à se mêler de celui-ci. Le directeur des Bâtiments, M. de Tournehem, avait tout aménagé et fourni les costumes et les accessoires. La comédie, choisie dans le théâtre de Molière, avait d'ailleurs exigé peu de frais et parlait à l'intelligence plus qu'aux yeux. C'était le *Tartufe*, pièce toujours opportune à la Cour et que la marquise devait trouver profit à montrer au Roi. Nous n'avons pas cette première distribution de rôles; mais on peut penser que Madame de Pompadour brilla, dans celui de Dorine, par la sûreté de ses intonations et les grâces de sa coquetterie. Avec elle jouaient Mesdames de Sassenage et de Pons, et la duchesse de Brancas douairière. Le personnage principal était confié au duc de la Vallière, et les autres hommes étaient MM. de Nivernois, d'Ayen, de Meuse et de Croissy. Un petit orchestre d'amateurs était composé par MM. de Chaulnes, de Sourches, quelques-uns de leurs gens, qui étaient musiciens, et M. de Dampierre, gentilhomme des Plaisirs. On tenait, pour ces premiers essais, à rester en petit cercle; quatorze spectateurs seulement formaient l'auditoire : le Roi, Mesdames d'Estrades et du Roure, le maréchal de Saxe, MM. de Tournehem et de Vandières, le premier valet de chambre Champcenetz, son fils, « et quelques autres domestiques du Roi ». Quand M. Poisson était à Versailles, il ne manquait point la représentation. En revanche, l'entrée était refusée à beaucoup de personnes, au prince de Conti, au maréchal de Noailles, au comte de Noailles, bien qu'il fût gouverneur de Versailles, et même au duc de Gesvres, Premier gentilhomme en année. Rien ne marquait mieux la volonté de Louis XV de séparer entièrement de la vie royale ce genre de plaisirs particuliers.

Aux spectacles suivants, on eut des comédies de La Chaussée, de Dufresny et de Dancourt. De nouveaux acteurs y parurent : le duc de Villeroy, le comte de Maillebois, fils du maréchal, le marquis de Contaut, M. d'Argenson le fils, la marquise de Livry, et surtout, pour les rôles de beauté, Madame de Marchais, une des plus aimables femmes de son temps, parente de la favorite, amie comme elle des gens de lettres, et qui maintenant les recevait et les réunissait à sa place. L'orchestre se renforçait aussi, et l'ami Jélyotte venait y faire, en amateur d'instruments, sa partie de violoncelle. Le talent plus que la naissance donnait accès dans la troupe de la marquise. Le gros duc de Chartres, quoique fils du premier prince du sang, s'estimait favorisé d'obtenir un bout de rôle. Après le spectacle, on dansait quelques contredanses. Bientôt, de courts opéras d'un acte furent ajoutés; enfin, la soirée se termina par de petits ballets, la marquise étant aussi sûre de sa danse que de son jeu. Il fallut augmenter la troupe, et du même coup le Roi entr'ouvrit la porte à des spectateurs plus nombreux. Le Dauphin y fut invité avec la Dauphine et dut y faire bonne contenance, malgré le dédain qu'il affectait pour Madame de Pompadour. Elle emporta, d'ailleurs, ce soir-là, tous les suffrages, sous l'accoutrement villageois de Colette, dans *les Trois Cousines* de Dancourt. Par exception, le Roi permettait qu'on applaudît, ce qui ne se faisait jamais au spectacle en sa présence. Les privilégiés, admis à l'une ou l'autre des représentations, en faisaient au dehors la chronique bienveillante. Ainsi ce divertissement de la marquise et de ses amis était entré dans la vie habituelle de Versailles. On en parlait d'avance; on savait que tous les lundis avait lieu la comédie des Cabinets; c'était aussi régulier que l'Appartement le mardi, ou le Grand opéra le mercredi.

On n'avait point osé, de longtemps, inviter la Reine, Madame de Pompadour en brûlait d'envie, mais il était difficile d'en amener l'occasion. La Reine, par principes religieux, n'aimait guère le théâtre et ne se souciait pas de rehausser de sa présence les succès de la marquise. Elle savait que son lecteur Moncrif composait les paroles des divertissements qu'on mettait en musique pour les Cabinets, mais elle souffrait avec peine que le trop aimable académicien, un des plus assidus de ses familiers, se fût mis en liaison aussi intime avec la femme qui y régnait. Moncrif avait ses entrées aux représentations, comme auteur, avec Voltaire et Gresset, et quelquefois, au sortir de la comédie, il venait, de l'autre côté du Château, chez le duc de Luynes, où se trouvait presque toujours la Reine. Un soir qu'il arrivait, ayant obtenu son petit succès de rimeur, comme le livret imprimé circulait de mains en mains, la Reine le prit, le parcourut et, du ton d'autorité qu'elle avait quelquefois : « Moncrif, dit-elle, voilà qui est fort bien, mais en voilà assez ! » Telle était la prévention à vaincre ; toutes les pensées de la marquise y tendirent.

Pour la soirée qui devait terminer les spectacles de l'hiver, le 18 mars, le Roi risqua son invitation à la Reine. Ce fut en accordant une grâce qu'il savait devoir lui toucher le cœur. Elle tenait extrêmement, par esprit de justice et de bonté, à voir faire maréchal de France un vieux soldat méritant et modeste, qu'elle aimait beaucoup, M. de la Mothe. Elle osa en parler au Roi, dans une de ces visites matinales qu'elle lui faisait chaque jour, dès son réveil, et où maintenant elle recevait quelquefois une parole affectueuse. Le Roi, prévenu du désir de la Reine par la marquise, l'assura qu'il ne serait point fait de promotion sans que M. de la Mothe y figurât : « La Reine, raconte Luynes, parut fort touchée de la réponse du Roi, et ayant voulu lui baiser la main, le Roi l'embrassa, et il lui dit qu'il n'avait pas voulu lui proposer d'assister au dernier petit divertissement de ses Cabinets, parce qu'il avait trouvé que la pièce qu'on y jouait était trop libre et ne lui convenait pas, mais qu'on en jouerait une autre samedi, qui pourrait l'amuser et qu'elle lui ferait plaisir d'y venir. » La Reine trouva le Roi « charmant » et vint au petit théâtre, avec M. de la Mothe et ses bons amis, le duc et la duchesse de Luynes.

La pièce que le Roi jugeait faite pour elle était *le Préjugé à la Mode*. Le bon La Chaussée y avait mis en scène un mari amoureux de sa femme, mais qui n'ose faire paraître ce sentiment, l'amour conjugal étant devenu un ridicule dans le monde. Peu de gens à la Cour, en effet, osaient accepter ce ridicule, car, dit l'abbé de Bernis, « la loi conjugale n'était une vertu que dans l'esprit de la bourgeoisie ». M. de Luynes a noté l'impression des spectateurs lors d'une autre représentation de cette comédie à laquelle la Reine assistait également : « Le ridicule que l'on y voit donner à l'amour conjugal a fait naître quelques réflexions sur la présence de la Reine à un spectacle où Madame de Pompadour joue avec toutes les grâces et l'expression que l'on peut désirer. » Ce premier soir, la chronique du duc est plus brève ; il faut lire entre les lignes l'éloge de Madame de Pompadour, qui a parfaitement tenu un rôle délicat, et de M. de Duras, qui a rempli supérieurement le personnage du mari, « encore plus difficile à jouer ». Sur le petit opéra à trois acteurs, *Érigone*, de Mondonville, qui suivit la comédie, nous avons des détails moins discrets : « Madame de Pompadour joua tout au mieux : elle n'a pas un grand corps de voix, mais un son fort agréable, de l'étendue même dans la voix ; elle sait bien la musique et chante avec beaucoup de goût. Elle fait Érigone ; Madame de Brancas, qui fait Antonoë, joue assez bien ; elle a une grande voix, mais elle ne chante pas avec le même goût que Madame de Pompadour... Les danses, qui sont faites par Deshayes de la Comédie italienne, sont fort jolies ; il n'y a de femme qui danse que Madame de Pompadour. M. de Courtenvaux, qui est grand musicien, danse avec une légèreté, une justesse et une précision admirables. Madame la Dauphine, qui était enrhumée, ne put pas venir à ce petit spectacle ; ainsi il n'y avait que le Roi, la Reine, M. le Dauphin et Mesdames, mais sans aucune représentation ; le Roi et la Reine sur des chaises à dos, M. le Dauphin et Mesdames sur des pliants. Il n'y avait « derrière » ni officier des gardes, ni capitaine des gardes, et l'on voyait dans l'assistance, le maréchal de Noailles et le maréchal de Saxe. Ainsi prenait fin, dans un triomphe de femme bien plus complet que celui de l'actrice et de la danseuse, la première série des représentations organisées par Madame de Pompadour. Elles n'avaient été inutiles ni à l'éclat de son prestige, ni à l'affermissement de sa situation.

D'un hiver à l'autre, de sérieux événements se déroulèrent. Louis XV fit en Flandre sa quatrième campagne, que marquèrent la victoire de Laufeld et la prise de Berg-op-Zoom. L'absence de Sa Majesté, qui fut de quatre mois, et le deuil pour la mort de la « reine de Pologne », mère de la Reine, firent perdre à la Cour une partie de son éclat. Madame de Pompadour voyageait beaucoup. Elle passait son temps, avec deux ou trois amies, à Crécy, où

s'achevait son magnifique château ; à Choisy, où son appartement était toujours prêt ; à Montretout, qui était une maison de campagne dominant le coteau de Saint-Cloud, bientôt abandonnée pour La Celle, petit château plus rapproché de Versailles et que la marquise achetait à Bachelier. Rien n'était à redouter pour elle. Louis XV allait revenir plus épris encore, et toute opposition se taisait devant cette persistance de la passion royale. Le seul homme qui fût de force à la combattre, Richelieu, était à guerroyer en Italie pour gagner son bâton de maréchal de France. Quant à Maurepas, il gardait, auprès de la favorite, des dehors irréprochables, et le comte d'Argenson, qu'elle avait inquiété l'année précédente, au lieu de lier partie avec ses adversaires, jugeait plus prudent, pour le moment, de « se raccrocher avec elle » ; il comblait les protégés de la marquise des avantages dont disposait son ministère et, durant la campagne, qui le tenait continuellement aux côtés du Roi, ne disait pas une parole dont elle pût lui savoir mauvais gré.

Hors de la Cour, cette faveur si complète n'est pas connue de tout le monde. On persiste à croire que le Roi va se lasser, si ce n'est déjà fait. A écouter les ennemis de Madame de Pompadour, comme le marquis d'Argenson, qui lui attribue son renvoi du Conseil et lui a voué une haine féroce, son pouvoir ne tient que par peu de fils, tous aisés à rompre. Chaque semaine il espère, il attend, il prédit le renvoi ; il en fixe l'époque avec certitude du fond de son cabinet ; il consigne avidement les indices qui l'annoncent ; il accepte comme faits établis des bavardages recueillis par ses gens sur les bancs du Palais-Royal ; il voit, ainsi que dans une hallucination, la favorite maigrir et enlaidir tous les jours, avec une santé ruinée, crachant le sang, dégoûtant le Roi ; il croit « qu'il y a huit mois qu'il ne lui a touché du bout du doigt » ; il se persuade de bonne foi qu'elle est abreuvée d'avanies par la Famille royale, et que le maître lui-même lui marque durement qu'il a assez de sa présence ! Les vrais témoins de la Cour, Croÿ et Luynes, par la concordance de leurs journaux, démentent ce chroniqueur extravagant.

Le premier notamment qui, à ce moment même, a intérêt à être renseigné avec sûreté sur ce qui se passe, nous assure que le pouvoir féminin est assis plus solidement que jamais. Le gendre du maréchal d'Harcourt a l'ambition d'être compris dans la prochaine promotion des maréchaux de camp; la façon dont il s'y prend pour solliciter, le choix des appuis qu'il s'assure, l'observation impartiale qu'il apporte dans la vie de courtisan, fournissent des renseignements inédits dont on chercherait en vain en d'autres mémoires la saveur et la précision : « ...Quand je disais que la tête me tournait d'inquiétude, je disais presque vrai, étant tout en l'air et sentant de quel intérêt il était pour moi d'être de cette promotion ou non. Je vins au lever du Roi faire ma révérence d'arrivant, ensuite à sa messe, et d'abord après je courus chez Madame la marquise de Pompadour, avant qu'elle en fût de retour. Je lui demandai une audience, qu'elle me donna dans le moment dans son cabinet. La tête remplie de ma promotion, je lui parlai assez longtemps et fortement, la pressant vivement de s'intéresser pour moi, et je lui lus mes motifs, que j'avais rassemblés, de services seulement, n'osant parler moi-même de ma naissance. Cela l'ennuya peut-être, ce qui fit qu'elle me reçut assez froidement; cependant elle me dit de lui laisser mon papier, qu'elle le ferait lire au Roi; c'était là ce que je demandais. Ensuite je restai à sa toilette et, étant tard, j'allai de là chez M. d'Argenson [ministre de la guerre] l'attendre au retour du Conseil; il me donna une grande audience... J'allai chez M. de Puisieux [ministre des affaires étrangères], qui me pria pour le lendemain et me promit de parler. J'allai chez Madame d'Estrades, la grande amie de la marquise, et chez le cardinal de Tencin. Enfin j'allai, en vrai courtisan que je devenais presque tout de bon, frapper à toutes les portes qui menaient à la fortune de cour, sans négliger toutes les autres qui y mènent plus noblement. Je vis le soir le Roi au grand couvert, avec M. le Dauphin et Madame la Dauphine; Madame de Pompadour y vint, bien jolie et bien parée. La Reine était retournée à Versailles, fort incommodée d'une révolution ordinaire à son âge, et Mesdames l'avaient suivie. Je revins chez moi mettre en ordre et faire copier un mémoire, très fort pour la grandeur de ma maison, et arranger encore tout ce que je pouvais mettre en usage pour réussir.

Les deux grands coups étant frappés, je ne cherchai plus qu'à faire dire du bien de moi et parler en ma faveur au Roi et à Madame de Pompadour, pour qu'elle lui parle plus fort pour moi, de sorte que je continuai de me coucher tard et peu dormir. — [Le lendemain], je tâchai d'achever de mettre tout en usage; je remis à M. d'Argenson le mémoire de la naissance qu'il joignit à l'autre. Je restai toute la toilette de Madame de Pompadour à lui faire ma cour. M. de Bouillon vint la remercier de la survivance qu'il venait d'obtenir de sa charge pour son fils, et cela le plus bassement du monde et à impatienter; matière à belles réflexions, qui ne m'échappaient pas, quoique je fusse un peu dans le cas et bien occupé de mon affaire. Le maréchal d'Harcourt y vint remercier d'un ton différent... »

Il ressort assez d'un tel récit que Madame de Pompadour a plus d'influence qu'aucun prince du sang et qu'aucun ministre, et qu'il est nécessaire de passer par elle pour toutes choses. Voici maintenant le tableau des Cabinets où, cinq jours après son arrivée à Fontainebleau, M. de Croÿ a obtenu de souper. Le jeune colonel a eu, dit-il, la sottise d'être fâché de ce que le Roi n'ait pas daigné une seule fois lui adresser la parole, après la campagne assez dure qu'il vient de faire; mais il sait que Sa Majesté est souvent maussade hors de son intimité, et la faveur des Cabinets efface toute cette amertume :

« Il y avait à table, ainsi que nous étions, prenant par ma gauche : M. de Voyer, de Pons, de Tingry, de Meuse, Madame de Pompadour, le Roi, Madame d'Estrades, M. de Maillebois, Madame de Brancas la grande, M. de Nivernois, le baron de Montmorency, de Coigny, maréchal d'Harcourt, de Croissy, de Sourches, de la Vallière et moi. Les soupers me parurent tout comme l'année dernière, fort gais, aimables, libres sans sortir du respect. Le Roi m'y parut de plus en plus charmant et ne pouvait être mieux là : doux, poli, gai, aimable, parlant beaucoup, très bien, toujours juste et avec esprit et agrément. Les comédies des Petits Cabinets, que l'on préparait, pour les reprendre plus fort que jamais à Versailles, faisaient une partie des conversations. Madame de Pompadour, qui y brillait extrêmement, ayant tous les talents, cherchait à amuser et à retenir par là le Roi, qui, sans y avoir de goût, y formait les siens pour ce que l'on appelle agrément et bon ton du monde; et il avait en cela infiniment profité, étant alors fort aimable dans son particulier et cela ayant beaucoup influé sur son extérieur, de sorte qu'alors la timidité étant secouée et on pouvait dire qu'il était parfaitement bien dégourdi. Il me paraissait toujours que tous les grands et bons principes lui restaient, mais qu'ils étaient (comme c'est fort l'usage à la Cour) accommodés et mitigés par l'agrément du bon ton et l'usage le plus général, qui tend à ce que l'on se persuade à la fin le vice permis, pourvu que l'on ne s'y donne qu'avec des sortes de ménagements et de la belle manière... Malgré tout le temps qu'il donnait à ces plaisirs, le Roi ne laissait pas que de beaucoup travailler, mais un peu moins ce voyage que l'hiver dernier, les chasses étant plus fréquentes à Fontainebleau. Il paraissait que, quoiqu'il fît beaucoup par lui-même, ses ministres prenant aisément un grand crédit sur son esprit, il s'en rapportait à eux sur presque tout; ainsi, sans qu'il y eût de premier ministre, chacun l'était dans son département, où il faisait faire presque tout ce qu'il voulait, cependant avec ménagement et crainte des rapports de leurs ennemis au Roi, qui cherchait le bien et aurait désiré être instruit; il se donnait même quelques soins pour cela, mais peut-être pas assez ou ne s'y prenait-il pas bien. Comme on gagnait aisément sa confiance, ses maîtresses la prenaient plus aisément que les autres, et comme il aimait beaucoup Madame de Pompadour, elle avait un très grand crédit. Il ne se faisait presque point de grâce sans sa participation, ce qui lui attirait toute la cour d'un premier ministre; mais, sur les grandes affaires, il est incertain si le Roi lui confiait tout, étant né réservé sur cet article, et je serais tenté de croire qu'il en était plus amoureux en amant qu'en ami. »

Le Louis XV qui nous est montré ici, dessiné d'un crayon respectueux, mais sincère, est celui que Madame de Pompadour a su dégager de l'élève ennuyé et taciturne du cardinal de Fleury. Le fond demeure obscur et inquiétant, mais les dehors sont tels, que le Roi peut être dit, sans trop de flatterie, le gentilhomme le plus accompli de son royaume. On en devait

faire honneur à la femme qui exerçait sur lui l'influence de tous les jours et au portrait de laquelle le même peintre revient avec complaisance : « Madame la marquise de Pompadour était rengraissée et mieux de figure que jamais, c'est-à-dire extrêmement jolie et pleine de grâce et de talents; elle avait même celui de son état, paraissant être née pour remplir cette place. Elle se mêlait de beaucoup de choses, sans en avoir l'air ni en paraître occupée; au contraire, elle affectait, soit naturellement ou par politique, d'être plus occupée de ses petites comédies ou d'autres bagatelles que du reste. Elle faisait beaucoup de petites agaceries au Roi et employait l'art de la plus fine galanterie pour le retenir. Dans les commencements, elle cherchait à plaire à tout le monde, pour se faire des créatures, et surtout des gens de marque; alors, étant plus affermie et connaissant tout son monde, elle était un peu plus décidée et moins prévenante, mais toujours assez polie et cherchant à faire plaisir ou du moins à le paraître. » Il est aisé de prévoir, à ces derniers traits, que le caractère de la femme, qui ne s'impose plus les efforts d'autrefois, fera dominer bientôt l'esprit de coterie.

Cette vie des intérieurs, à laquelle elle préside, se modifie un peu chaque année. L'hiver suivant, à Versailles, on se plaint que les spectacles prennent de plus en plus de place et qu'on fait moins d'accueil aux courtisans qui ne jouent pas dans les comédies. Ce ne sont plus les chasses seules qui conduisent aux soupers, et souvent même les chasseurs sont sacrifiés aux comédiens. Certains soirs, les Cabinets semblent envahis par une « cohue ». M. de Croÿ trouve inconvenant de voir « les jeunes gens s'y fourrer », et s'offusque d'y rencontrer « jusqu'à des trente-cinq personnes! » M. de Luynes écrit qu'il y a, « dans la petite galerie, une table longue comme celle d'un réfectoire ». Parmi tant de visages nouveaux, que lui fait accepter la marquise à l'occasion de son théâtre, le Roi n'est à l'aise qu'avec ses anciens familiers, ceux qu'il voit depuis des années autour de lui. Il reste pour eux le maître bienveillant qu'ils aiment véritablement et que le reste de la Cour ne connaît point. Un après-midi qu'il a ramené ses chasseurs au Petit-Château, c'est-à-dire à La Celle, et qu'on y a trouvé à table Madame de Pompadour et ses amis, cet impromptu paraît l'y avoir mis d'excellente humeur. Justement la marquise doit aller à Paris ce jour-là, pour assister à une première représentation de Crébillon, la tragédie de *Catilina,* dont elle s'est fort occupée pour procurer un succès au vieux poète. A trois heures, le Roi la conduit à son carrosse et rentre à Versailles. « Il n'y eut pas de liste le soir; le Roi me fit dire par le maréchal d'Harcourt de monter à cinq heures, et nous soupâmes tout en haut dans les petits petits *(sic)* Cabinets du dessus, dans le plus grand intérieur, rien que six avec le Roi, savoir : le Roi, le maréchal d'Harcourt, M. de Fleury, moi, M. de Joyeuse, le fils de M. de Croissy et son père. Le Roi fut charmant dans ce petit intérieur, d'une aisance et même d'une politesse infinie; il me parla beaucoup; ensuite, dans le cabinet du tour, il fit allumer un fagot et nous fit tous asseoir autour comme lui, sans la moindre distinction, et nous causâmes avec la plus grande familiarité, hors que l'on ne pouvait oublier que l'on était avec son maître. A dix heures, nous vîmes arriver la voiture de la marquise; il alla la trouver, et nous sortîmes, bien contents de cette faveur particulière. »

Tel était l'état de la Cour quand le duc de Richelieu y reparut, au retour du siège de Gênes, tout reluisant de son titre neuf de maréchal de France. Il y eut un instant d'espoir parmi les ennemis de la marquise, au début de 1749, quand l'habile joueur vint prendre son année de Premier gentilhomme de la Chambre. « Tout le parti courtisan, annonçait d'Argenson, craint beaucoup son arrivée, et véritablement il est capable de donner de bons coups de collier pour la gloire et la sûreté du royaume, pour chasser *la maîtresse roturière et tyrannique* de la Cour, et pour en donner une autre. » Dès les premiers jours, en effet, Richelieu affichait son désir de jouer un rôle, de départager les coteries, de reprendre l'oreille du Roi, et, s'il y avait lieu, d'utiliser sa connaissance des femmes pour « crosser la petite Pompadour comme une fille d'Opéra ». Tant de prétention en imposait à beaucoup de monde; le maréchal avait un cor-

REPRÉSENTATION D'*ACIS ET GALATÉE* SUR LE THÉATRE DES CABINETS A VERSAILLES

Dessin aquarellé de Cochin

Ancienne collection La Béraudière

(Cliché Braun Clément & Cie)

PLANCHE DOUBLE

tège à Versailles quand il passait, et une grosse audience le matin, à son lever. On attendait la première bataille qu'il allait livrer, et l'occasion lui fut offerte dans les divertissements de la marquise.

Le petit théâtre venait d'être transformé, pour devenir un théâtre d'opéra, et l'on avait construit une véritable salle dans le Grand Escalier des Ambassadeurs, où jadis Louis XIV faisait entendre des symphonies et dont le large vaisseau se prêtait à des aménagements de ce genre. La nouvelle salle avait une scène ingénieusement disposée pour le mouvement des machines. Comme l'escalier servait dans certaines circonstances, par exemple pour la procession des Cordons bleus, toute la construction était mobile et s'enlevait et se remplaçait à volonté. Il fallait dix-sept heures pour la première opération et vingt-quatre pour la seconde, et la dépense d'installation était montée, tout compris, à soixante-quinze mille livres. Le public mal intentionné parlait de sommes beaucoup plus fortes encore, qui auraient été englouties dans cette fantaisie, comme dans tous les bâtiments de la marquise. Celle-ci finissait par s'en émouvoir, et un jour, à sa toilette, au milieu du cercle qui recueillait ses moindres paroles, ne dédaignait pas de réfuter les médisances : « Qu'est-ce qu'on dit, que le nouveau théâtre coûte deux millions? Je veux bien que l'on sache qu'il ne coûte que vingt mille écus, et je voudrais bien savoir si le Roi ne peut mettre cette somme à son plaisir! Et il en est ainsi des maisons qu'il bâtit pour moi! » Les maisons, à la vérité, coûtaient plus cher que la transformation du grand escalier de Versailles; mais les décorations, les habits, les gratifications aux musiciens, entraînaient des dépenses considérables. A la fin de la première année du nouveau théâtre, le directeur, M. de la Vallière, avouait, pour cette seule saison, une somme de cent mille écus, et encore avait-on tiré des magasins des Menus une infinité d'accessoires.

Cette construction éphémère servit deux ans et acheva la ruine du fameux escalier. Au reste, l'idée en était charmante, et le goût le plus raffiné n'y trouvait rien à reprendre. Madame de Pompadour avait décidé tous les plans; comme elle en avait fait au Roi la surprise, il s'était privé, par galanterie, d'entrer dans la salle avant le premier spectacle. Le délicat décor bleu et argent offrait aisément place à quarante invités et autant de musiciens. Cochin l'a peint exactement dans une gouache qui rappelle deux représentations d'*Acis et Galatée,* de Lulli. Madame de Pompadour y est en scène avec le vicomte de Rohan, qui joue Acis ; elle porte une grande jupe de taffetas peinte en roseaux et coquillages, un corset rose tendre et une mante de gaze vert et argent, en un mot tout son costume de la soirée du 23 janvier 1749. Dans la tribune se reconnaissent, auprès du Roi en gris, la Reine et les trois Mesdames, Henriette, Adélaïde et Victoire, toutes tenant à la main le livret de l'opéra. L'étroit balcon à un seul rang, où plusieurs spectateurs ont le cordon bleu, et le parterre au-dessus des musiciens réunissent une petite assemblée de choix, habits clairs et perruques poudrées, grands seigneurs, gens de lettres, amis personnels de la marquise. C'est le même public et la même réunion que l'on retrouvera chez elle, à Bellevue, quand le Roi décidera d'y transporter le spectacle de ses Cabinets.

Toute cette installation avait été faite sans la moindre participation des Premiers gentilshommes de la Chambre. Ils auraient dû intervenir à double titre, d'abord parce qu'ils avaient dans leurs attributions tous les spectacles, ensuite parce que l'Escalier des Ambassadeurs, faisant partie du Grand Appartement, se trouvait dans leur juridiction. On s'était pourtant passé d'eux, et le duc de la Vallière donnait toujours ses ordres directement aux musiciens et aux agents des Menus, utilisant le matériel, disposant des voitures, sans que le duc d'Aumont osât s'opposer à ces empiétements audacieux. Sur quelques difficultés qu'il avait faites pour payer des fournitures, Madame de Pompadour s'était plainte et le Roi avait répondu plaisamment : « Laissez revenir Son Excellence, vous verrez bien autre chose ! »

M. de Richelieu, que Louis XV appelle Son Excellence depuis son ambassade à Vienne, n'est pas homme, en effet, à laisser amoindrir les privilèges de sa charge. Le jour même où il prend son année, il écrit au Roi une lettre « très respectueuse, mais très forte », pour protester contre les abus introduits par M. de la Vallière. Le Roi n'ayant fait aucune réponse, il affecte de prendre ce silence pour un acquiescement. Il laisse rétablir le petit théâtre, enlevé pour les cérémonies du 1er janvier, et commencer les répétitions; puis il envoie ses ordres : nulle voiture de la Cour ne sera fournie désormais sans billet signé de lui ; les girandoles, chandeliers, cristaux et fausses pierreries ne sortiront plus des magasins des Menus sans sa permission; aucun ouvrier, aucun musicien de la Chambre ne sera employé nulle part qu'avec son autorisation. Fort émus de cette injonction, les musiciens habitués des Cabinets viennent chercher des éclaircissements auprès de lui ; il leur confirme de vive voix que son interdiction vise bien les spectacles de Madame de Pompadour. Le duc de la Vallière s'étant permis une remarque, Richelieu lui demande ironiquement s'il aurait acheté, par hasard, une cinquième charge de Premier gentilhomme. On raconte à Paris qu'une altercation assez vive s'est élevée entre eux, et qu'en dernier argument, Richelieu, jadis fort ami de la duchesse de la Vallière, a fait les cornes à son mari. On prête au maréchal une grossièreté peu vraisemblable, mais il est certain qu'il a maintenu ses droits avec énergie.

La situation tendue ne peut se prolonger bien longtemps. La marquise porte sa colère au Roi, gémit, trépigne; et le soir, au débotté, le maître, d'un ton glacé, demande à Richelieu combien de fois Son Excellence est allé à la Bastille : « Trois fois, Sire »; et le Roi, continuant sa conversation, se met à rappeler les trois motifs. La question faite au nouveau maréchal était d'assez mauvais augure ; il le comprend et ne s'obstine pas. Comme il n'a jamais cessé de paraître assidûment chez Madame de Pompadour, il prend une occasion de l'assurer de son infini désir de ne lui point déplaire, et tout s'arrange. On le voit causer avec M. de la Vallière comme si rien ne s'était passé. Il n'y a aucun changement pour le théâtre des Cabinets, sauf que le Premier gentilhomme donne à chaque musicien et, une fois pour toutes, aux Menus, l'ordre général de se mettre à la disposition de la marquise. C'est une satisfaction platonique, qui masque mal une défaite sérieuse de Richelieu : sa seule ressource est d'assurer qu'il n'attachait à la chose aucune importance. On veut l'en croire sur parole : « M. de Richelieu, écrit Luynes, a mis tant d'art, tant d'esprit, tant de politesse et même de galanterie pour Madame de Pompadour dans toute cette affaire, que leur liaison ni son amitié pour M. de la Vallière n'ont pas été un moment altérées. » On pense toutefois que M. de la Vallière a besoin d'être consolé de quelques ennuis, puisqu'il reçoit le cordon bleu à la promotion de la Chandeleur.

Ainsi, les espérances mises en M. de Richelieu avaient été trompées. Quel fond pouvaient faire les politiques sur un homme qui n'avait même pas su reprendre les droits de sa charge? Et quelle opposition demeurait possible contre une femme qui disposait à son gré du Roi, l'emmenait coucher chez elle à deux pas de Versailles, dans son petit château de La Celle, d'où il rentrait seulement pour le Conseil, et qui jamais ne le laissait plus d'un quart d'heure seul avec un ministre? Les créatures de la marquise commençaient à remplir les hautes fonctions; il n'était guère qu'une seule puissance dont elle ne disposât point, puissance incertaine encore, mais déjà inquiétante, et dont le rôle, avec tant de questions graves qui se posaient dans l'État, grandissait d'année en année. L'opinion publique, d'abord favorable ou indifférente, se déchaînait maintenant contre la maîtresse et, dirigée par des gens habiles, déjà la rendait responsable des fautes du gouvernement et du mécontentement universel.

La misère augmente à Paris et dans les provinces : c'est un fait qu'on ne peut nier et qu'assurent tous les intendants. En ce même temps, le Roi, sur qui personne n'a d'autorité et qu'irritent sans l'éclairer les remontrances du Parlement, a laissé porter la dette de l'État à un chiffre qu'elle n'a jamais atteint. Les besoins de la guerre l'ont augmentée, paraît-il, de douze cents millions. Le ministre Machault a bien conçu un système général de réformes qui enrichirait l'agriculture, favoriserait l'industrie et rendrait plus facile et plus équitable le paiement de l'impôt; mais l'application du plan est rendue difficile par le désordre qui s'est introduit dans les finances. Des gaspillages scandaleux s'y produisent. On ne trouve pas d'argent pour restaurer la marine de guerre, qui se détruit et se réduit chaque jour; mais le service des Bâtiments du Roi, que dirige l'oncle de la favorite, dispose de sommes considérables pour de petites bâtisses sans valeur, qui coûtent autant que les somptuosités de Louis XIV et qu'on démolit au moindre caprice. Pour la marquise seule, on travaille en dix maisons à la fois. Les pensions sont prodiguées; des gratifications énormes paient les moindres services, pour peu que la faveur les recommande. Toutes les dépenses de la Cour se surchargent sans contrôle. Les petits voyages du Roi sont ruineux : quatre jours de déplacement reviennent à cent mille livres d'extraordinaire. Que dire des grands voyages où tout un monde de serviteurs suit Leurs Majestés ! Madame Infante vient de se rendre à Versailles pour voir son père et lui présenter sa fille, la petite infante Isabelle; le voyage a coûté quatre cent mille livres depuis la frontière; et, pour ramener Madame Victoire du couvent, où s'est achevée son éducation, quoiqu'il n'y ait eu qu'à aller à Fontevrault et en revenir, le Roi a voulu, comme pour une arrivée de Dauphine, un tel faste, de tels honneurs, qu'on a dépensé tout près d'un million ! Quelque fabuleux qu'ils semblent, ces chiffres sont sûrs; et l'on se figure, en face d'une telle réalité, ce que peuvent ajouter et inventer les gens d'imagination, dont la France a toujours fourmillé; on devine l'exaspération des peuples surchargés d'impôts et les malédictions qui commencent à monter vers le trône.

La politique extérieure du royaume ne donne confiance à personne. La paix générale qu'on vient de proclamer ne satisfait point, après tant d'espérances conçues pour d'éclatantes victoires; ces longues et coûteuses campagnes n'ont valu à la France aucun avantage considérable. On regrette tant de sang versé afin d'obtenir simplement un duché en Italie pour l'Infant don Philippe, gendre de Louis XV, et ce duché de Parme, Plaisance et Guastalla, est jugé un médiocre établissement pour une fille aînée de France. On trouve que le Roi abandonne trop aisément toutes ses conquêtes et laisse à l'Angleterre la part trop belle. Il serait sage d'observer que l'infériorité de la marine française rend impossible une prolongation de la guerre, qui perdrait sans ressource le commerce et les colonies ; mais l'opinion est moins frappée de cette vue raisonnable qu'elle n'est indignée, par exemple, de l'expulsion du prince Charles-Édouard, qu'on a arrêté, sur l'ordre du Roi, au sortir de l'Opéra, qu'on a fouillé, garrotté, mis en voiture pour Vincennes, puis jeté à la frontière. Tout Paris est ardemment jacobite, et le sentiment chevaleresque de la nation est révolté de cet acte de violence, accompli, dit-on, par bassesse envers les Anglais.

Cet incident et d'autres, qui appartiennent à la chronique toujours agitée de la capitale, excitent extrêmement les esprits. La célébration de cette paix, à laquelle le ministère voulait donner quelque éclat, échoue piteusement, un jour de février 1749, par un temps de neige et de brouillard, au milieu des mauvaises dispositions du public. On entend des huées dans les rues que suit le cortège, et, sur chaque place, après la proclamation du roi d'armes, quand l'archer entonne l'antienne : *Vive le Roi !* la masse des assistants s'abstient de pousser le cri ordinaire. Aux Halles, les harengères se querellent en disant : « Tu es bête comme la paix ! », ce qui est encore une façon de raisonner de la politique ; et la maigre suppression de plusieurs petits droits, dont on a pensé réjouir le peuple, ne sert qu'à faire multiplier les murmures sur les dilapidations de « la gueuse du Roi ».

Madame de Pompadour est prise à parti par les mécontents, dans les pamphlets anonymes qui se répandent. Contre elle foisonnent chansons, libelles, satires, complaintes cyniques et gouailleuses, et, pour la première fois, la personne royale elle-même a sa large part des sarcasmes et des menaces. Les estampes s'en mêlent ; une de celles que saisit la police montre Louis XV enchaîné par la marquise et fouetté par les étrangers. Les auteurs de ces hardiesses restent inconnus, comme s'ils étaient soutenus et sauvés par des protections mystérieuses. Jamais pourtant le manteau des colporteurs n'abrita d'outrages aussi violents pour le Roi et aussi

dignes de la Bastille, que la prophétie dont voici quelques vers, enflammés déjà par un esprit de révolution :

Louis, dissipateur des biens de tes sujets,
Toi qui comptes les jours par les maux que tu fais,
Esclave d'un ministre et d'une femme avare,
Louis, apprends le sort que le ciel te prépare.
Si tu fus quelque temps l'objet de notre amour,
Tes vices n'étaient pas encor dans tout leur jour...
Tu verras chaque instant ralentir notre zèle
Et souffler dans nos cœurs une flamme rebelle :
De guerres sans succès fatiguant tes États,
Tu fus sans généraux, tu seras sans soldats...
Tu ne trouveras plus des âmes assez viles
Pour oser célébrer tes prétendus exploits,
Et c'est pour t'abhorrer qu'il reste des François [1]...

D'autres placards, moins âpres et plus venimeux, décèlent assez clairement leur origine. Le poète qui flétrit le Roi endormi « dans le sein de la honte », s'indigne surtout de le voir épris d'une « femme obscure ». Si, du milieu des cercles parlementaires, sortent certains pamphlets qui font songer aux « mazarinades », c'est en meilleur endroit que se préparent les « poissonnades » les plus perfides. M. Berryer, lieutenant de police, tout dévoué à la marquise, traverse un jour la Grande Galerie de Versailles ; il est assailli par un groupe de petits-maîtres, qui lui demandent assez insolemment quand il fera cesser toutes ces chansons horribles contre le Roi ; son prédécesseur, clament-ils, feu M. d'Argenson, aurait bien su trouver les auteurs, tant il connaissait Paris. Berryer les regarde dans les yeux et dit : « Je connais Paris, Messieurs, autant qu'on le puisse connaître ; mais je ne connais pas Versailles ! » Les beaux parleurs n'ont plus qu'à pirouetter sur leurs talons rouges.

Depuis longtemps, Madame de Pompadour est persuadée que M. de Maurepas est l'inspirateur des libelles. Quand elle parle au Roi, les larmes aux yeux, de ces horreurs épouvantables, elle lui nomme sans hésiter « le président de la fabrique ». Si toutes les chansons ne sont pas de lui, quelques couplets, non les moins cinglants, portent sa griffe. La marquise est certaine, tout au moins, que sa haine assure l'impunité à ceux qui les répandent. Elle prétend même qu'il cherche à l'empoisonner. Aux soupers des Cabinets, devant le Roi, elle ne veut manger de rien la première; les jours maigres, elle refuse avec affectation les mets gras préparés pour elle. La nuit, elle fait coucher, à côté de sa chambre, un chirurgien muni de contrepoisons. En ce moment, son humeur est mauvaise; elle est malade d'une perte, dont on dit la cause à l'oreille, et que son médecin, Quesnay, passe pour avoir provoquée. Sa langueur, sa fièvre plaident pour elle. Au reste, ces mines, ces gémissements, ces accusations, à la longue, fatiguent le Roi. Il ne saurait croire au poison; mais des propos fort authentiques lui ont été rapportés, qui sont bien du plus vif esprit de Maurepas, et qui, par malheur, mordent au point le plus sensible de son amour-propre. Il dira plus tard au Dauphin : « J'ai été indulgent et n'ai pas puni trop vite. Sachez que M. de Maurepas a mérité bien davantage. » En vérité, le comte a abusé de sa fortune : il s'est fié plus que de raison à cette longue familiarité avec son maître, à ce sentiment d'être le premier ministre avec qui Louis XV eût travaillé et du travail le plus facile. Comme on l'attaque de préférence sur la marine, qui a périclité entre ses mains, il compte se défendre par son éternel argument : ne lui a-t-on pas toujours refusé les fonds indispensables pour refaire les bâtiments, les ports, les arsenaux? Soutenu par le parti dévot, par la meilleure compagnie de Paris, par l'affection du Dauphin et de la Reine, il s'imagine être indispensable et invulnérable, et il s'est juré, par surcroît, de prendre sur Madame de Pompadour sa revanche de Madame de Châteauroux.

Madame de Pompadour a trouvé en Richelieu, ordinairement son adversaire, un allié inattendu. Celui-ci ne s'est jamais réconcilié avec Maurepas, qu'il accuse de l'avoir écarté du ministère, et toute occasion lui semble bonne pour venger l'ancienne injure. Il a fait passer à la marquise un mémoire très renseigné contre l'administration de la marine. Auprès du Roi, leurs propos se font écho, sans même s'être concertés. De chaque côté, Louis XV entend murmurer les mêmes dénonciations et gronder les mêmes colères. Si le ministre était moins infatué, il devinerait ce qui se passe, éventerait le complot de la favorite ou du moins sentirait qu'il est impossible de l'emporter « sur un ennemi de cette espèce » : il obtiendrait sa retraite, sans attendre la disgrâce, et déposerait le pouvoir avec honneur. Il préfère s'amuser du danger et braver le risque. Il est toujours le premier, sans qu'on sache comment, à connaître les couplets nouveaux de ces chansons dont s'irrite le Roi; il les met sur le compte de Richelieu ou du duc d'Ayen, qui, sans nul doute, n'en sont point incapables, mais c'est lui qui les colporte chez ses amis et les dit devant tout le monde, maîtres et valets, insouciant des oreilles qui les écoutent.

Un matin, Madame de Pompadour en personne entre chez lui, accompagnée de Madame d'Estrades : « On ne dira pas, dit-elle, que j'envoie chercher les ministres; je viens les chercher »; puis : « Quand saurez-vous donc les auteurs des chansons? — Quand je le saurai, Madame, je le dirai au Roi. — Vous faites, Monsieur, peu de cas des maîtresses du Roi. — Je les ai toujours respectées, Madame, *de quelque espèce qu'elles fussent.* » Le soir même, chez la maréchale de Villars, comme on lui fait compliment de la belle visite qu'il a reçue : « Oui, dit-il, de la marquise; cela lui portera malheur. Je me souviens que Madame de Mailly vint aussi me voir deux jours avant que d'être renvoyée pour Madame de Châteauroux. Celle-ci, on sait que je l'ai empoisonnée. Je leur porte malheur à toutes. » Le propos, tenu devant trente personnes, monte tout droit aux Petits Cabinets; on prétend que c'est celui qui va déchaîner la foudre.

Jamais, au reste, le Roi n'a fait meilleure mine au compagnon de sa jeunesse. Le matin du 23 avril, au lever, celui-ci est étourdissant, comme à l'ordinaire, d'anecdotes et de bons mots; on n'écoute que lui, et le Roi, gagné avec tout le monde par la gaieté du brillant parleur, rit à gorge déployée. Maurepas annonce qu'il va, le soir, à la noce de Mademoiselle de Maupeou, fille du premier Président. « Je vous ordonne de vous bien divertir », dit le Roi, qui, de son côté, décide un voyage à La Celle, chez la marquise. Richelieu et quelques autres familiers y vont coucher avec lui. Le lendemain, à huit heures, le duc arrive à Paris, au Palais, pour assister à la grande séance du Parlement où doit être reçu le maréchal de Belle-

Isle. Son allure joyeuse frappe plusieurs personnes : « Regardez bien M. de Richelieu, dit quelqu'un ; il a l'air d'un homme hors de lui-même. Il doit y avoir quelque chose sur M. de Maurepas. » Au même moment, à Versailles, M. d'Argenson, qui a été réveillé à deux heures par un pli du Roi apporté de La Celle, entre chez Maurepas, revenu fort tard de sa noce. De ministre à ministre, on se devine au premier regard. La lettre que remet d'Argenson est sèche et de quelques phrases seulement : « Vos services ne me conviennent plus. Vous donnerez votre démission à M. de Saint-Florentin. Vous irez à Bourges ; Pontchartrain est trop près. Vous ne verrez que votre famille. Point de réponse. » Rarement disgrâce fut aussi cruellement signifiée. Au reste, l'exil qui commence est de ceux qui durent : tant que Louis XV vivra, M. de Maurepas ne pourra reparaître à Versailles et devra expier, vingt-cinq années durant, le crime d'avoir chansonné une favorite.

Après avoir porté ce grand coup, Madame de Pompadour est bien, cette fois, en possession reconnue du pouvoir. Qu'elle en fasse volontairement abus, personne ne pourrait sérieusement le dire. Il est certain qu'elle pense avant tout aux intérêts du Roi, et qu'elle ne soutient auprès de lui, pour les postes et les honneurs, que ceux qu'elle croit les plus dignes de les obtenir. Ces gouvernements de favoris n'ont pas d'intérêt à faire de mauvais choix et, parmi leurs créatures, ce sont toujours les plus capables qu'ils font avancer, parce que seuls les plus capables les serviront bien. Mais jamais crédit de maîtresse n'a été plus grand que celui de la marquise. Aucun mémoire, aucun avis n'est remis au Roi sans qu'elle en accorde la permission. Rien n'arrive à lui qu'en passant par elle. Les valets et les gens de service lui sont dévoués ; elle tient le reste de l'intérieur par l'ambition ou l'intérêt, par l'argent des Pâris ou la séduction caressante de ses grâces. Hommes, places, crédit, tout est à elle ; il n'y a faveur si mince qui ne soit transmise par ses mains ; et personne n'ose plus contrecarrer ses choix ni discuter ses décisions. Le seul ministre qui y pense encore et qui s'y prépare, M. d'Argenson, ajourne les complots à

des temps plus favorables. La Cour vient de recevoir une leçon de prudence qui ne saurait être perdue. La « dame », comme on l'appelle, prend à présent des manières de reine, a son jour pour donner audience aux ambassadeurs, dit, en parlant d'elle et du Roi : « Nous verrons », s'amuse à des étiquettes sévères, ne met qu'un fauteuil chez elle pour obliger les grands seigneurs à rester debout. Ces airs n'étonnent plus personne, et, dans ce milieu courtisan, où l'élégance des façons masque la médiocrité des cœurs, si quelques-uns se gardent encore le droit de sourire, nul ne songe à protester ni à se plaindre.

De quoi se plaindraient, au reste, les gens de cour avisés, qui peuvent, avec un compliment bien tourné, désarmer les préventions de la femme et s'ouvrir le chemin des profitables faveurs ? Ceux qui approchent le plus Madame de Pompadour à cette époque de sa vie s'accordent à dire qu'elle ne mérite pas la haine dont tant de pamphlétaires l'ont honorée. Enfin, le prince de Croy nous fait comprendre pourquoi la Cour l'accepte si aisément; c'est qu'on risquerait, en la perdant, d'avoir beaucoup plus mal : « Le Roi était dissipé par ses voyages continuels, où il cherchait à se distraire et où la marquise n'oubliait ni soins ni dépenses pour cela. Elle était d'ailleurs bonne, habile, et, quand on avait parlé de l'infidélité du Roi, tout le monde s'était intéressé pour elle, car, puisqu'il en fallait une, on était plus content de celle-là que des autres, dont on aurait craint pis. Ce qu'il y avait le plus à lui reprocher, c'étaient les dépenses considérables pour des riens et le dérangement que cela paraissait mettre dans les finances. Tout le reste parlait en sa faveur : elle protégeait les arts et en général faisait du bien et point de mal. » Tel est le point de vue qu'il convient d'adopter, si l'on tient à juger avec équité ce rôle de femme dans notre histoire. Le caractère de la marquise a été apprécié trop souvent d'après les gens qui ont eu à se plaindre d'elle. Bernis, pour qui elle va enfin trouver une ambassade, qu'elle élèvera et détruira ensuite, dès qu'il cessera d'être docile, lui rend à peu près seul une justice exempte de ressentiment : « La marquise n'avait aucun des grands vices des femmes ambitieuses; mais elle avait toutes les petites misères et la légèreté des femmes enivrées de leur figure et de la supériorité de leur esprit : elle faisait le mal sans être méchante, et du bien par engouement; son amitié était jalouse comme l'amour, légère, inconstante comme lui, et jamais assurée. » A les bien lire, il semble que ces lignes définissent moins une femme que la femme en général. En les appliquant à Madame de Pompadour, on en doit conclure seulement qu'elle fut femme au degré suprême, et cette observation, toute simple qu'elle paraisse, servira peut-être à expliquer ses qualités, ses grâces, ses insuffisances et ses faiblesses.

La « fonction » que remplit Madame de Pompadour, et qui lui met en main tant de puissance, ne va pas sans de grandes fatigues et une prodigieuse dépense d'elle-même. Pour se faire des sûretés, pour mieux garder le Roi, dont la fidélité commence à s'user, il lui faut se prêter à voyager sans cesse. Louis XV a un besoin de déplacer sa personne et de changer son horizon, où se révèle l'incurable malaise d'un éternel ennui. Il est toujours, et plus encore qu'autrefois, « par voie et par chemin », et ne séjourne guère à Versailles. A chaque instant, il part pour un des petits châteaux, où les courtisans le suivent, par groupe d'invités. Ils ont inventé, pour se distinguer des nouveaux venus, un uniforme spécial à chaque résidence, qu'il faut obtenir du Roi le droit de porter : à Choisy, par exemple, l'habit est vert, avec un grand galon d'or et un bordé; à Crécy, le même habit a un simple bordé et des boutonnières d'or. Ces faveurs sont pour une vingtaine de familiers, qui sont rarement nommés deux fois de suite; il n'y a que la marquise qui aille partout et ne quitte nulle part le maître.

La vie du Roi dans les petits châteaux n'est racontée par personne. Seul de toute cette réunion de grands seigneurs, le prince de Croy a pris la peine de fixer le souvenir de quelques-unes de ces journées : « Je fis la politesse à Madame de Pompadour, écrit-il en mars 1751, de lui demander à être des voyages et, le 7 mars, j'allai pour la première fois passer la journée avec le Roi à la Muette. J'y vis les nouveaux ouvrages; les trois beaux salons et les souterrains sont superbes; le reste, peu de chose; on faisait une terrasse et une augmentation vers le Bois. On y vivait avec beaucoup de liberté. Il y avait un grand dîner, mais le souper était le plus considérable, étant le repas du Roi. Il se promenait, s'il faisait beau, ou jouait dans le salon après le dîner. Ensuite il travaillait ou tenait conseil. A huit heures et demie, tout le monde se rassemblait au salon ; il venait y jouer ; à neuf heures, on soupait à une très grande table à dix. C'était M. le Premier gouverneur de la Muette qui servait le Roi et le nourrissait avec les officiers qu'il choisissait, les dépenses du total étant passées sur le compte qu'il en donnait. Nous étions ce jour-là à table, à prendre du Roi par sa gauche : le Roi, Madame la marquise de Pompadour, prince de Soubise, duc de Luxembourg, marquis d'Armentières, marquis de Voyer, comte d'Estrées, prince de Turenne, comte de Maillebois, marquis de Sourches, marquis de Choiseul, comte de Croissy, Madame du Roure, duc de Boufflers, marquis de Bauffremont, duc de Broglie, prince de Croy, marquis de Pignatelli, duc de Chevreuse, duc de Chaulnes, duc de la Vallière, marquis de Gontaut, duc de Richelieu, Madame la duchesse de Brancas, duc d'Ayen et Madame d'Estrades ; à une petite table étaient MM. de Laval et de Beuvron. Ce voyage était très gai. La marquise fut surtout très enjouée. Elle n'aimait aucun jeu et jouait surtout pour polissonner et être assise que par goût. Elle vit beaucoup avec ses complaisants, MM. de Meuse, de Gontaut, etc. Le Roi faisait deux parties après souper, car il aimait le gros jeu, et les jouait tous très bien et très vite, et il se couchait vers les deux heures. C'est ainsi qu'était la vie de tous les petits châteaux. Après le coucher, je revins à Paris ; il n'y a qu'un pas, car c'est l'endroit où le Roi approche le plus de sa capitale. »

Les privilégiés, qui passaient ces aimables heures dans l'intimité royale, ne semblaient pas se douter des haines qui s'amassaient contre l'autorité dans cette capitale toute voisine. Chaque année d'administration détestable aggravait les causes de ce malaise financier, contre lequel on ne luttait plus et qui devait, à la fin du siècle, emporter la monarchie. Le Roi, entouré de flatteurs ou de timides, n'entendait, dans ces réunions de courtisans, que des paroles complaisantes. Son indolence, « qui laissait tout aller », n'était secouée par aucune conversation sérieuse. Les questions du temps se traitaient par ces allusions légères où l'esprit tient lieu de bonnes raisons. Le plus souvent, ce n'était qu'une basse excitation des secrètes hostilités du Roi. Quand le Parlement de Paris va se mêler de rappeler la Cour aux économies nécessaires, il se trouvera quelqu'un à la table où le Roi jette de gros écus, pour dire méchamment : « Bientôt Messieurs du Parlement ne permettront plus à Votre Majesté que de jouer de petits écus. » On empoisonne l'esprit du Roi, au long du jour, de paroles semblables. Madame de Pompadour y excelle ; mais ce n'est pas elle qui donne le ton. Lorsque la politique apparait dans les entretiens de l'entourage, on n'en voit que les petits côtés, mécontentements de personnes ou rivalités de corps. Clergé ou Parlementaires, ce sont des clercs et des robins qui se battent, et qui seront mis à la raison par la volonté du Roi. Les gens de Cour ne sont point en état de comprendre la gravité des crises qui se prolongent, ni de redouter la révolte des intelligences contre les abus dont ils profitent. C'est encore un des leurs, M. de Croy, qui en fait l'aveu : « On ne parle point, à la Cour, des grandes affaires qui font tant de bruit partout ailleurs. » Ce n'est pas que le Roi n'en soit quelquefois troublé, mais il s'étourdit; et la favorite n'a pas de soin plus pressant, à cette première époque de leur liaison, que d'écarter de lui des préoccupations qui le lui disputent.

Elle apporte à cette œuvre puérile un dévouement et une persévérance qu'on voudrait voir mieux appliqués. Elle achète, par un sacrifice constant de ses goûts, les heures d'intimité et d'abandon que lui valent son existence nomade et surmenée et cette tension sans repos. On devine, en quelques-unes de ses lettres, à quel point elle en préférerait une autre : « Vous croyez que nous ne voyageons plus, écrit-elle à une amie éloignée. Vous vous trompez, nous sommes toujours en chemin : Choisy, la Muette, Petit-Château [La Celle] et certain Ermitage, près de la grille du Dragon, à Versailles, où je passe la moitié de ma vie. Il a huit toises de long sur cinq de large, et rien au-dessus ; jugez de sa beauté; mais j'y

MADAME SOPHIE DE FRANCE

Portrait peint par Drouais

Musée de Versailles

Cliché B[illegible]

suis seule ou avec le Roi et peu de monde ; ainsi j'y suis heureuse. » Et un autre jour, pour excuser un long silence dont la même comtesse de Lutzelbourg pourrait se plaindre, voici quelques lignes bien significatives en leur briéveté : « La vie que je mène est terrible ; à peine ai-je une minute à moi. Répétitions et représentations, et deux fois la semaine, voyages continuels, tant au Petit-Château qu'à la Muette, etc. Devoirs considérables, Reine, Dauphin, Dauphine..., trois filles, deux infantes ; jugez s'il est possible de respirer ; plaignez-moi et ne m'accusez pas. » C'est une vie terrible, en effet, où toutes les forces de l'esprit et des nerfs doivent demeurer constamment tendues et sans s'accorder de relâche. D'Argenson exagère, quand il écrit, toujours par ouï-dire, il est vrai, que la marquise « change chaque jour jusqu'à devenir un squelette ; le bas du visage est jaune et desséché ; pour la gorge, il n'en est plus question ». La marquise reste jolie et le sera plusieurs années encore ; ses familiers, autant que ses peintres, nous l'attestent ; mais il n'est pas de vigueur ni de beauté qui puisse résister longtemps aux excès d'une telle existence, de laquelle s'accommode seul l'extraordinaire tempérament de Louis XV.

Pour l'intéresser à la marine, qu'il est toujours question de reconstituer, pour le plaisir aussi de faire un glorieux chemin à ses côtés, Madame de Pompadour organise un voyage du Roi en Normandie. Quoique une énorme dépense en doive résulter, le déplacement royal semble sans apparat. Le Roi est dans un « vis-à-vis », avec un seul courtisan ; suivent une berline pour quatre dames, une seconde berline et une gondole à six. Mais tous les services de bouche et autres, qui font un nombre de personnes considérable, ont pris les devants et attendent Sa Majesté au Havre. On part de Crécy, en chassant le long du chemin, dans la forêt de Dreux ; on va prendre les voitures à la porte du château d'Anet, où la vieille duchesse du Maine vient faire sa cour, et l'on arrive à la nuit close, par les avenues illuminées, au château de Navarre, où le duc de Bouillon a préparé une réception somptueuse. C'est un des plus beaux domaines du pays normand ; le Roi visite les jardins dessinés par Le Nôtre, se promène en calèche dans la forêt d'Évreux, assiste à un spectacle de chasse, et repart de nuit pour arriver à Rouen à huit heures du matin. On ne fait que traverser la ville, dont les rues sont tendues magnifiquement et où la population acclame le Roi. Il s'arrête seulement pour voir la manœuvre du pont de bateaux sur la Seine et le passage d'un navire, remonte aussitôt en carrosse et arrive au Havre, à six heures du soir, au bruit des canons du port et de la citadelle. Sa Majesté est descendue, avec sa suite, à l'Hôtel de Ville, où elle est d'ailleurs assez mal logée. Le duc de Penthièvre, les ministres de la marine et de la guerre, MM. Rouillé et d'Argenson, sont présents. Le lendemain, après l'audience du Parlement de Rouen et de la Chambre des Comptes, le Roi va au bassin intérieur, qu'il voit d'abord à sec, puis rempli ; on fait manœuvrer devant lui une flûte de trente-six canons, nouvellement construite, et trois vaisseaux sont lancés à la mer. En sortant du port, sur la rade où l'on a pu réunir près de deux cents bâtiments, le Roi assiste à un combat de trois frégates, et prend, à ces divers spectacles, une idée de la marine marchande et militaire de son royaume. Au retour, ayant repassé par sa bonne ville de Rouen, il va coucher à Bizy, château du maréchal de Belle-Isle, dont les honneurs sont faits, en son absence, par le duc de Luxembourg, et le lendemain soir on est à Versailles. Ce voyage ne s'est pas décidé et achevé sans provoquer des murmures. Cette promenade affichée de la maîtresse à travers la France a causé quelque scandale ; au surplus, la charge s'est trouvée lourde pour les villes et la province, aussi bien que pour le Trésor, et chacun dit que le Roi a dépensé beaucoup trop, dans l'état présent de ses finances, pour faire voir la mer à la marquise et manger avec elle du poisson frais.

Ce sont de plus grandes plaintes qui continuent à se faire entendre pour toutes ces constructions, ces créations de pur agrément que multiplie le caprice de Madame de Pompadour. Comme elles sont toujours payées par le Roi, on y voit une dilapidation continuelle et un effronté mépris de la détresse publique. A vrai dire, Madame de Pompadour a beaucoup de maisons, et l'on peut trouver qu'elle jette trop aisément l'argent du Roi aux maçons, aux décorateurs. Nous avons le total général de ce genre de dépenses, qui s'élèvent, suivant un état, à 6,510,362 livres, suivant un autre, à 7,443,723 livres ; c'est la grosse, l'impardonnable fantaisie qu'a payée la France à la marquise. Mais en faut-il exagérer la folie ? Ces prodigalités, dont profitent d'ailleurs l'art et les artistes, ne sont point un don pur et simple fait à une maitresse avide. Il ne faut pas oublier qu'elle bâtit presque toujours sur des terrains appartenant au Roi et que ces belles habitations, en fin de compte, doivent rester à la Couronne. La maison de l'Ermitage de Versailles, par exemple, qu'on lui a beaucoup reprochée et qui a coûté un peu moins de trois cent mille livres, s'élève sur un terrain dont la jouissance seule est accordée à la marquise « sa vie durant », et qui fait, après elle, retour au Roi. Elle édifiera de même façon ses autres « ermitages », dans les deux principales résidences de la Cour, à Fontainebleau et à Compiègne, ainsi que son hôtel de Versailles, bâti auprès du Château, tout contre le mur des réservoirs du jardin, et qu'un corridor construit exprès met en communication avec l'aile du Nord. Ce n'est pas Madame de Pompadour qui est chez elle, dans tous ces logis, c'est le Roi.

Tout autre est l'acquisition qu'elle va faire à Paris du magnifique hôtel d'Évreux, aux Champs-Élysées, qui sera payé sept cent trente mille livres. Déjà somptueux pour un simple pied-à-terre, il va se trouver agrandi et refait presque entièrement, splendidement meublé et tendu de gobelins au chiffre royal, transformé en résidence plus que princière, pour la raison que la marquise peut avoir à y recevoir le Roi. Elle y attache bientôt un autre sentiment, puisque dans son testament, écrit en 1757, elle supplie le Roi d'accepter le don de son hôtel de Paris, « étant susceptible de faire le palais d'un de ses petits-fils ». C'est à l'hôtel des Champs-Élysées qu'on transportera, après sa mort, tout le mobilier de la marquise; c'est donc là sa véritable habitation personnelle, et on peut comprendre qu'elle ait voulu s'installer une fois vraiment chez elle. Mais la maison qu'elle aménage avec le goût le plus passionné, celle où tout est son œuvre et qui sort de son imagination de femme comme un palais d'enchantement naît d'une fantaisie de fée, c'est Bellevue ; et Bellevue, dans sa pensée, est destiné aussi à demeurer au Roi comme un souvenir d'elle.

Une vue magnifique sur le cours de la Seine, les coteaux de Saint-Cloud et la plaine de Paris, a décidé la marquise à bâtir sur le versant de Meudon qui regarde Sèvres. Le terrain royal, qui descend jusqu'à la rivière, se prête à un beau tracé de pentes et à un heureux aménagement de la perspective. Un dessin de Portail nous montre le premier état des jardins de Bellevue, alors que ni les arbustes ni le buis ne garnissent le remblai des allées, qu'aucun bosquet n'a pris forme, et que le Petit-Château, à neuf fenêtres de façade, domine, de l'élégante architecture de Lassurance, des terrasses sans marbres et sans charmilles. Auprès de l'arbre unique du paysage, au milieu d'un groupe de visiteurs, on veut deviner la marquise, tenant sans doute, contre le soleil, son parasol de dentelles dont un baromètre d'argent incruste le manche, et faisant les honneurs de sa création à quelques amis. On a mis plus de deux ans et demi à tout finir. Les travaux énormes de terrassement qu'il a fallu faire, la profondeur des fondations à établir dans un sol sablonneux et glissant, ont multiplié les difficultés et les dépenses. La méchanceté publique y a trouvé ample matière! On venait voir de Paris les huit cents ouvriers qu'employait Madame de Pompadour, et l'on savait trop qu'elle ne les payait point « sur ses épargnes ». On parlait de sept gros millions, qui devaient se réduire, tout compte réglé, à 2 millions 589,714 livres 11 sols 10 deniers. L'état que tenait la marquise lui permettait d'avoir une maison de campagne de ce prix; le moment seul était mal choisi pour l'entreprendre.

Ce ne sont point les artistes qui ont à se plaindre des profusions dont il est si facile de médire. Bellevue leur est livré comme leur demeure, et, si nulle magnificence superflue ne s'y étale, on y voit paraître, sous toutes ses formes, l'art le plus délicat, le plus raffiné, celui dont la marquise sait jouir mieux qu'aucune femme de son temps et qu'elle se plaît à inspirer. Partout la main-d'œuvre la plus chère a produit les œuvres les plus parfaites. Du haut en bas du logis, les grands sculpteurs de Versailles, les

LE CHATEAU DE BELLEVUE

décorateurs par excellence des maisons royales, Verberckt et Rousseau, ont paré les lambris d'attributs musicaux, amoureux ou champêtres, et ont fait courir autour des plafonds les ingénieuses corniches où folâtrent de petits amours. Brunetti a décoré de peintures mythologiques l'escalier qui mène à la merveilleuse galerie, dont la marquise a inventé elle-même le dessin d'ensemble, et où de légères guirlandes encadrent une suite de panneaux de Boucher. La distribution des dessus de porte, réglée entre la marquise et son oncle Tournehem, a donné à Oudry la salle à manger, à Pierre la salle de musique, à Carle Van Loo le salon d'assemblée, où l'artiste a réuni des scènes rappelant les divers arts honorés en ce beau lieu, l'Architecture, la Peinture, la Sculpture et la Musique. Van Loo semble être d'ailleurs, plus que ses confrères, le peintre de Bellevue; ce sont ses œuvres qui ornent l'appartement du Roi, et, un peu plus tard, M. de Marigny va faire placer dans la chambre à coucher de sa sœur trois toiles du même artiste, qui sont la première pensée de grandes compositions pour les Gobelins et qui révèlent bien un goût du moment : *Deux Odalisques travaillant à la Tapisserie, Une Sultane fumant et prenant son café, Une Turque jouant d'une guitare*. Ces tableaux, prêtés à Bellevue, sont les seuls que les Bâtiments du Roi aient payés; tous les autres l'ont été sur la fortune de la marquise. Elle n'a point oublié les sculptures : elle a voulu, pour l'antichambre, de sveltes figures d'Adam et de Falconet; pour les jardins, des chefs-d'œuvre de Pigalle : on y voit une statue de Louis XV, que la Révolution viendra détruire, et un groupe, désigné comme *l'Amour et l'Amitié* et honorant d'une même pensée les deux divinités de Bellevue. Dans bien peu de temps, l'Amitié seule ayant conservé son empire, c'est encore Pigalle qui en dressera la nouvelle image, au milieu du bosquet préféré de la marquise; il fera de la châtelaine un de ses meilleurs portraits, et le Roi la reconnaîtra un jour, debout sur le piédestal où jadis elle jouait avec l'Amour, et maintenant s'avançant vers lui toute seule, d'un mouvement gracieux et tendre, revêtue d'une robe flottante et la main posée sur son cœur.

L'Amour n'avait pas tout à fait cessé de dominer Louis XV, quand Bellevue fut inauguré. Cette journée, où Madame de Pompadour voulait présenter au Roi la maison qui devait lui revenir plus tard, avait été préparée de longue main. Le mobilier le plus exquis et de la forme la plus nouvelle, les plus rares curiosités de la Chine, étaient venus parer les lambris déjà merveilleux. On devine, dans les livraisons multipliées faites par un de ses marchands, Lazare Duvaux, au cours du mois de novembre 1750, que la grande préoccupation de la marquise à ce moment est de recevoir et de placer chez elle les meubles qu'elle a commandés. Voici d'abord, pour les chambres de la suite, dix commodes d'un modèle uniforme, bâties en chêne et plaquées en bois satiné, avec les ferrures, pieds, boutons et entrées en cuivre doré; six tables de nuit et dix tables à écrire, plaquées et garnies de même; puis les lanternes de glaces à six pans et à montants ciselés, pour le vestibule et l'escalier du Roi; les feux de bronze doré et ciselé, dont un représentant Apollon et la Sibylle, pour la chambre de Madame, et un autre figurant l'Amour et Psyché, pour celle de Sa Majesté; une grande commode de laque à pagodes, garnie de bronze doré d'or moulu, les tiroirs doublés de satin bordé d'or; une table à écrire plaquée en bois de rose avec les fleurs et les ornements dorés d'or moulu, et les cornets en argent; une table de nuit en bois de rose à fleurs; enfin, pour orner plusieurs pièces différentes, les deux cabinets du Roi, la chambre et le cabinet de Madame et la pièce d'assemblée, un grand nombre de paires de bras en fleurs de Vincennes à double ou triple branche. Ces fleurs sortent de la manufacture de porcelaine établie par le Roi pour plaire à la marquise et destinée à rivaliser avec les fameuses manufactures de Saxe. C'est à Bellevue qu'on a, pour la première fois, l'occasion d'en juger un ensemble, et ce n'est pas une des moindres anxiétés de Madame de Pompadour que l'heureuse réussite d'une des premières créations d'art auxquelles elle se soit attachée.

Il n'y a pas de récit de cette inauguration de Bellevue, qui avait été pour elle le triomphe public de son goût et de son génie féminin. Elle y avait travaillé avec une sorte de fièvre et y avait éprouvé, le jour venu, plus d'un mécompte. La malveillance, qu'elle avait sentie tout le long de ses travaux, l'irritait plus qu'elle n'en voulait convenir. Quelqu'un lui étant venu dire que quantité de badauds se réuniraient dans la plaine de Grenelle pour voir son illumination, elle la contremanda bien vite, n'acceptant pas de s'exposer aux brocards des Parisiens. La beauté des intérieurs fut admirée ; mais les cheminées n'étaient pas réglées et fumaient partout. On dut transporter le souper royal au « Taudis », petite maison en bas du jardin, qui n'avait pas l'inconvénient d'être neuve.

Cette terrible journée passée, la marquise en sentit la fatigue et en fut malade. M. Poisson, qui renseignait son fils M. de Vandières, alors en voyage en Italie, sur tout ce qui venait à sa connaissance, lui écrivait de Versailles, le 29 novembre : « Ce fut mercredi dernier, 25 de ce mois, pour la première fois, qu'on fut occuper Bellevue. La Cour y resta jusqu'au 27 ; elle y retourne mardi 1er décembre jusqu'au 4. Votre sœur eut hier une prodigieuse migraine ; je n'en suis point étonné, car elle s'excède à meubler et à préparer tout ce qu'il faut à Bellevue. » Un méchant chroniqueur parle ainsi du second séjour : « Le Roi est de plus en plus mécontent de Bellevue, où il fait grand froid et de la fumée ; il s'y est mortellement ennuyé à ce dernier voyage ; l'on assure qu'il n'y retournera pas et qu'il sera purgé mercredi. » Ces détails paraissent confirmés par une autre lettre de M. Poisson : « Il y aura un voyage de la Muette jusqu'au samedi 13. On en a déjà fait deux à Bellevue, qui est bien la plus belle chose de la nature, mais pas en ce temps-ci, où l'on a des vents de la première main. » Bientôt disparaîtront ces fâcheux souvenirs. Bellevue devient un des séjours les plus agréables de la Cour ; les invités du Roi, régulièrement appelés à ce nouveau petit château, se montrent enchantés d'en porter l'uniforme, d'un éclatant velours pourpre à large broderie d'or, dont la marquise a fait fabriquer l'étoffe à Lyon pour la leur donner elle-même, leur laissant la dépense des broderies.

L'hiver qui suit est rempli de voyages à Bellevue, où vont bientôt commencer des spectacles. Madame de Pompadour écrit à son frère, le 3 janvier : « Je vais toujours de temps en temps à Bellevue, où j'ai l'honneur de recevoir le Roi. C'est la plus jolie habitation du monde, et avec la plus grande simplicité. » Et le même jour, à Madame de Lutzelbourg : « Vous jugez bien que j'ai été enchantée de recevoir le Roi à Bellevue. Sa Majesté y a fait trois voyages ; il doit y aller le 25 de ce mois. C'est un endroit délicieux pour la vue. La maison, quoique pas bien grande, est commode et charmante, sans nulle espèce de magnificence. Nous y jouons quelques comédies. » C'est en effet à la nouvelle maison que se trouve transporté le théâtre des Petits Appartements, et, pendant les trois ans que dure encore cette aimable institution, ce n'est plus chez le Roi qu'elle fonctionne, mais chez la marquise. Une raison d'économie, ou plutôt de prudence, a motivé ce changement : les dépenses étant moins ostensibles, les médisances en seront sans doute moins aisées. Au reste, Madame de Pompadour est peut-être de bonne foi, quand elle pense qu'à Bellevue on résistera aux entraînements de Versailles : « Les spectacles de Versailles n'ont pas recommencé, écrit-elle à la même amie. Le Roi veut diminuer sa dépense dans toutes les parties ; quoique celle-là soit peu considérable, le public croyant qu'elle l'est, j'ai voulu en ménager l'opinion et montrer l'exemple. Je souhaite que les autres pensent de même. » Le ton est tout semblable, dans une lettre à M. de Vandières : « Cher bonhomme, nous avons à Bellevue un brimborion de théâtre qui est charmant. Nous y jouons, pour la première fois, le 26 de ce mois ; ce ne sera que la comédie. » Bientôt, ce n'est plus seulement la comédie qu'on joue sur ce « brimborion de théâtre » décoré à la chinoise ; la scène s'agrandit et l'opéra y paraît, avec ses transformations et ses apothéoses ; les profusions recommencent, comme jadis à Versailles. La marquise se croit en droit d'amuser chez elle ses invités de la façon qui lui convient. Jean-Jacques Rousseau lui-même ne s'en plaindra pas, qui acceptera d'elle cinquante louis, en témoignage de satisfaction, après une représentation de son *Devin du Village*, où elle a joué en travesti le rôle de Colin.

La Cour sera conviée, dans cette demeure favorite, à des fêtes charmantes, à des concerts, à des illuminations, à des repas de noces, jusqu'au moment où la marquise se lassera de Bellevue, comme elle l'a fait de Montretout et de La Celle. Elle vend sa maison de prédilection à Louis XV,

en 1757, moyennant une somme de 325,000 livres, pour payer ses dettes. Après la mort de la marquise, le Roi donne Bellevue à ses filles, et Mesdames, qui bientôt en raffolent, y viennent avec leur frère le Dauphin, qui aime habiter le château de Meudon. Elles se mettent à y changer tout, font renouveler les peintures par d'autres artistes, remplacent Boucher et Van Loo par Lagrenée, Restout et Hubert Robert ; et c'est M. de Marigny, resté en fonctions comme directeur des Bâtiments du Roi, qui préside à ces aménagements nouveaux de la maison de sa sœur.

Elle n'avait pas paru être moins attachée à ce magnifique Crécy, dont elle avait transformé entièrement le château, les jardins et le parc, où elle avait « travaillé à force de millions », auquel elle avait adjoint le château d'Aulnay, et où elle avait multiplié de tous les côtés, en modifiant l'aspect de la contrée, les promenades et les perspectives. C'est là qu'elle recevait le Roi avec le plus de somptuosité, dans un bel appartement réservé à ce glorieux usage et pour des voyages qui duraient jusqu'à quinze jours : « Vous seriez bien surpris, écrivait le père Poisson à son fils, de voir aujourd'hui comme moi les magnificences de ce lieu, l'effet prodigieux et admirable que produisent les canaux, la grande pièce d'eau qui est en face du château dans le bas, les progrès des plants et d'une infinité d'allées qu'on a plantées partout et surtout celle qui va de la Patte-d'Oie jusqu'au faubourg de Dreux, où l'on a fait un nouveau chemin. Par un bel et bon arrêt, votre sœur s'est fait adjuger la propriété de tous ces arbres. On avait meublé, pour l'arrivée du Roi, Aulnay, qui est totalement découvert aujourd'hui, ce qui fait de la terrasse le plus beau coup d'œil qui se puisse voir. Comme le voyage n'a point eu lieu, on le démeuble actuellement pour le remeubler au mois de septembre. » Toutes ces beautés, qui ravissaient d'orgueil l'ancien commis des frères Pâris, la marquise allait pourtant s'en dégoûter. Peut-être aussi en trouvait-elle l'entretien trop coûteux, surtout lorsqu'elle voulut avoir la terre de Ménars, la dernière en date de ses acquisitions. Le merveilleux domaine constitué par ses soins et le château, où régnait, dans le beau cabinet d'assemblée, le plus noble buste de Louis XV par Lemoyne, furent vendus par elle à un prince du sang, le duc de Penthièvre. C'est lui qui continua à entretenir l'hôpital que la marquise avait fondé à Crécy pour les malades et les pauvres de la contrée, et pour l'établissement duquel elle avait vendu une partie de ses diamants.

Ni l'une ni l'autre des deux grandes habitations que bâtit Madame de Pompadour, et où son goût se déploya librement, ne nous a été conservée. Ni Bellevue, ni Crécy n'a survécu à la Révolution. Non seulement leurs ouvrages d'art, leur mobilier ont été dispersés ou détruits, leurs boiseries saccagées et perdues, mais rien ou presque rien ne reste des constructions mêmes; et l'on voit s'effacer le souvenir des maisons qui furent les plus exquises de l'époque et comptèrent, pendant bien des années, parmi les séjours favoris du roi Louis XV.

La postérité eût été peut-être moins sévère pour les profusions de Madame de Pompadour, si la nation possédait encore les merveilles d'art qu'elle avait créées. Leur beauté eût plaidé en sa faveur, et ces prodigalités, qu'on traite volontiers de dilapidations, nous apparaîtraient moins coupables. Bien loin de les croire excessives, Madame de Pompadour se faisait honneur des dépenses même qu'on lui a le plus reprochées. Elle avait conservé, de son éducation première, le besoin d'une comptabilité régulière, et sa maison était confiée à son intendant Collin, ancien procureur au Châtelet, dont elle avait apprécié, pendant son procès de séparation, les lumières et la probité. Aidée par lui, elle tenait ses livres avec la simplicité d'une bourgeoise opulente, mais rangée, qui veut connaître exactement le détail de la somptueuse maison dont elle a charge. On l'eût beaucoup étonnée en lui faisant prévoir qu'un réquisitoire serait dressé contre elle sur quelques débris de comptes transcrits dans ses papiers, où elle pouvait s'imaginer, au contraire, qu'on trouverait sa justification.

Ne dépensant que pour l'honneur et le plaisir du Roi, ou pour des œuvres qui lui semblaient utiles, modérant souvent ses fantaisies propres, vivant parfois au jour le jour et sans faire d'épargnes, elle se croyait sincèrement désintéressée : « Je suis beaucoup moins riche que je n'étais à

Paris, écrivait-elle en 1753. Ce que j'ai m'a été donné sans que je l'aie demandé ; les dépenses faites pour mes maisons m'ont beaucoup fâchée ; *ç'a été l'amusement du maître, il n'y a rien à dire.* Mais si j'avais désiré des richesses, toutes les dépenses faites m'auraient produit un revenu considérable. Je n'ai jamais rien désiré, et je défie la fortune de me rendre malheureuse ; la sensibilité de mon âme peut seule en venir à bout. *J'ai au moins cette consolation de penser que le public fait cette réflexion et me rend justice* Avec cette façon de penser, vous devez juger si j'ai envie de commencer à demander. » Il est établi, en effet, que malgré la somptuosité étalée dans ses châteaux, la marquise ne fut jamais à son aise. Le Roi se montrait peu généreux dans l'ordinaire de la vie ; s'il ne regardait pas à ouvrir largement le Trésor par une simple signature, il hésitait à prendre une petite somme sur sa cassette, aussi bien qu'à tirer un louis de sa bourse. Les dons d'argent faits par lui à Madame de Pompadour furent assez rares ; elle ne reçut d'*étrennes* que les premières années, et comme sa pension, qui fut généralement de 4,000 livres par mois, descendit à 3,000 pendant les années de guerre, il lui fallait trouver dans le jeu, dans la vente de ses bijoux, le moyen d'équilibrer ses recettes et les dépenses considérables auxquelles l'obligeait son rang. Il est possible que ses amis de la finance l'aient associée à des opérations fructueuses; mais toutes ne réussirent pas également, puisqu'elle devait laisser d'énormes dettes montant, dit-on, à un million sept cent mille livres. Le peuple l'accusait donc à tort de s'être fabuleusement enrichie de la misère dont il souffrait. On prétendait qu'elle avait placé des millions sur les banques de l'étranger, alors que, pendant sa dernière maladie, Collin fut obligé d'emprunter 70,000 livres pour faire face à la dépense, et qu'à la mort de cette femme, par les mains de qui tant de sommes avaient passé, on trouva, pour tout argent comptant, trente-sept louis d'or, destinés aux pauvres, dans sa table à écrire.

L'influence de Madame de Pompadour sur l'art français ne pourra être étudiée séparément de celle qu'ont exercée son oncle Tournehem et son frère Marigny. Elle les a aidés de son crédit, de même qu'ils ont appuyé ses idées de leur expérience et de leur autorité sur les artistes. Celui-ci surtout, qui fut son collaborateur nécessaire et fidèle, doit partager largement l'éloge qui lui est dû. Élevé par une faveur criante à une importante place, qu'avaient tenue, sous un autre titre, les plus grands ministres de Louis XIV et qu'un duc d'Antin n'avait pas dédaigné de solliciter, le jeune directeur général des Bâtiments du Roi sut la remplir dignement. M. de Vandières, devenu en 1754 marquis de Marigny, était chargé, en réalité, de pourvoir au développement des arts dans le royaume. On le vit mieux instruit des choses de son département que plusieurs de ses prédécesseurs. Ce gros garçon, qu'aimait le Roi, avait fait, à l'âge de vingt-quatre ans, un voyage fameux en Italie, en compagnie de trois hommes de talent, Cochin le fils, Soufflot et l'abbé Leblanc, qui avaient reçu de Madame de Pompadour elle-même mission d'instruire son frère et de lui former le goût. « De ce voyage, écrivait alors le père Poisson à son fils, dépend toute votre réputation et votre bien-être. » Le jeune homme en avait beaucoup profité, et y avait acquis une maturité de jugement et des connaissances, qui lui permirent de recueillir, sans paraître trop inférieur à sa tâche, la succession prématurée de M. de Tournehem. Celui-ci avait, en peu d'années, rendu aux arts de sérieux services; on l'avait vu réformer les abus qui régnaient dans les commandes royales, introduire l'usage des concours et des jugements publics, rendre annuelle l'exposition du Salon du Louvre et faire juger par les artistes les œuvres dignes d'y figurer, créer l'École des Élèves protégés, destinée à préparer les pensionnaires qu'envoyait le Roi à l'Académie de France à Rome. C'était Tournehem encore qui avait décidé de dresser l'inventaire de toutes les œuvres d'art conservées dans les châteaux royaux et ordonné, dès l'année 1750, l'exposition publique et gratuite, au Luxembourg, des principaux tableaux et dessins appartenant au Roi. M. de Marigny n'eut qu'à continuer les entreprises de son prédécesseur, guidé et soutenu par la même volonté inspiratrice, qui était une volonté de femme.

La seule création d'art qui appartienne en propre à Madame de Pom-

padour, est celle de la Manufacture royale de porcelaine, où se fabriqua bientôt ce qu'elle nommait avec orgueil « la porcelaine de France » ; on lui doit la fondation de cette maison de Sèvres, qui remplaça Vincennes, et dont elle assura le rapide essor par l'intervention continue du Roi et les achats de la Cour. Elle trouva le moyen d'y intéresser la paresse ennuyée de Louis XV. M. de Croÿ nous peint, un soir de février 1754, l'arrivée d'un service de porcelaine dans les Cabinets, après le souper du Roi : « Il nous employa à déballer son beau service bleu, blanc et or, de Vincennes, que l'on venait de recevoir de Paris, où on l'avait étalé aux yeux des connaisseurs. C'était un des premiers chefs-d'œuvre de cette nouvelle manufacture de porcelaine, qui prétendait surpasser et faire tomber celle de Saxe, et la marquise, à qui le Roi avait donné le village de Sèvres, faisait aux dépens du Roi faire de très grands travaux pour lui établir cette manufacture... C'était là son principal défaut de faire faire au Roi trop de dépense; mais ce qu'elle employait pour les arts était assez bien placé. Il y avait des pièces charmantes de ce service, plus agréables que d'usage, et la pâte et le blanc me parurent très beaux et approchant du Japon. » Bientôt les secrets se perfectionnent, les ateliers s'étendent, occupent cinq cents ouvriers logés par le Roi. Chaque année, à Noël, l'exposition des produits de Sèvres a lieu dans un salon de Versailles, et ce serait manquer aux devoirs d'un bon courtisan que de ne point faire quelque achat parmi ces fragiles merveilles.

Les Gobelins et la Savonnerie ont également le patronage de la marquise. Au milieu des affaires les plus graves et dans les circonstances difficiles de la fin du règne, elle n'oublie jamais qu'elle s'est donné le rôle de veiller avant tout sur les intérêts de l'art; ce billet au contrôleur général Bertin en est une preuve nouvelle : « La lettre que mon frère vous envoie, Monsieur, vous fera voir l'état de la Manufacture des Gobelins. Une quinzaine de mille francs dans ce moment la sauveront, ainsi que la Savonnerie ; et jusqu'au mois de mars elles pourront aller, parce que les Affaires étrangères payent jusqu'à ce temps un reste de compte qui les fera vivoter. Vous aimez trop les arts pour que je n'attende pas avec confiance ce secours pressant. Bonjour, Monsieur. »

Ce n'est pas seulement aux ouvriers des Manufactures royales, aux maîtres réputés de l'Académie que s'étend sa sollicitude efficace. Tous les arts de son temps, les plus modestes comme les plus nobles, sont mêlés à sa vie. Elle les attire à elle pour orner ses maisons et en faire un digne cadre pour sa beauté. Ces artisans raffinés, que se disputent des amateurs toujours plus nombreux et plus exigeants, n'ont pas de meilleure clientèle que celle de la marquise; ils se mettent avec enthousiasme au service de sa fantaisie, tous flattés d'être dirigés par une intelligence si prompte et récompensés du mot qui double le salaire, tous attentifs à réaliser ses rêves, à lui suggérer les pensées qu'elle fera siennes et qu'il faudra exécuter sans retard et sans épargne. Elle protège les orfèvres, les ciseleurs, les ébénistes, aussi bien que les sculpteurs et les peintres, Verberckt comme Bouchardon, et Caffiéri comme Chardin. Il n'est guère d'atelier de juste renom qui ne travaille pour elle ou choisi par elle pour le Roi. Elle compte ces braves gens parmi les sujets de Sa Majesté qui travaillent le plus sûrement à la gloire du règne.

Madame de Pompadour n'a pas seulement mis son influence, d'autant plus puissante qu'elle était dévouée, au service des artistes; il lui a plu de se ranger parmi eux et de connaître la technique de plusieurs arts. Tout le monde sait qu'elle a dessiné et gravé à l'eau-forte; elle a même eu la curiosité de s'attaquer à la pierre fine, et Guay a guidé ses jolis doigts sur quelques cornalines qu'il se réservait de terminer. Voltaire flattait peut-être sa vanité la plus secrète en lui disant, dans la dédicace de *Tancrède :* « Continuez, Madame, à favoriser tous les beaux-arts : ils font la gloire d'une nation; ils sont chers aux belles âmes; il n'y a que les esprits durs et insipides qui les dédaignent; *vous en avez cultivé plusieurs avec succès,* et il n'en est aucun sur lequel vous n'ayez des lumières. » Personne ne prend au sérieux aujourd'hui les prétendus talents de la marquise ; il y a peu de suites d'eaux-fortes aussi dépourvues d'intérêt que celle qui porte sa signature. Le dur apprentissage qu'exige l'œuvre d'art ne pouvait trouver aucune place parmi les occupations absorbantes de sa vie. Quoiqu'elle ait été plus célébrée, on ne peut lui donner équitablement, comme artiste amateur, une place supérieure à celle de la reine Marie Leczinska, qui eut, comme elle, l'amour des arts et le goût de les pratiquer. La marquise avait toujours besoin de tenir auprès d'elle un « teinturier », ainsi que la bonne reine pour ses peintures; c'était Boucher qui reprenait ses cuivres et recouvrait de son trait vigoureux les essais hésitants d'une pointe d'écolière. Il importe au reste fort peu que Madame de Pompadour ait réussi ou non dans ces aimables tentatives; elle avait mieux à faire que d'imiter maladroitement les maîtres d'alors; son rôle était de leur faciliter les moyens de produire des chefs-d'œuvre et de leur en fournir quelquefois le motif et l'inspiration.

Puisqu'il est certain que l'art a dû beaucoup à Madame de Pompadour, on se demande quelles formes elle a pu préférer parmi celles de son temps et quel style, par exemple, elle a contribué à développer. On a parlé beaucoup, et on parle encore du « style Pompadour », et le mot seul révèle une singulière inadvertance d'historiens modernes. En supposant qu'un goût de femme ait pu agir sur des esprits aussi puissants, aussi doués pour créer que ceux qui l'entouraient, peut-on admettre qu'il se soit exercé, comme on l'a dit, dans le sens de la rocaille? Pourquoi la marquise seraitelle demeurée attachée à des formes qui avaient eu leur plus grand succès bien avant l'époque de sa faveur, et que l'on commençait dès lors à déclarer surannées et ridicules? Elle s'est trouvée, au contraire, acquise de bonne heure au goût de l'antique, qui s'affirmait en France dès le milieu du siècle et que l'administration de son frère devait faire prévaloir dans tous les arts.

Marigny avait rapporté de son séjour au milieu des chefs-d'œuvre de l'Italie, des idées très arrêtées, toutes en faveur de ce que l'on appelait, fort improprement d'ailleurs, « l'architecture à la grecque ». Les excès de l'école de Meissonnier et d'Oppenord avaient préparé une réaction, dont l'ardent Cochin se faisait le porte-parole; mais, dit-il, « la véritable époque décisive, ç'a été le retour de M. de Marigny d'Italie, et de sa compagnie; nous avions vu, et vu avec réflexion », Cochin, dont les *Antiquités d'Herculanum* parurent en 1754, devint l'inspirateur du goût de Madame de Pompadour comme il l'était du jeune directeur, et ce sont ses idées et celles que prêchait en même temps le comte de Caylus qui remplirent et passionnèrent alors l'esprit des femmes, toujours disposées à suivre une mode. Sans avoir vu l'Italie, Madame de Pompadour avait puisé dans son propre entourage un amour sincère pour l'antiquité; c'est l'art des anciens qu'elle croyait copier, à travers les dessins de Bouchardon que Guay traduisait sur ses pierres fines. Au reste, il y a des noms qui parlent assez d'eux-mêmes et suffisent à détruire les légendes. Les deux grands architectes qu'elle soutient, à partir du fameux voyage, sont Soufflot, l'un des compagnons de son frère, qui commence l'église Sainte-Geneviève (Panthéon), et Gabriel le fils, qui élève sous ses yeux l'École militaire, le Garde-Meuble et la place Louis XV. A Versailles même, Gabriel prépare la reconstruction des cours du Château dans le style gréco-romain. Quant au Petit-Trianon, qui doit rester le modèle le plus célèbre du changement du goût dans l'habitation, les premiers plans sont proposés au Roi et acceptés par lui, au temps même de la marquise. Gabriel et Soufflot sont donc bien les artistes qu'elle admire, ceux qui travailleraient pour elle à la fin de sa vie, si elle avait encore des maisons à bâtir, et ces deux maîtres se trouvent précisément les représentants les plus autorisés de l'art nouveau.

Dans le mobilier, la transformation qui s'accomplit est moins aisée à saisir. Les architectes ont ouvert la voie aux ornemanistes, qui suivent à quelque distance, et ne se détachent que peu à peu des formes auxquelles le public est habitué. Ils se plient plus lentement à l'imitation de l'antique, que développent les dessins rapportés d'Herculanum et les albums de Piranesi ; pourtant, la révolution est entièrement achevée au moment où disparaît Madame de Pompadour, et si l'on tient à lui reconnaître une influence, on doit admettre que c'est ce mouvement seul qu'elle a favorisé. Lorsqu'on nous montre des meubles chantournés de l'ancien style dans ses portraits par La Tour et par Boucher, il en faut simplement conclure que la marquise vivait, pendant sa jeunesse, au milieu du mobilier alors en usage; mais regardons en son dernier portrait, celui de Drouais, quel meuble est le préféré, le plus important, celui qui est mis au premier plan et minutieusement étudié par le peintre; c'est une magnifique table à ouvrage, dont les bronzes sont des guirlandes à l'antique et des têtes de bélier, et qui présente déjà un pur modèle de l'époque Louis XVI. Voilà les formes qu'a goûtées et encouragées Madame de Pompadour, celles qu'elle a aidées à prévaloir dans le mobilier de son temps, comme dans l'architecture monumentale. Il n'y a donc point de « style Pompadour », et si, par hasard, un de nos grands styles français a quelque droit à se réclamer d'elle, ce serait plutôt celui que, par un non moins étrange abus de mots, on s'est plu à décorer du nom de la reine Marie-Antoinette.

FRONTISPICE

IV

L'AMIE DU ROI

L'abbé comte de Bernis écrit de Versailles, le 20 janvier 1757, dans une lettre intime au comte de Stainville, qui sera le duc de Choiseul : « Notre amie ne peut plus scandaliser que les sots et les fripons. Il est de notoriété publique que l'amitié *depuis cinq ans* a pris la place de la galanterie. C'est une vraie cagoterie de remonter dans le passé, pour noircir l'innocence de la liaison actuelle. Elle est fondée sur la nécessité d'ouvrir son âme à une amie sûre et éprouvée, et qui, dans la division du ministère, est le seul point de réunion. » Il ne faudra jamais perdre de vue ce mot glissé dans la correspondance de deux hommes célèbres, qui furent des plus intimes amis de la marquise et ceux sans doute qui la connurent le mieux. Il éclaire d'une lumière nécessaire toute l'histoire de la liaison royale.

La date qu'indique Bernis se vérifie exactement par la chronique de la Cour. C'est à la fin de 1751, c'est-à-dire six ans après l'entrée de Madame de Pompadour à Versailles, qu'un sentiment plus calme, déjà préparé par une longue négligence, prend sans retour, dans le cœur de Louis XV, la place de la passion. Toutefois ce n'est que beaucoup plus tard qu'on est obligé de s'apercevoir du changement essentiel survenu dans la vie de Louis XV, et dont les premiers symptômes remontent à 1750. Longtemps les apparences laissent penser que tout continue comme auparavant. Quand Bernis parle de « notoriété publique », il croit les gens mieux informés et de meilleure foi qu'ils ne le sont. Quelques personnes des intérieurs savent sans doute à quoi s'en tenir sur l'innocence des relations du Roi et de la marquise, mais l'opinion générale met un long temps à se détromper. Bernis le reconnaît lui-même, dans ses mémoires, sous la date de 1755 : « La liaison de Madame de Pompadour avec le Roi était pure et sans danger pour l'un ni pour l'autre; il ne restait plus que le scandale à éviter. » Les partis intéressés à perpétuer le scandale, afin d'accabler une ennemie, refusèrent de croire à cette métamorphose et en nièrent la sincérité; c'est même à l'obstination de leur médisance qu'on doit une partie des jugements, d'une sévérité excessive, portés sur le caractère de Madame de Pompadour et qu'il convient aujourd'hui d'abandonner. Avant d'indiquer, avec la discrétion nécessaire ici, sous quel jour nous apparaît la figure de la marquise dans sa nouvelle carrière, nous avons à rechercher, vers le moment où se produit cette secrète rupture, quelles coïncidences de faits connus peuvent nous donner quelque clarté sur ceux qu'on ignorera toujours.

A cette transformation du rôle de Madame de Pompadour correspond un nouveau décor de sa vie. Elle quitte l'appartement qu'elle occupait au second étage de Versailles, nid brillant de ses amours où le Roi loge à sa place le duc et la duchesse d'Ayen ; elle descend au rez-de-chaussée, habité seulement par des princes de sang royal, et c'est précisément une partie de l'appartement des Toulouse et des Penthièvre qui lui est donnée. Rien ne marque mieux, si l'on y réfléchit, les intentions du Roi. Bien que sa pensée ne puisse être comprise par tous, cette faveur, qui serait une aggravation du scandale ancien, montre qu'il ne veut plus que l'on considère sa liaison comme coupable, et qu'il s'en détache assez pour être certain de renoncer bientôt complètement à son habitude. Dès les derniers jours de 1749, on parle du projet; en janvier 1750, la chose sera décidée ; la favorite prendra possession au printemps de 1751 ; en février 1752, le Roi installera tout à côté d'elle, dans un appartement neuf, Madame Adélaïde. Ce dernier fait est la preuve qu'il n'y a plus à ses yeux, et qu'il ne devrait y avoir aux yeux de personne, le moindre prétexte à médire de la femme qu'il donne pour voisine à sa fille.

Le bruit, que fit à la Cour ce changement d'appartement de la favorite, explique bien l'importance qu'on y attacha. « Il est fort question ici depuis quelques jours, écrivait le duc de Luynes, d'un changement d'appartements, et même ce nouvel arrangement est certain quoiqu'on ne le dise pas encore tout haut. Madame de Pompadour va loger où logent actuellement M. et Madame de Penthièvre... On va faire des petits cabinets où le Roi ira souper, voilà le projet jusqu'à présent ; on n'en dit pas la raison, mais il n'est pas difficile d'en juger. Madame de Pompadour connaît le Roi : elle sait qu'il a de la religion, et que les réflexions qu'il fait, les sermons qu'il entend, peuvent lui donner des remords et des inquiétudes ; qu'il l'aime à la vérité de bonne foi, mais que tout cède à des réflexions sérieuses, d'autant plus qu'il y a plus d'habitude que de tempérament, et que, s'il lui arrivait de trouver dans sa famille une compagnie qui s'occupât avec douceur et gaieté de ce qui pourrait l'amuser, peut-être que, n'ayant pas une passion violente à vaincre, il ferait céder son goût présent à son devoir. Elle a remarqué le goût du Roi pour Mesdames ; le séjour de Madame Infante dans l'appartement de Madame la comtesse de Toulouse a fait connaître encore davantage au Roi la facilité de faire usage de cet appartement, par un petit escalier dérobé qui avait été fait du temps de Madame de Montespan ; c'est par cet escalier que le Roi descendait souvent chez Madame Infante, avec laquelle il avait de fréquentes conversations. Comme il est vraisemblable que Madame Sophie et Madame Louise ne seront pas longtemps sans revenir de Fontevrault, et que cela fera une augmentation de logements, il était aisé de prévoir que le Roi, qui a pris l'habitude de faire revenir, depuis environ quatre mois, Mesdames sans panier chez lui après souper, et les jours de chasse dans ses Cabinets faire une espèce de retour de chasse, pourrait bien loger Madame [Henriette] et Madame Adélaïde dans cet appartement, et s'accoutumer à y descendre et même à y souper. Voilà précisément ce qu'elle a voulu éviter. »

Seule Madame Henriette s'était mise en travers de l'ambitieux désir de la favorite. Elle voulait l'appartement pour elle : « Que la marquise, disait-elle, soit logée en haut ou en bas, le Roi mon père n'y ira pas moins; il faut autant qu'il monte pour redescendre que de descendre pour remonter; au lieu que moi, Dame de France, je ne puis loger en haut, dans les Cabinets. » Si l'on en croit les malveillants, la Reine a été « pour la marquise et contre Mesdames..., étant fort jalouse du crédit de ses enfants ». Madame de Pompadour qui a peut-être été inquiète, écrit bientôt à une amie, avec l'accent d'un triomphe contenu : « Le Roi m'a donné le logement de M. et Madame de Penthièvre. Ils passent dans celui de Madame la comtesse de Toulouse, qui en garde une petite partie pour venir voir le Roi les soirs. Ils sont tous très contents et moi aussi; c'est par conséquent une chose agréable. Je ne pourrai y être qu'après Fontainebleau, parce qu'il faut l'accommoder. »

Les ouvrages d'accommodement, sur les plans de Gabriel, durèrent toute l'année 1750 et, malgré l'activité que déployèrent les Bâtiments du Roi, comme une partie de leurs menuisiers et de leurs sculpteurs étaient précisément à ce moment prêtés pour Bellevue, on ne put terminer que l'année

suivante. Le vieux Tournehem, dont ce fut une des dernières occupations, ne ménageait rien pour donner satisfaction au Roi et à sa belle nièce. Mais l'argent commençait à manquer, même dans son service, et les entrepreneurs impayés, endettés, travaillaient difficilement. Pendant tout le voyage de Fontainebleau, la marquise s'inquiétait des retards, harcelait son oncle, dépêchait M. de Gontaut pour visiter les travaux et lui rendre compte du détail; Tournehem obtenait enfin que « l'impossible » fût fait, et tout était prêt le jour où revenait le Roi. C'était un émerveillement : la marquise entrait, presque en reine, dans cet appartement nouveau, où Verberckt avait sculpté ses plus riches panneaux, où Martin décorait de ses vernis, pour les audiences particulières de la marquise, ce cabinet de laque rouge qui devait entendre tant de secrets d'État et voir résoudre, dans les plus graves rendez-vous, les grandes affaires du royaume.

Cette installation triomphale n'est autre chose qu'un magnifique dédommagement que l'amour disparu laisse à l'amour-propre. Madame de Pompadour entre dans les vues du Roi et l'accepte comme il lui est offert. M. d'Argenson écrit le 2 février 1751 : « La marquise jure ses grands dieux qu'il n'y a plus que de l'amitié entre le Roi et elle. Aussi se fait-elle faire pour Bellevue une statue que j'ai vue, où elle est représentée en déesse de l'Amitié. » Le marbre charmant de Pigalle remplace, sur son piédestal, une image plus passionnée, et l'on songe à la visite familière que va faire la reine Marie aux jardins de Bellevue et à la question qu'elle pose à un jardinier de la marquise. Elle veut savoir comment se nomme le bosquet : « Madame, répond le bonhomme, on l'appelait auparavant le bosquet de l'Amour, et c'est à présent le bosquet de l'Amitié. » La Reine, qui sait comment passent les sentiments des hommes, ne peut s'empêcher de sourire à cette naïve réponse.

Désormais les relations de Madame de Pompadour avec la Famille royale deviennent de plus en plus aisées et cordiales. Bien loin de se réserver le Roi, de le « chambrer », comme elle faisait autrefois, elle le réunit volontiers à ses enfants. Mais elle veut éviter que ces nouvelles influences, qu'elle devine prochaines et durables, soient contre elle ; de son côté, elle aime trop véritablement le Roi pour ne pas partager ses affections. Elle narre avec émotion, dans une lettre, le retour des Petites Mesdames de Fontevrault : « Mesdames Sophie et Louise sont arrivées hier ici [à Fontainebleau]. Le Roi a été au-devant d'elles avec M. le Dauphin et Madame Victoire ; j'ai eu l'honneur de la suivre *(sic)*. En vérité, rien n'est plus touchant que ces entrevues. La tendresse du Roi pour ses enfants est incroyable et ils y répondent de tout leur cœur. Madame Sophie est presque aussi grande que moi, très bonne, grasse, une belle gorge, bien faite, la peau belle, les yeux aussi, ressemblant au Roi de profil comme deux gouttes d'eau ; en face, pas à beaucoup près autant, parce qu'elle a la bouche désagréable ; en tout, c'est une belle princesse. Madame Louise est grande comme rien, point formée, les traits plutôt mal que bien, avec cela une physionomie fine qui plaît beaucoup plus que si elle était belle. Nous avons tous été présentés aujourd'hui. »

Les événements de la Famille royale, les grossesses, les naissances, les maladies, touchent la marquise comme s'il s'agissait des siens : « Nous allons vendredi à Compiègne pour six semaines, écrit-elle ; nous laissons là Madame la Dauphine en très bonne santé et un enfant très remuant, Dieu veuille qu'il arrive à bien et garçon. Je vous assure, et vous le croirez sans peine, que je sèche de ne voir que des filles. Celle que nous avons se porte bien à présent, mais elle nous aurait fait mourir, si c'eût été un garçon. » Il n'y a rien, dans ces effusions, qui ne soit parfaitement naturel. C'est sur un ton semblable que, pour les intérêts du Roi, s'émeut tout ce qui l'approche ; à plus forte raison ne peut-on s'étonner de le voir prendre à une femme, qui n'est pas loin de se considérer comme faisant partie de sa famille. Il n'y a qu'à la voir, du reste, dans ces petits voyages, où elle est attentive maintenant à mettre toujours auprès du Roi quelqu'une de Mesdames. Il ne tiendrait qu'à la Reine d'y prendre part elle-même ; mais elle est devenue très casanière, et a perdu le goût de ces déplacements, d'où, pendant un temps, elle a tant souffert d'être exclue. Elle y paraît cependant quelquefois, et c'est une occasion pour elle de voir ses enfants davantage, avec une liberté que la vie de Versailles ne comporte pas. Le prince de Croÿ assiste à ces nouveaux voyages et montre en quelques mots l'attitude changée des personnages. A Choisy, par exemple, il a trouvé le Dauphin arrivé de la veille : « Je remarquai qu'il s'y évertuait, et qu'au lieu de traiter durement, comme à l'ordinaire, Madame de Pompadour, il l'accueillit très gracieusement, ce voyage-là... Le lendemain, Mesdames toutes cinq, et huit de leurs dames, arrivèrent pour dîner à Choisy, et y couchèrent. La marquise, y ayant ainsi attiré depuis deux ans la Famille royale et les gagnant par beaucoup d'attentions et de respects, avait tâché de gagner leur confiance et était bien avec eux tous et même fort bien avec la Reine, de sorte qu'il ne manquait rien à sa gloire et à son crédit dans son espèce. Elle était là, à Choisy, à cinq lieues d'Étioles, où elle avait été longtemps à ne pas devoir espérer de jouer un tel rôle. » Un voyage de 1753 à la Muette, où le souper a été des plus brillants avec toutes les dames de Mesdames à la table du Roi, fournit un piquant tableau : « M. le Dauphin y était ; Mesdames y vinrent, et je vis très bien toute la Famille royale tout ce jour-là. Elle venait à tous les voyages, depuis que la marquise les y avait mis, et le soir, comme elle sortit de table pour une migraine, je les vis tous l'un après l'autre venir lui demander avec empressement de ses nouvelles. Aussi les faisait-elle bien traiter par le Roi et se conduisait-elle de manière que toute la Famille royale, sans en excepter la Reine, en paraissait fort contente. » Les courtisans gagnaient à ces arrangements « une aisance infinie ». Madame de Pompadour en tirait une sécurité plus grande, et se croyait pardonnée par ces enfants en paraissant leur ramener leur père.

Les circonstances d'ordre intime, qui avaient produit cet état de choses, s'éclairent en partie. Mais ce n'est pas sans de profonds chagrins que la marquise vint à accepter de bonne grâce ce rôle d'amie, qui justifiait seul désormais sa présence auprès de Louis XV et dont elle sut faire valoir si ingénieusement toutes les prérogatives. Ces succès dans la Famille royale, cette situation assise et enviée, ce train de grande dame, jusqu'à ce tabouret de duchesse, qui lui fut accordé alors et qui la fit l'égale des plus grandes, tout cela n'était qu'une insuffisante consolation à des désenchantements qu'on peut supposer cruels. Sincèrement éprise du Roi, restée remplie jusqu'à la fin des sentiments qui l'avaient dès l'abord enivrée, Madame de Pompadour n'a été payée de complet retour que pendant ses cinq premières années de Versailles. On peut rechercher quelles occasions s'offrirent pour elle de trouver, en son amour même, l'expiation de son amour ; et l'on observera mieux, dans les actes de cette seconde partie de sa vie, les combats d'un cœur humilié, et ce mélange étroit et singulier de deux passions ordinairement distinctes, la tendresse et l'ambition.

Il y avait sans doute adoucissement pour la délaissée à laisser croire qu'elle n'avait pas subi, mais provoqué son sort. Elle paraît avoir accrédité cette explication, qui sauvegardait au moins ses vanités. Une courte confidence d'elle sur ce délicat sujet nous révèle la manière dont elle désirait qu'il fût connu. C'est une note secrète, destinée à expliquer sa conduite au Pape et à montrer les Jésuites comme seuls responsables des derniers dérèglements de Louis XV. Il faut lire le développement de cette thèse intéressée, en remarquant l'insistance de cette grande coquette à prétendre que c'est elle, et non le Roi, qui a pris l'initiative de la séparation ; même au Saint-Père, à qui ce détail importe peu, elle ne voudrait pas avouer qu'on s'est lassé d'elle : « Au commencement de 1752, déterminée par des motifs dont il est inutile de rendre compte, *à ne conserver pour le Roi que les sentiments de la reconnaissance et de l'attachement le plus pur,* je le déclarai à Sa Majesté, en la suppliant de faire consulter les docteurs de Sorbonne, et d'écrire à son confesseur pour qu'il en consultât d'autres, afin de trouver les moyens de me laisser auprès de sa personne, puisqu'il le désirait, sans être exposée au soupçon *d'une faiblesse que je n'avais plus.* Le Roi, connaissant mon caractère, *sentit qu'il n'y avait pas de retour à espérer de ma part* et se prêta à ce que je désirais. Il fit consulter des docteurs, et écrivit au P. Pérusseau, lequel lui demanda *une séparation totale.* Le Roi lui répondit qu'il n'était nullement dans le cas d'y consentir ; que ce n'était pas pour lui qu'il désirait un arrangement qui ne laissât pas de soupçon au public, mais pour ma propre satisfaction ; que j'étais nécessaire au bonheur de sa vie, au bien de ses affaires ; que j'étais la seule qui osât lui dire la vérité si utile aux rois, etc. Le bon Père espéra dans ce moment qu'il se rendrait maître de l'esprit du Roi et répéta toujours la même chose. Les docteurs firent des réponses sur lesquelles il aurait été possible de s'arranger, si les Jésuites y avaient consenti... » Il n'y a qu'une femme pour mêler ainsi les sentiments les plus divers, présenter les hommes dans le jour qui lui convient, et mettre aussi habilement dans l'exposé des faits anciens la couleur de plus récentes rancunes. On y voit, en tout cas, pour la seconde fois, Madame de Pompadour aux prises avec l'Église.

Louis XV traverse une crise religieuse assez forte, au cours de l'année 1751. Cette année est celle du jubilé, temps où les fidèles puisent au trésor des grâces spirituelles, en échange de la contrition, de la pénitence et de l'usage des sacrements ; c'est alors que les grands pécheurs, les chrétiens qui ont attristé leurs frères par le mauvais exemple public, sont appelés spécialement à la réparation. Le Roi voudrait-il être du nombre des réconciliés, et gagnerait-il son jubilé ? Telle était la grande question qui préoccupait les esprits. Les choses de la religion avaient conservé toute leur importance à la Cour ; les ministres de l'Évangile n'avaient point cessé de s'opposer, avec plus ou moins de succès, à la corruption des mœurs et de dénoncer la contradiction qui s'établissait si souvent entre le fond des âmes et les formes extérieures toujours respectées. Le P. Griffet, jésuite, prêchait à la Cour le carême précédant l'ouverture du jubilé et retrouvait, pour tonner contre les vices à la mode, les accents du P. Bourdaloue.

On remarquait l'assiduité du Roi à ces sermons, qui avaient lieu deux fois par semaine : pour n'en point manquer, il avait changé les jours de chasse ; il ne découchait même plus de Versailles, et ne se permettait que de rares dîners-soupers à la Muette ou à Bellevue. Les âmes pieuses, qui ne manquaient point dans la Famille royale, se réjouissaient par avance, et les Jésuites déjà fiers que cette conversion illustre pût être obtenue par l'éloquence d'un des leurs, faisaient dire des messes quotidiennes dans leurs trois maisons de Paris, pour achever l'œuvre. L'opinion sur ce point était avec eux, ainsi que d'Argenson en convient : « Certes la dévotion du Roi rendrait la Cour plus triste, mais cela profiterait beaucoup au bien public, car les dévots sont économes, et l'économie pourrait seule aujourd'hui sauver le royaume. »

La marquise se trouvait dans une grande inquiétude. Rien au dehors ne trahissait un changement dans ses rapports avec le Roi. Elle venait d'inaugurer Bellevue et entrait dans son nouvel appartement de Versailles. Cependant, pour des raisons qu'elle connaissait trop bien, le Roi passait des mois entiers sans lui témoigner sa passion ; ses empressements se transformaient en galantes prévenances, et l'attachement, qui avait été si vif, semblait prendre un autre caractère. Les habitudes toutefois, quoique rompues ou en train de se rompre, n'en laissaient pas moins subsister, aux yeux chrétiens, tout le scandale. Si le Roi se décidait à retourner aux complètes pratiques religieuses, un confesseur peu accommodant pouvait exiger que la complice de l'adultère fût renvoyée publiquement, ainsi qu'elle avait été prise. Madame de Pompadour, qui tirait toute sa morale des conversations des philosophes, trouvait intolérable l'intransigeance de ces gens d'Église ; elle ne comprenait pas qu'on vît dans sa présence amicale un obstacle au salut du Roi et un médiocre exemple pour les mœurs de la nation. Le sermon classique du P. Griffet sur le thème de l'adultère lui semblait l'inconvenante sortie d'un religieux échauffé ; et la doctrine de la sainteté du mariage ne représentait à ses yeux qu'une de ces mômeries de fanatiques, dont on s'était toujours moqué autour d'elle. Elle n'avait aucune hostilité contre les Jésuites, dont Voltaire ne lui avait point dit de mal et qu'elle croyait respectueux envers le Roi, alors qu'elle s'irritait de l'opposition parlementaire, presque entièrement janséniste. Mais elle cherchait vainement le moyen d'apaiser ces hommes intraitables, qui semblaient tenir en leurs mains la conscience royale. Ne fût-ce que pour plaire à la Reine, qui aimait beaucoup les Pères, elle leur avait fait faire des avances, dès ses premières années de séjour à Versailles ; Bernis l'assure et en même temps se porte garant que ces avances furent toujours repoussées.

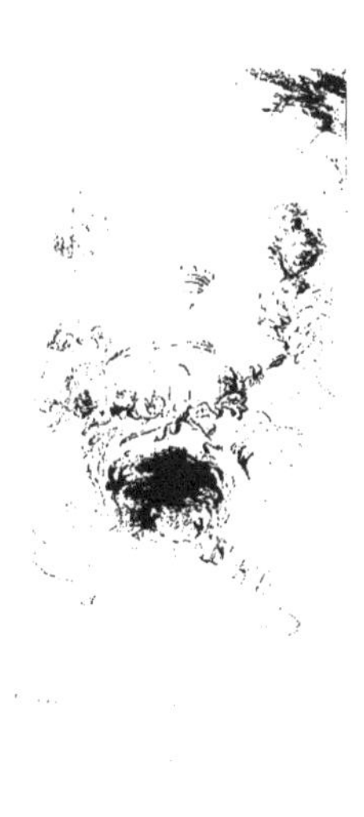

Le Roi était travaillé en tous sens. Il ne tenait plus à ce qui d'abord l'avait attaché à la marquise; mais elle lui restait assez agréable pour qu'il ne voulût point se séparer d'elle. C'est évidemment de cette époque que datent les premières consultations qu'il demanda en Sorbonne et jusqu'à Rome, et dont il fit peu après confidence à Bernis. Celui-ci, revenu de son ambassade de Venise, inspirait confiance à Louis XV par la discrétion de son caractère et son attachement de gentilhomme; nous savons par lui ce que fut l'action des confesseurs : « Ses confesseurs jésuites, dit-il, qu'on accuse de morale relâchée, n'admettaient aucun tempérament; ils ne croyaient pas que le scandale pût être réparé autrement que par l'éloignement de la marquise. Si quelques-uns de leurs ennemis lisaient ceci, ils ne manqueraient pas d'expliquer ce rigorisme par la certitude que ces Pères avaient d'être protégés par M. le Dauphin, protection plus sûre et plus honorable pour eux que celle d'une favorite. Quoi qu'il en soit, il est certain que, s'ils avaient été plus relâchés, ils pouvaient avec adresse conserver M. le Dauphin et se ménager la marquise. » Celle-ci vit bientôt qu'il n'y avait rien à obtenir d'eux. Ce qui pouvait lui arriver de plus heureux, si le Roi voulait gagner son jubilé, c'était qu'il consentît à l'éloigner pour un temps, sauf à reprendre avec elle, plus tard, des rapports d'une amitié clairement établie aux yeux du public; mais cela même était fort grave, car, avec le caractère du Roi, qui partait courait le risque de n'être jamais rappelé.

On suivait, sur le visage de la marquise, les progrès de l'anxiété qui la rongeait; elle était malade, disait-on, de « la fièvre du jubilé ». Le ministre, M. de Machault, passait du temps chez elle à étudier des subterfuges pour éviter que le Roi participât aux exercices. L'envoyé du roi de Prusse entretient son maître, qui doit en rire, de ces expédients : « Elle trouvera le moyen que la publication du jubilé ne se fasse point par tout le royaume en même temps, mais seulement par diocèses, afin que, lorsqu'il se fera à Paris et à Versailles, le roi de France soit à Compiègne, où il n'aura point encore été publié, et que, lorsqu'il le sera dans ce dernier endroit, le roi de France se trouve être de retour à Versailles, où le jubilé aura déjà été fait. »

On pourrait croire, à ces récits, que la favorite ignore à la fois les règlements ecclésiastiques et les dispositions du Roi. Bernis est ici un témoin important : « Le Roi, écrivait-il, a de la religion ; il n'a jamais voulu suivre, pour sa conduite chrétienne, que les avis les plus sévères : il a mieux aimé s'abstenir des sacrements que de les profaner. C'est une justice que j'ai été à portée, plus que personne, de lui rendre. Son goût pour les femmes l'a emporté sur son amour pour la religion ; mais il n'a jamais étouffé le respect dont il est pénétré pour elle. » L'hypocrisie religieuse est un jeu de « philosophes », non de croyants. Voltaire est homme à faire ses Pâques ; son élève d'Étioles croira aisé de se livrer à la dévotion pour ses intérêts, et déjà elle tient correctement, en ses jolies mains, aux grands offices de la chapelle, son livre d'heures décoré par Boucher. Cependant, si intelligente qu'elle soit, elle ne saurait comprendre les troubles de conscience que le Roi tient surtout de son éducation première. Louis XV a pu s'avilir dans les passions basses ; mais l'honneur et la loyauté religieuse l'eussent empêché de se prêter aux équivoques trouvailles de la marquise. Louis XV se rassurait, d'ailleurs, sur la question principale de son salut, par une étrange croyance dont il fit l'aveu à l'abbé de Montesquiou. Il se persuadait, d'après une doctrine mal comprise inculquée à son enfance, que les mérites de Saint Louis s'étendaient sur tous ses descendants et il concluait qu'aucun des rois de la race ne pouvait être damné.

Tandis que les perplexités du jubilé durent encore, survient un événement qui ne doit pas laisser le Roi indifférent. Madame de Mailly, qui l'a tant et si longtemps aimé, meurt à Paris, dans la retraite pénitente où elle vit depuis sa disgrâce. Elle est restée pauvre et a payé toutes ses dettes sur ses épargnes, sans jamais rien demander au Roi, dont elle n'a voulu que le cœur. Pour achever de s'humilier, elle a désiré être enterrée avec la croix de bois des indigents. Tout le monde est frappé du contraste qu'offre la maîtresse du jour, brillante, dépensière, enivrée de vanité et d'adulations ; on suppose, en même temps, que la fin de Madame de Mailly inspirera au Roi des réflexions salutaires. Il semble qu'il soit ému, en effet, mais surtout du souvenir des années lointaines, et plus encore de la pensée que la défunte était à peu près de son âge et que la mort atteint aussi les rois.

Madame de Pompadour écrit à une amie : « La mort de Madame de Mailly a fait de la peine au Roi ; j'en suis fâchée aussi ; je l'ai toujours plainte, elle était malheureuse. Elle fait le petit Vintimille son légataire. » Le rôle de la marquise est de distraire le Roi de cette peine, comme des scrupules religieux du moment. Elle multiplie les dissipations et les affaires, les comédies à Bellevue, les projets de mariages à la Cour. Il y a des voyages à Trianon, où se construisent des serres immenses et un délicieux pavillon pour aller dîner, à Marly, à Crécy, à Choisy, à Compiègne : « Ne nous en plaignons pas, note un observateur ironique ; louons-les, ces voyages, au contraire. Rien de si utile à la santé du Roi que ces déplacements, sans quoi la bile et l'humeur le rendraient malade. Madame de Pompadour est le premier médecin du Roi et y veille, mais mauvais médecin de la bourse. » Elle ne s'occupe pas seulement des plaisirs du Roi ; elle se mêle aux préoccupations plus hautes de son métier de monarque. C'est le temps où elle se fait initier à la politique générale du royaume ; c'est aussi celui où elle étudie avec le plus d'ardeur la transformation et les embellissements de Paris, l'établissement définitif de l'École militaire, dont l'organisation, longuement préparée par elle entre le Roi et Pâris-Duverney, doit être une des plus glorieuses pensées du règne.

La dévorante activité de la marquise sert son plus cher désir. L'année dangereuse s'écoule, et le temps du jubilé passe. Les stations sont extrêmement suivies dans la Capitale ; on n'a jamais admiré un concours aussi étonnant de carrosses à Notre-Dame, et un aussi grand nombre de dames de la Cour en dévotion. Barbier croit que « l'intérieur » n'est pas toujours sincère : « Il semblerait qu'il y aurait une affectation de tous les gens de qualité dans ce jubilé, par rapport à la circonstance où se trouve le maître. » Quoi qu'il en soit, le Roi a laissé terminer le jubilé sans se décider à y prendre part. Les dévots sont consternés. La clôture est célébrée solennellement à Notre-Dame, par l'archevêque de Paris, Christophe de Beaumont, le 29 décembre. Madame de Pompadour est hors de souci pour cette fois. C'est le cœur tranquille qu'elle offre au Roi une grande fête à Bellevue, en l'honneur de la naissance de son premier petit-fils, le duc de Bourgogne. Le merveilleux feu d'artifice qu'elle fait tirer sur sa terrasse, et qu'on voit de Paris, semble insulter à la misère générale, à la cherté du pain, à la difficulté de vivre dont tout le monde souffre. Peu lui importe que le Roi, allant à Paris avec la Reine pour rendre grâces à Notre-Dame, ne soit point acclamé par ses sujets. Ce caprice des Parisiens, qui passera, à ce qu'elle croit, compte pour peu de chose auprès du danger grave auquel elle vient d'échapper. Il ne lui reste plus, de ses grandes craintes, qu'une rancune destinée à grandir contre les Jésuites.

Quelles traces cependant laisse dans la conscience du Roi ce temps du jubilé ? A-t-elle subi une impression durable ? On pourrait penser le contraire. L'année suivante, deux circonstances poignantes pour son cœur de père lui semblent un avertissement du Ciel. Sa fille préférée, Madame Henriette, la plus intelligente après Madame Infante, celle avec qui il cause le plus volontiers, meurt à Versailles en quelques jours, enlevée par une fièvre putride, et bientôt le Dauphin, atteint de la petite vérole, donne à son tour de graves inquiétudes. Le prince, tendrement soigné par Marie-Josèphe, échappe à une mort attendue. Jamais on n'a vu le Roi si agité, la mine si sombre, la parole si rare. Mais, après de telles crises, il semble que chez lui le besoin de s'étourdir l'emporte. Au reste, le choix de conduite qu'il a fait dans le temps décisif des conversions doit donner ses fruits naturels. Les théologiens ont beau jeu à constater ici les suites communes de l'endurcissement volontaire et du refus d'obéissance à la Grâce. Les faits qu'apporte à ce moment la chronique secrète de Versailles leur donnent raison. Dates et coïncidences permettent seules d'explorer les mystères de cette âme, que ne révèlent en rien l'extérieur du Roi, ses dehors majestueux ou charmants. La vérité est qu'il est saisi plus violemment qu'il ne l'a encore été par la vie sensuelle, et qu'en peu de temps il roule à la véritable débauche, au gouffre d'où l'on ne remonte guère.

Son goût pour la marquise n'allait pas, chez le Roi, sans l'observation d'une certaine retenue; mais, depuis longtemps, la satiété, qui a rendu facile le détachement, lui a inspiré d'autres recherches. L'entourage, les premiers valets de chambre, le dévouement intéressé des subalternes l'y ont servi. Dès le commencement de 1752, il y a, au Château même, à côté de l'appartement de Lebel, un logement de deux pièces, où le premier valet de chambre amène de temps en temps, pour son maître, de petites beautés de Paris. Le nom qu'on donne à cet endroit fait entendre ce qui s'y passe; c'est le « trébuchet ». Celles qui plaisent sont gardées quelque temps, dans une maison de Versailles, puis renvoyées avec une dot et mariées en province, pour faire souche d'honnêtes gens. Tout ce service est discret, ignoble et décent. Le pavillon écarté, où le Roi se rend sans être reconnu, est situé dans le quartier du Parc-aux-Cerfs. Il est, à vrai dire, fort petit et ne peut abriter qu'une ou quelquefois deux pensionnaires; si la morale peut s'en plaindre, il n'y a pourtant rien là qui soit monstrueux, ni même hors des habitudes de l'époque, sauf que le Roi, qui ne regarde pas à ses signatures, y dépense peut-être plus qu'un financier. Mais tout ce qui touche aux personnes royales offre rapidement prétexte à la légende: ces basses joies de libertin seront, pour l'imagination populaire, des folies luxurieuses; la petite maison à six fenêtres, où le Roi se glisse honteusement, deviendra un affreux sanctuaire d'orgies dignes de Tibère, et la Révolution, dans ses pamphlets, brodant sur des récits vagues et des témoignages douteux, grossira à l'infini la liste des « victimes » et le budget de l'infamie.

La France est en droit de se plaindre qu'on gaspille sans gloire le temps, les forces, la lucidité d'esprit de son roi. Mais cette nouvelle existence ne menace en rien la situation de la marquise. Le Roi a pris des habitudes qui l'encanaillent; elle le sait, en souffre et s'en accommode. Elle a choisi sur ce point, comme sur les autres, l'attitude la plus avisée, celle de ne point ignorer. Pour scabreux qu'il nous paraisse, ce rôle reste fort loin de l'infâme intervention qu'on lui prête et dont il n'y a nulle trace véritable. On a parlé de complaisances viles, où achevait de se souiller le dernier orgueil de la femme; c'est même là le grief sans merci que lui font certaines gens, disposés par ailleurs à tout pardonner. Il faut donc dire une fois que les traditions authentiques, les seules qui comptent, ne sont pas à son déshonneur. L'unique fait qui soit établi, et que raconte la Du Hausset, est même d'une nature assez touchante : la marquise est venue en aide, sur la demande du Roi, à une jeune mère qui avait besoin de soins charitables et réclamait une garde-malade discrète et dévouée. « Comment trouvez-vous mon rôle? » demande-t-elle à sa femme de chambre choisie pour cette mission. « D'une femme supérieure, répond celle-ci, et d'une excellente amie. » Y eut-il d'autres circonstances où le Roi fit appel à cette amitié si rare? Rien ne le contredit; rien non plus ne l'indique, sauf le besoin que semble avoir toujours eu Louis XV d'une oreille docile et d'un écho complaisant. Cet homme si secret ne pouvait se passer de se raconter à une femme; il avait la manie de se confier, « de débonder sa mémoire et son cœur »; il lui fallait « des roseaux comme à Midas, pour aller dire ce qu'il ne pouvait taire »; et ce que la bonne comtesse de Toulouse recevait de lui dans son jeune temps, il l'apportait maintenant, après ses quarante ans sonnés, à celle qui ne prétendait plus qu'à sa confiance.

L'arme la meilleure qui reste à Madame de Pompadour contre les intrigues qui cherchent à la supplanter, c'est encore cette habitude du Roi. Les pensionnaires successives de la maison du Parc-aux-Cerfs ne l'inquiètent point : « C'est à son cœur que j'en veux, s'écrie-t-elle. Toutes ces petites filles qui n'ont point d'éducation ne me l'enlèveront pas. Je ne serais pas aussi tranquille, si je voyais quelque jolie femme de la Cour ou de la Ville tenter sa conquête. » Un instant, Mademoiselle Murphy lui donna du souci; l'intrigue se prolongeait, devenait publique, et il était certain que le goût du Roi pour cette ingénue dépassait ce qu'on avait coutume de lui voir. Au mois de mai 1753, M. de Croy notait assez naïvement, en les mettant à peu près sur le même rang, deux grandes nouvelles du jour. La première était « la catastrophe du Parlement, qui était enfin parvenu à se faire exiler par tout le royaume », pour son refus d'obéissance; l'autre se rapportait aux amours du Roi : « La jolie fille que l'on prétendait que le peintre Boucher

LA COMTESSE D'EGMONT-PIGNATELLI, FILLE DU MARÉCHAL DE RICHELIEU

Portrait peint par Roslin

A Madame la duchesse de [illegible]

Cl. Braun, Clément & C[illegible]

(qui avait souvent de beaux modèles) avait, dit-on, procurée au Roi, prenait, à ce que l'on croyait, du crédit aux dépens de celui de la marquise, qui s'en apercevait et en avait été incommodée. Son système, que j'avais entrevu depuis plusieurs années, de gagner l'esprit du Roi et, suivant à la lettre Madame de Maintenon, de finir par être dévote avec lui, pouvait, à ce que l'on ajoutait, ne pas avoir le temps de s'établir ; enfin, on la disait en danger. Peut-être tout cela était-il bien peu certain, le vrai de pareilles nouvelles n'étant pas aisé à savoir. » La folâtre Murphy n'était point faite pour remplacer la marquise ; ses origines, son éducation, ses manières s'y opposaient. La nouvelle amie de Madame de Pompadour, Madame de Mirepoix, lui disait le véritable péril : « C'est votre escalier que le Roi aime ; il est habitué à le monter et à le descendre. Mais, s'il trouvait une autre femme à qui il parlerait de sa chasse et de ses affaires, cela lui serait égal au bout de trois jours. »

A plusieurs reprises encore, pendant cette dernière période de sa vie, Madame de Pompadour fut sérieusement menacée. Il semblait maintenant plus aisé de renverser l'amie qu'autrefois la maîtresse. Les cercles de la Cour, qui n'avaient jamais perdu l'espoir de donner une favorite au Roi, après avoir laissé à cette grande passion le temps de s'user, sachant ou devinant qu'elle n'existait plus, se remettaient à agir et à intriguer. Madame d'Estrades, devenue, dit-on, la maîtresse de M. d'Argenson, prêtait à la haine du ministre les armes recueillies dans une longue intimité. On poussa d'abord la comtesse de Choiseul, née Romanet, nièce de Madame de Pompadour, qui avait été brillamment mariée par elle et pratiquait, non moins savamment que Madame d'Estrades, l'art courtisan de l'ingratitude. Elle réussit la partie la plus aisée de sa tâche et, si la seconde échoua, ce fut pour avoir dans sa famille un homme à qui ce genre d'honneurs inspirait quelque dégoût. Le comte de Stainville, cousin de son mari, qui ne tenait pas à voir un tel rôle tenu par une femme de son nom, livra le secret du Roi à Madame de Pompadour et lui donna le moyen de faire chasser la jeune comtesse comme une petite intrigante.

Le futur duc de Choiseul retira de son honnête trahison une amitié qui devait être inaltérable et une reconnaissance qui allait faire de lui, peu d'années plus tard, un premier ministre de Louis XV. Madame de Pompadour y gagna quelques années de tranquillité.

Quelle tranquillité incomplète, cependant, dans ce milieu de cour où rôdent toujours la méchanceté et la malveillance, où le crédit de la marquise se heurte, chez le Roi, à des obstacles et à des refus, dont elle seule ne s'étonne pas ! Plus souvent qu'on ne le pense dans le public, Louis XV se décide par lui-même, et souvent aussi ce n'est point la marquise qu'il écoute. Deux hommes qu'elle a vainement combattus, le prince de Conti et le comte d'Argenson, influent plus qu'elle dans les grandes affaires. Même pour les « grâces », elle n'est plus tout à fait seule à les distribuer. Madame d'Estrades, toute-puissante sur le ministre de la guerre, commence à avoir son parti et ses courtisans. La marquise dit même, toute laide qu'elle soit, qu'elle a eu des prétentions sur le Roi, et croit qu'elle a tâché de le lui enlever. Celui-ci n'a jamais cessé de faire bonne figure à Madame d'Estrades, qui a de l'amabilité, de la lecture, un esprit orné ; dans les Cabinets, où la naissance ne confère point de prérogatives, c'est toujours elle qui a le pas sur les autres dames, après la marquise. Depuis l'affaire de Madame de Choiseul-Romanet, dont elle a su tous les détails, Madame de Pompadour rêve de se défaire de cette sorte de rivale, et la Cour attend le dénouement de la lutte engagée entre ces deux femmes.

M. de Croÿ les voit ensemble pour la dernière fois chez le Roi, au château de la Muette, le 5 août 1755 : « Il n'y avait à souper que peu de dames ; Madame de Pompadour était toujours à la droite et Madame d'Estrades, à l'ordinaire, à la gauche. On la traitait comme toujours, et elle paraissait fort recherchée des courtisans. Elle ne se doutait de rien ; cependant son affaire était déterminée alors, et M. de Saint-Florentin était peut-être là pour cela. Le lendemain, comme elle partait pour Paris, pour de là aller rejoindre le Roi, qui soupait et couchait ce jour-là à Saint-Ouen, chez M. de Soubise, à la descente des Bonshommes, comme Madame de

Pompadour passait, Madame d'Estrades reçut une lettre de M. de Saint-Florentin de la part du Roi, par laquelle il la remerciait de tous ses emplois et lui interdisait la Cour. » Après ces rapides exécutions, d'un effet si frappant sur les esprits, on tremblait pendant quelques jours, puis tout reprenait son cours ordinaire. Cette fois, M. d'Argenson se sentit touché ; mais il se garda d'accuser le coup. La comtesse conservait ses appointements de cour ; c'était assez pour qu'il pût soutenir qu'elle reviendrait : « Il était, dit de Bernis, profondément rempli de l'erreur commune aux ministres qui ont été agréables, de croire qu'ils seront toujours aimés. »

Une grande puissance demeurait donc entre les mains de l'amie du Roi, bien que le sceptre de la maîtresse en fût tombé. Il s'agissait pour elle d'assurer toujours davantage cette situation, en rendant son commerce indispensable et en faisant sentir au Roi quels services ses avis désintéressés pouvaient lui rendre. Dans l'attention qu'elle donne aux affaires, dans son rapprochement avec la Famille royale, dans cette adaptation de tout son être à une fonction qui ne semble pas faite pour elle, Madame de Pompadour a un modèle historique qu'elle s'efforce visiblement de suivre. Elle pense à une autre marquise, qui a joué, auprès d'un autre roi, le rôle de l'amie nécessaire et de bon conseil : elle veut oublier que Madame de Maintenon a vécu auprès de Louis XIV comme femme légitime, et que le mariage secret, qu'exigea sa vertu, ne ressemble guère aux galants préliminaires qui ont marqué l'année de Fontenoy. Le résultat, lui semble-t-il, doit être le même ; et comme le Roi doit finir, un jour ou l'autre, par la dévotion, quand les passions seront apaisées, elle veut se préparer, à la façon de la fondatrice de Saint-Cyr, un âge mûr entouré d'une pieuse auréole.

On la voit quelquefois chez les dames de Saint-Louis, qui l'accueillent avec un empressement extrême, depuis qu'elles savent ses nouvelles mœurs. Dès sa première visite, qui remonte à 1750, elle a été émue de voir la touchante réunion de ces jeunes filles nobles et pauvres, qui sont élevées aux frais du Roi, suivant la règle instituée par Madame de Maintenon : « Nous avons été à Saint-Cyr, écrit-elle à Pâris-Duverney, qui s'occupe avec elle à préparer la fondation de l'École militaire. Je ne peux vous dire combien j'ai été attendrie de cet établissement... Ils sont tous venus me dire qu'il faudrait en faire un pareil pour les hommes. Cela m'a donné envie de rire, car ils croiront, quand notre affaire sera sue, que c'est eux qui en ont donné l'idée. » C'était bien, dans la pensée de la marquise, son Saint-Cyr à elle, que cet établissement des Cinq Cents Gentilshommes, dont elle faisait aboutir, à force de persévérance et de dévouement, le difficile projet, et pour lequel elle avançait l'argent de ses revenus. « Il doit, disait-elle, immortaliser le Roi, rendre heureuse sa noblesse, et *faire connaître à la postérité mon attachement pour l'État* et pour la personne de Sa Majesté. » Elle suivait ainsi, par les plus belles voies, les traces de Madame de Maintenon : « Elle l'imitait depuis longtemps soigneusement, assure Croy ; j'en avais été plusieurs fois témoin. »

Au moment où La Beaumelle va imprimer les *Mémoires sur la vie de Madame de Maintenon,* Madame de Pompadour s'intéresse passionnément à cette publication et s'inscrit parmi les premiers souscripteurs de l'ouvrage. Madame de Louvigny, la religieuse fort intelligente qui conseille en secret, au nom de Saint-Cyr, le jeune écrivain, invite celui-ci, dans son propre intérêt, à mettre de la retenue dans ses expressions, notamment lorsqu'il aura à parler des amours de Louis XIV et de Mademoiselle de la Vallière ; et quelle est celle de ses lectrices qui risquerait le plus, paraît-il, d'être choquée d'un excès de licence ? C'est Madame de Pompadour : « Le goût même de la favorite, écrit Madame de Louvigny, y est entièrement opposé. On la louait un jour devant moi, au parloir. Je dis que ce que je lui trouvais de mieux, c'était son air de sagesse *tel qu'on l'aurait peint dans une Vestale.* On reprit bien vivement et bien sérieusement que c'en était une aussi, et, outre toutes les qualités d'une grande âme qu'on lui attribua en me citant une quantité de traits qui la désignent, on se récria sur le reste, comme étant certain qu'on pouvait plaire, qu'on pouvait amuser, se rendre nécessaire dans la société, sans perdre ce beau titre dont on la décorait. Si c'eût été quelqu'un à ses gages qui eût tenu ce

propos, je n'en aurais pas été surprise; mais, point du tout; c'était un homme de beaucoup d'esprit, qui n'a pas besoin de son crédit pour être fort à son aise. Je conclus par là que quelqu'un de ce caractère n'applaudira pas à des choses trop libres exprimées avec la vivacité que donnent des passions qui font honte à l'homme raisonnable. » Ce trait inattendu donne un piquant au portrait moral de la nouvelle Pompadour. Il est certain que la « vestale » de Versailles, qui n'aimait point qu'on s'appesantît sur les amours royales, se montra choquée de quelques passages trop libres du livre de La Beaumelle; elle ne se soucia point, l'année suivante, de le défendre contre les dénonciations de Voltaire, et le laissa mettre à la Bastille.

Rien ne s'opposait plus à ce que la marquise, qui avait déjà reçu quatre ans auparavant les honneurs de duchesse, fût investie d'une des grandes charges de la Cour. Louis XV y songeait et, suivant son usage, donna à cet acte déjà hardi l'imprévu d'un coup de théâtre : « L'événement inattendu, raconte M. de Croy, éclata, au grand étonnement de tout le monde, le dimanche 6 février [1756] : Madame la marquise de Pompadour fut déclarée dame du palais de la Reine. Mais ce n'est pas tout : elle se déclara en même temps dans la dévotion ! La veille, elle fit, ce qu'elle ne faisait jamais, maigre dans les Cabinets, et il devint public que, depuis deux mois, elle avait des conférences avec le P. de Sacy, jésuite, et qu'elle l'avait déclaré son confesseur. Elle retrancha sa toilette publique et, le mardi suivant, elle reçut les ambassadeurs à son métier de tapisserie; ainsi on passa de la toilette au métier... » Ce fut à la Cour une incroyable émotion. Comme les esprits y vont toujours à l'extrême, « on dit qu'elle allait quitter le rouge; mais, au contraire, elle fut extrêmement parée ce jour-là, et elle fit son service chez la Reine avec un air tranquille, comme si elle n'avait jamais fait autre chose. La Reine se distingua dans cet événement, comme dans tous les autres, par sa douceur et sa modération... On dit qu'elle dit à ceux qui s'en étonnaient que cela lui paraissait tout simple, « le Roi en ayant déjà eu deux de son palais »; il est vrai que ce n'était pas la même chose ».

Les méchancetés ne tarissaient point sur cette conversion prodigieuse, arrivée tellement à point pour adoucir les préventions de la Reine; et les imaginations s'échauffaient sur ce que l'avenir pouvait apporter encore à une favorite comblée, qui voudrait sûrement être un jour dame d'honneur. La nomination s'était passée, du reste, de la façon la plus correcte; le Roi avait demandé par écrit à la Reine qu'elle le trouvât bon, et la pauvre femme, quel que fût son sentiment, touchée par les marques extérieures de religion qu'elle avait vues, avait répondu, par un billet du même ton, que le choix du Roi lui convenait parfaitement. Toutes les places de dames du palais étant occupées, Madame de Pompadour n'était nommée qu'à titre de surnuméraire et devait servir seulement de temps en temps. Elle avait été l'après-dînée, après la présentation à la Reine, faire des visites à Madame de Villars et à Madame de Luynes. Elle leur expliqua ses sentiments et leur dit « qu'elle n'avait point demandé, ni désiré cette place; qu'on l'avait obligée à la prendre et qu'elle n'avait agi que par le conseil de son confesseur ». Il n'y a aucune raison de suspecter l'affirmation de la marquise ; elle s'accorde avec ce qu'on devine des sentiments du Roi et du désir qu'il avait de marquer définitivement, aux yeux de tous, le caractère de sa liaison; il venait de le faire par un acte éclatant dont on savait qu'il ne se fût jamais, en tout autre cas, permis le scandale et le défi.

Le premier commérage épuisé sur la question de la charge, il restait à commenter la conversion. La marquise ne l'avait laissé prévoir à personne de son entourage intime et, comme on ne lui avait jamais connu de principes de dévotion, il paraissait extraordinaire qu'elle les prît, sans atteindre l'âge où les femmes de son temps renonçaient du même coup au rouge et au péché. On le pouvait croire d'elle moins que de toute autre. La jolie élève des philosophes donnait son argent et son appui à l'*Encyclopédie* de Diderot ; elle nourrissait dans ses entresols Quesnay et ses amis, les incrédules de l'époque les plus hardis en paroles et les plus violents, ceux qui justifiaient le mot de Duclos : « Ils en feront tant qu'ils me feront aller à la grand'messe et aux vêpres ! » Ayant vécu et se plaisant encore parmi de tels esprits, Madame de Pompadour ne semblait pas destinée à édifier le monde par une pratique convaincue de la religion. Même lorsqu'elle avait perdu sa fille, deux ans auparavant, cette grande douleur, cruellement ressentie, ne l'avait inclinée à rien de semblable. Aussi ses plus anciens familiers voyaient-ils seulement dans son cas un acte de bonne politique. Voltaire écrivait de la campagne, assez mystérieusement : « L'aventure de Versailles me paraît une cassade. On en veut imposer au public et on a raison : *Qui vult decipi decipiatur* (Que celui qui veut être trompé le soit). »

Il est vrai que ce « confesseur », dont Madame de Pompadour faisait sonner un titre qui l'étonnait elle-même, n'avait point encore eu à lui administrer le sacrement de pénitence. Mais il avait sans doute obtenu déjà ces sortes d'actes extérieurs qui préparent à recevoir la Grâce. On voyait la marquise lire des livres de piété; on la surprenait à la messe chaque jour et de bonne heure, au moment où les courtisans ne s'y montrent pas; elle y restait longtemps agenouillée, mains jointes et coiffes baissées. Était-ce là donc pure hypocrisie, et devait-on s'offusquer de sa visite toute confite aux Capucines de Paris et de la longue prière qu'elle y faisait dans la chapelle funéraire de sa chère Alexandrine? Les meilleurs témoins, et qui sont défiants sur ce chapitre, affirment sa sincérité : « *Comme elle n'avait jamais paru fausse en rien,* dit M. de Croy, qu'elle assurait qu'elle prenait le parti de la dévotion de bon cœur, qu'elle quitterait tout s'il le fallait..., les apparences étaient qu'elle était de bonne foi. » « Elle a une mauvaise santé et plusieurs incommodités, dit de son côté le duc de Luynes; ce sont des moyens dont Dieu se sert souvent pour opérer les conversions. Elle paraît de très bonne foi. » Le duc s'attend même à de plus grands événements, si son repentir est total et si elle veut sérieusement s'occuper de son salut; il est de ceux qui croient qu'elle ne pourra guère rester à la Cour, « où sa conduite a été malheureusement trop affichée, même aux yeux de l'Europe ».

« Madame de Pompadour, écrit-il un autre jour, paraît agir de bonne foi; elle dit elle-même qu'elle n'a pas l'attrait et le goût pour la dévotion qu'elle désirerait avoir, et que c'est une grâce qu'elle espère obtenir par ses ferventes prières. En effet, elle agit en conséquence. Elle prie Dieu pendant assez longtemps dans la journée; elle voit souvent le P. de Sacy; elle a des conversations avec lui. Non seulement elle se conduit par ses conseils, mais elle a même fait consulter en Sorbonne ce qu'elle devait et pourrait faire dans les circonstances où elle se trouve. Tous ceux qui la connaissent sont bien persuadés qu'il ne se passe aucun mal entre le Roi et elle, depuis près de trois ans. Depuis la mort de sa fille, elle a fait de sérieuses réflexions; elle assiste aux offices de l'Église avec piété... Il ne reste plus qu'à désirer que ces heureux commencements de piété se continuent avec la même ferveur et qu'ils fassent réellement impression sur l'esprit du Roi. » On en est donc venu à compter sur Madame de Pompadour pour obtenir la conversion du Roi par l'exemple de la personne qui connaît le mieux son caractère. Louis XV, à vrai dire, n'y semble guère disposé, terriblement serré, à ce moment même, par d'autres liens; mais un tel espoir plaît aux âmes indulgentes, et les partisans de la marquise s'en servent pour soutenir que ce n'est pas le moment de l'obliger à la retraite.

Le plus grand nombre, indifférents ou adversaires, continuent à croire à une comédie; encore la jugent-ils manquée et pouvant tourner à un mauvais dénouement : « On disait qu'après un pareil scandale il n'y avait que la séparation la plus absolue qui pût commencer une vraie conversion; de sorte que les personnes qui avaient de la religion trouvaient qu'il s'en fallait de beaucoup que ce fût assez, et les personnes qui n'en avaient pas trouvaient qu'elle courait risque de se faire culbuter et que c'était une faiblesse déplacée. Les deux partis étaient très étonnés et mécontents... à commencer par les plus intimes, tout le monde s'y perdait et disait que cela devait amener des événements à la Cour et rompre la tranquillité et routine où l'on était depuis longtemps. »

Cet épisode intéresse assez le caractère de Madame de Pompadour et les mœurs du temps pour qu'on doive essayer de reconnaître, parmi ces divers témoignages, un peu de vérité humaine, sans accabler du reproche d'hypocrisie une femme « qui n'avait paru fausse en rien ». Voici d'abord comment elle-même a voulu s'en expliquer : « De longues réflexions sur les malheurs qui m'avaient poursuivie, même dans la plus grande fortune, la certitude de n'être jamais heureuse par les biens de ce monde, puisque aucun ne m'avait manqué et que je n'avais pu parvenir au bonheur, le détachement des choses qui m'amusaient le plus, tout me porta à croire que le seul bonheur était en Dieu. » C'est par le dégoût des choses du monde, bien naturel dans une pareille vie, que commençait la conversion de la marquise. L'année suivante, faisant son testament, elle suppliera Dieu « de lui pardonner ses péchés, de lui accorder la grâce d'en faire pénitence et de mourir dans des dispositions dignes de sa miséricorde, espérant apaiser sa justice par les mérites du sang précieux de Jésus-Christ ». Seraient-ce là de simples formules ? Cette insistance n'atteste-t-elle pas que la femme qui pense à la mort a renoncé à toute attitude « philosophique » et tâche de se plier aux exigences de la foi ?

Il y avait, par malheur, dans les sentiments de Madame de Pompadour, trop de politique mêlée et un intérêt personnel trop direct pour que sa bonne volonté, quelque sincère qu'elle se montrât, pût aller jusqu'aux sacrifices nécessaires. Son guide en cette affaire fut M. de Machault, le garde des sceaux, dont le but paraît avoir été de complaire à la Reine et à la Famille royale, en ramenant au bercail une brebis de telle importance. Il indiqua le P. de Sacy, dont il avait été l'élève et que connaissait aussi le confident le plus intime de la marquise, M. de Soubise. Le P. de Sacy, procureur des missions des Jésuites, était une des rares lumières que cette Compagnie comptât en France, où elle ne produisait plus, depuis quelques années, de grands sujets. Malgré le goût qu'avaient ses confrères pour les conversions retentissantes, ils ne semblent pas avoir accueilli sans défiance l'appel fait au P. de Sacy dans une circonstance aussi délicate. Celui-ci, au reste, mandé à Versailles non pour confesser la marquise, mais pour l'éclairer, dut bientôt indiquer quelles étaient les conditions indispensables d'une réforme sincère. Obligée de donner un premier gage de sa bonne foi, elle dut se rappeler qu'elle était femme mariée et accomplir un acte préliminaire qui lui coûta cruellement : elle écrivit à son mari une lettre de repentir, dont le prêtre fit lui-même le brouillon. M. de Luynes a su que cette démarche, souhaitée de la Reine, fut suggérée à Madame de Pompadour par le P. de Sacy : « Par son conseil, lorsqu'il a été question de la place de dame du palais, elle a écrit à M. d'Étioles pour lui proposer de retourner avec lui, s'il le voulait bien, sinon qu'elle le priait instamment de revenir avec elle et que, dans tous les cas, elle lui demandait non seulement son agrément, mais sa volonté, avant que d'accepter une place de dame du palais qu'on lui offrait. La réponse de M. d'Étioles (qu'on appelle actuellement M. Le Normant) a été qu'il ne pouvait accepter les deux premières propositions, mais qu'il donnait volontiers son consentement pour qu'elle acceptât la place dont elle parlait. » A l'heure même où les familiers ébruitaient cette humiliation si courageuse, on apprit que M. de Machault, dans la crainte que le mari ne fît une réponse un peu vive ou différente de celle qu'on désirait, était allé lui parler à Paris ; ce qu'avait déjà fait M. de Soubise, sans doute pour lui faire entendre qu'il avait assurément toute liberté d'accepter les offres de sa femme, mais que le Roi en pourrait être désobligé. Cette démarche si prudente des amis de la marquise n'était pas sans ôter quelque chose à l'admiration que pouvait inspirer la sienne.

On ne sait si la lettre de M. Le Normant d'Étioles fut obtenue aisément ou non. Le fermier général s'était fait une vie somptueuse et paisible, où le retour de l'épouse infidèle n'eût apporté maintenant aucune consolation aux chagrins passés. La négociation, à laquelle MM. de Soubise et de Machault furent mêlés, fut-elle accompagnée, de son côté, d'un marché quelconque ? Rien ne le prouve, bien que la marquise se fût prêtée à tout, tant elle attachait de prix, pour le moment et pour l'avenir, à ce que le lien conjugal fût desserré par son mari lui-même. Cet obstacle écarté de son chemin, elle se chargeait de venir à bout de tout le reste. Elle écrira volontiers, à propos du souhaitable changement dans la conduite du Roi : « Ce n'est pas de mon côté qu'il faut craindre de mettre des conditions désagréables ; *celle de retourner avec mon mari n'est plus proposable*, puisqu'il a refusé pour jamais, et que par conséquent ma con-

science est fort tranquille à ce sujet; toutes les autres ne me feront aucune peine. »

Il était aisé de prévoir que le bel effort de l'aimable marquise durerait peu. Quelque justice qu'on veuille rendre à ses qualités naturelles, on ne lui trouve pas les dispositions qui amènent les grandes conversions et rendent capables des sacrifices héroïques. Celui que le scandale ancien exigeait était une retraite, au moins momentanée, de la Cour, et c'était le seul qu'elle fût bien décidée à ne pas faire. Elle connaissait trop le Roi et son facile oubli des absents pour commettre cette faute certaine de politique, en vue d'une chose aussi vague à ses yeux que son salut éternel. Le P. de Sacy paraît s'en être rendu compte au bout de peu de temps, et avoir quitté, sans y insister, cette partie difficile. On lui demandait de diriger une dame qui voulait bien assister à des messes, lire des prières et faire des aumônes aux couvents, mais qui entendait ne rien modifier au fond de sa vie ; un prêtre scrupuleux ne pouvait se charger d'une pareille direction. La marquise, blessée, irritée de se voir soupçonner dans des intentions qu'elle croyait peut-être parfaitement pures, ne devait pas le pardonner à ce jésuite, ni aux hommes dont elle voyait l'action derrière ses exigences de casuiste. « La destruction de son ordre en France, conclut Bernis, vient en plus grande partie de ce refus. »

A défaut de régulier, un séculier se trouva, qui, moins informé ou moins difficile, mit à l'aise, un peu plus tard, la conscience de la jolie pénitente. Il faut écouter le récit qu'elle en fait, dans sa relation secrète destinée à faire connaître en cour de Rome les menées ténébreuses des Pères et le tort que leurs confesseurs faisaient à l'âme du Roi même : « Malgré la patience extrême dont j'avais fait usage... avec le P. de Sacy, mon cœur n'en était pas moins déchiré de ma situation. J'en parlai à un honnête homme en qui j'avais confiance : il en fut touché, et il chercha les moyens de la faire cesser. Un abbé de ses amis, aussi savant qu'intelligent, exposa ma position à un homme fait ainsi que lui pour la juger; ils pensèrent l'un et l'autre que ma conduite ne méritait pas la peine que l'on me faisait éprouver. En conséquence, mon confesseur, après un temps d'épreuves assez long, a fait cesser cette injustice en me permettant d'approcher des sacrements, et, quoique je sente quelque peine du secret qu'il faut garder pour éviter des noirceurs à mon confesseur, c'est cependant une grande consolation pour mon âme... » Le nom qui donne tout son piquant à ce récit, Bernis nous le révèle. Le confesseur de la marquise lui fut procuré par le lieutenant de police, un de ses confidents les plus intimes et lui-même quelque peu abbé : il avait toutes qualités pour connaître à fond le clergé facile et y découvrir l'homme conciliant : « M. Berryer, raconte le cardinal, lui choisit un confesseur, qui la trouva en état de faire ses Pâques sans exiger de renoncer à la société du Roi et par conséquent sans la réparation du scandale. »

Les accommodements avec le ciel n'étaient point du goût de Bernis, qui nous fait entendre, avec son expérience d'homme d'Église et l'autorité de ses souvenirs personnels, ce qu'il faut penser exactement de la conversion éphémère de Madame de Pompadour : « Elle me fit part un jour de cette pieuse intrigue, en s'excusant de me l'avoir cachée. J'eus le courage de lui dire que cette comédie n'en imposait à personne; qu'elle passerait pour fausse et hypocrite; que, n'étant pas touchée dans le cœur, la dévotion finirait bientôt par l'ennuyer; qu'elle se donnerait un ridicule en prenant l'état de dévote, et un plus grand encore en le quittant par ennui. Ma prédiction ne lui plut pas; mais elle s'exécuta à la lettre peu de temps après le retour du duc de Choiseul. »

Ainsi se dénoua, en effet, au bout de trois années, cette comédie sérieuse où l'héroïne avait sincèrement souhaité mettre ses sentiments d'accord avec le rôle qu'elle s'était imposé pour le monde. Une explication bien simple de ce retour à la vie passée se trouverait dans le caractère qu'on a presque toujours donné aux assiduités d'un ministre auprès d'une protectrice encore belle. Si Madame de Pompadour avait accordé des droits sur son cœur à l'irrésistible Choiseul, il était naturel qu'elle s'éloignât elle-même de toute pratique religieuse. Mais rien n'est moins prouvé que cette liaison, invraisemblable à beaucoup d'égards, et dont le Roi aurait eu à prendre, dans les choses du gouvernement, d'étranges ombrages. Le changement survenu dans la religion de la marquise n'a rien à voir avec ses mœurs. Cette transition, en tout cas, fut moins sensible et moins remarquée que n'avait été la première ; personne ne s'aperçut, après l'abandon progressif des actes extérieurs, qu'on retournait peu à peu aux façons de jadis et que la marquise déposait, cette fois pour toujours, les coiffes de Madame de Maintenon.

La « conversion » de Madame de Pompadour avait établi, dans la vie royale, une décence extérieure désormais irréprochable. On avait supprimé l'escalier et muré le passage qui descendait des Cabinets du Roi au petit cabinet de laque rouge ; quand le Roi venait, il était obligé de traverser, comme tout le monde, la pièce de compagnie. Ces arrangements survécurent aux années où la marquise tenta de réformer l'ensemble de ses habitudes. Elle vivait alors dans une demi-retraite, que ses goûts devenus sévères et aussi l'état de sa santé lui imposaient. Elle ne paraissait plus aux spectacles ; il n'y avait plus de toilette ; on ne la pouvait voir que le mardi ou, pour les familiers des Cabinets, au souper du Roi. Mais sa brillante parure, sa causerie toujours animée, son insistance à grouper le cercle autour d'elle, montraient assez clairement qu'elle ne se retirait de rien et qu'il lui plaisait de régner encore. M. de Croÿ la peint dans les divers cadres où se fait goûter sa beauté mûrissante : « Madame de Pompadour devant avoir parlé au Roi pour me faire souper sans chasser (comme étant plus occupé à travailler pour son service), je me présentai à l'ordre... Il y avait un monde affreux et bien des chasseurs ; je fus appelé, et nous nous trouvâmes trente-trois au souper ; il fallut deux petites tables... Je remarquai que la marquise était à l'ordinaire, auprès du Roi, fort parée et, comme à l'ordinaire, fort gaie. L'on ne s'apercevait d'aucun changement dans l'extérieur, hors que c'était un samedi et qu'elle faisait maigre. On soupait alors dans une nouvelle salle à manger de niveau à l'appartement du Roi, et l'on se tenait dans son dernier cabinet, qui faisait le bout de la petite galerie, et contre son dernier arrière-cabinet qui était ouvert, et où on voyait son bureau et tous ses répertoires et catalogues sur tous les états et grades ou charges, et tout rempli de livres et d'instruments, surtout la belle pendule [de Caffiéri]. Il y avait aussi de belles fleurs. J'aurais bien voulu fouiller dans tout cela quelques heures. Mes connaissances dans les arbustes, qui étaient ma folie du jour, me servirent : on en parla et je me trouvai fort libre et badinant avec la marquise... Un mardi, seul jour où on la voyait, j'allai chez la marquise après la réception des ambassadeurs. Je la trouvai à son métier (c'était le second mardi comme cela); il avait succédé à la toilette. D'ailleurs, elle était parée en diamants, et encore fort jolie et engraissée. Elle parut gaie, et, à son ordinaire, badina beaucoup. »

Elle a déjà, à ces audiences, l'attitude que Drouais lui donnera quelques années plus tard, dans le dernier portrait qui sera fait d'elle : on la voit à son métier de broderie, en toilette d'intérieur à fins ramages, piquant, tout en causant, le poinçon dans le satin. Derrière elle est un meuble à livres, et son carlin noir, dressé sur un tabouret, la regarde travailler. La marquise compte alors quarante et un ans ; le menton alourdit un peu le visage, qui garde cependant toute sa distinction bourgeoise et qu'encadre une fanchon de dentelle blanche. Les yeux se dirigent bien en face, brillants d'intelligence et de bon sens, et font songer, il faut bien le reconnaître, aux yeux prudents et enchanteurs de l'autre marquise.

Le 5 janvier 1757, à six heures du soir, le Roi, sortant de son appartement de Versailles, pour retourner avec le Dauphin à Trianon, où était la Cour, se disposait à monter en carrosse devant la petite salle des Gardes. Le cérémonial ordinaire s'accomplissait : les gardes du corps faisaient la haie ; les huissiers portaient les flambeaux et les lumières éblouissaient. Le Premier gentilhomme en année, M. de Richelieu, accompagnait le Roi, qui s'appuyait sur le duc d'Ayen. Au moment où l'on descend la dernière marche du perron, un homme s'élance entre deux gardes, les bouscule, frappe le Roi par derrière de toute sa force et rentre par la trouée qu'il a faite, son chapeau sur la tête, sans que personne ait vu le coup ni distingué le meurtrier. « Duc d'Ayen, dit le Roi, on vient de me donner un coup de poing » ; mais il porte la main derrière lui et la retire pleine de sang. Un valet de pied, qui tient la portière, voit l'habit ensanglanté et crie : « Le Roi est blessé! » Des gardes courent à l'homme et lui sautent au collet. « Qu'on l'arrête, dit le Roi, et qu'on ne le tue pas », et, comme on l'entoure pour le porter, il ajoute : « Non, j'ai encore la force de monter », et il remonte, en effet, toujours très calme, son petit escalier. Arrivé dans la chambre, il perd beaucoup de sang, s'affaiblit, se croit frappé à mort : « Je n'en reviendrai pas », dit-il, et il demande à plusieurs reprises confesseur et chirurgien.

La tête tournait à tout le monde. La maison étant à Trianon, le blessé manquait des objets les plus nécessaires ; il n'y avait pas même de draps dans son lit, ni de chemise, et l'on ne put lui donner qu'un peignoir. « Le Roi se trouva mal et crut qu'il mourait ; il pressa pour un confesseur. L'aumônier de quartier arriva ; il se confessa à la hâte et demanda instamment l'absolution, sous condition et promesse de se confesser plus amplement et mieux s'il en avait le temps. On la lui donna donc... La Martinière, qui était à Trianon, arriva enfin. Il sonda la plaie et dit qu'elle n'était pas profonde, et qu'il ne la croyait pas dangereuse. Mais l'idée vint à tout le monde et au Roi que le poignard était empoisonné. Cela redoubla l'inquiétude. Mesdames arrivèrent au bruit, et trouvant le Roi blessé, baignant dans son sang, elles s'évanouirent autour du lit... M. le Dauphin était tout en pleurs, mais, conservant sa présence d'esprit, donnait ordre à tout. La Reine arriva, et crut que ce n'était qu'une colique ; mais, voyant le sang, elle se trouva mal aussi. »

Il n'y avait dans la chambre, avec le service et les chirurgiens, que la Famille royale, le maréchal de Belle-Isle et M. d'Argenson. Plusieurs autres ministres, qui n'avaient pas les grandes entrées, MM. de Paulmy, de Duras, de Bernis, causaient à voix basse dans le cabinet du Roi. La pièce était remplie d'habits noirs de la Faculté et de prêtres en surplis ; les saintes huiles étaient sur la table. Chacun maniait, sur la cheminée, le canif à deux lames dont l'assassin avait frappé le Roi. On disait que cet homme mystérieux venait d'être mis à la question dans la salle des Gardes et refusait de dire ses complices. Personne n'osait donner un ordre. Enfin, le Dauphin sortit de la chambre et demanda si ces Messieurs jugeaient nécessaire d'assembler le Conseil. « Sans doute, Monseigneur, répondit M. de Bernis ; jamais il n'a été plus indispensable de l'appeler. » Le prince rentra prendre les ordres de son père et fit avertir les ministres absents par M. de Richelieu.

Le Roi voulait encore se confesser. Tandis qu'on cherchait le confesseur en titre, l'abbé Soldini, aumônier du Grand-Commun, entendit le malade, qui recommença une troisième fois à l'arrivée du P. Desmarets. Ils restèrent ensemble une demi-heure, puis, la chambre ouverte, le Roi fit, devant tout le monde, une espèce d'amende honorable, « demandant pardon à ses enfants du scandale qu'il avait pu leur donner et à la Reine des torts qu'il avait eus envers elle. Il dit à M. le Dauphin qu'il allait régner et que le royaume serait en bonnes mains. Tous fondaient en larmes. » Vers minuit, on leva l'appareil : la blessure n'avait aucun aspect d'empoisonnement. Les esprits commencèrent à se tranquilliser, le Roi à se calmer, et toutes les pensées se dirigèrent vers Madame de Pompadour.

Dès la première minute, on avait songé à elle autant qu'à l'accident du Roi. « S'en ira-t-elle ? La renverra-t-on ? » Sitôt la confession faite, les apparences furent pour le renvoi ; ses partisans, ses obligés la plaignaient, mais prudemment, et beaucoup se demandaient s'ils devaient descendre chez elle. Ses vrais amis ne lui manquaient point. Elle était revenue de Trianon, plus anxieuse que personne, et on venait à chaque instant lui donner des nouvelles. Toute la nuit se passa en pleurs et en évanouissements. Ceux qui l'aimaient la regardaient avec compassion ; les autres n'étaient là que pour la voir souffrir et se donner ensuite le plaisir de raconter. « Son appartement était comme une église, où tout le monde croyait avoir le droit d'entrer. On venait voir la mine qu'elle faisait sous prétexte d'intérêt. » Le médecin Quesnay ne la quittait pas ; Madame de Brancas et des ministres vinrent plusieurs fois. Mais l'ami le plus fidèle fut Bernis, qui ne sortait de chez elle que pour aller chez le Roi. Leur premier entretien avait éclairci, par des paroles décisives, une situation fort compli-

LE DUC DE BOURGOGNE, PETIT-FILS DU ROI LOUIS XV

Portrait peint par Nattier

Musée de Versailles.

quée : « Elle se jeta dans mes bras, raconte Bernis, avec des cris et des sanglots qui auraient attendri ses ennemis même, si des courtisans pouvaient être touchés. Je la priai avec fermeté de rassembler toutes les forces de son âme, de s'attendre à tout et de se soumettre à la Providence, lui ajoutant qu'elle ne se livrât point à des conseils timides ; qu'amie du Roi, et n'étant plus sa maîtresse depuis plusieurs années, elle devait attendre ses ordres pour s'éloigner de la Cour ; qu'étant dépositaire des secrets de l'État, des lettres de Sa Majesté, elle ne pouvait disposer de sa personne. »

Des avis aussi fermes sont nécessaires, car la faiblesse de la femme se révèle dans cette crise. Elle flotte, les premiers jours, à toutes les impressions. La visite du garde des sceaux la met au désespoir ; cet ami qu'elle croyait sûr, M. de Machault, s'est renfermé dans son laconisme et son air froid, sans aucun élan, aucun encouragement pour elle ; il lui a laissé un doute affreux sur les sentiments du Roi. Dès qu'il est sorti, elle a une attaque de nerfs. « Il faut que je m'en aille », gémit-elle. Elle a la force de donner l'ordre de préparer son hôtel de Paris, de dire à ses gens de se tenir prêts à partir, et de faire apporter les malles dans sa chambre. Elle ferme sa porte, sauf aux intimes et aux ministres. Heureusement ses amis la conseillent : elle voit Mesdames de Brancas et de Mirepoix, MM. de Soubise et de Gontaut, et surtout Bernis, qui vient vingt fois le jour. Tous la supplient d'attendre, la blâment et la rassurent. Marigny intervient aussi : « Elle sert ses ennemis, en quittant Versailles. Qui quitte la partie la perd. » La marquise se décide à faire une autre figure. Les larmes sont essuyées, les malles renvoyées, la porte ouverte de nouveau. Cinq jours après l'attentat, la santé du malade étant excellente, elle reçoit les ambassadeurs, reprend ses soupers de dame du palais ; elle affecte aux yeux de tous une tranquillité qui n'est pas au fond de son âme, car le Roi ne lui a pas encore donné signe de vie.

Pendant les onze jours qu'il a gardé la chambre, il a laissé sans message, sans nouvelle, l'amie que ce silence torture à quelques pas de lui. Pas une fois, dans une conversation, il ne montre qu'il pense à elle.

Observé par toute sa famille, par la Cour entière, absorbé par ses réflexions noires, il rêve de longues heures dans son lit, l'imagination remplie du terrible événement. Quand La Martinière a sondé la plaie et a dit qu'elle n'était pas profonde : « Elle l'est plus que vous ne le croyez, a répondu le Roi, car elle va jusqu'au cœur. » Ce n'est qu'un fanatique isolé, cet homme obscur, ce Damiens, dont le procès vient de commencer et de qui Louis XV, sans jamais l'oublier, ne parlera plus; mais son poignard est venu accomplir les menaces qu'annonçaient depuis longtemps les pamphlets, les lettres sans signature, les papiers jetés dans l'Œil-de-Bœuf. Il y a là matière à méditer longtemps, et peut-être la méditation est-elle allée jusqu'à sacrifier la marquise.

Les premiers jours, les ennemis de Madame de Pompadour criaient partout qu'elle allait partir. On en avait persuadé le Dauphin, la Reine, les princesses. Toutes les communications intérieures lui étaient fermées et M. de Richelieu avait fait comprendre à Marigny lui-même, qui venait aux nouvelles, que sa place n'était plus dans le cabinet du Roi. Les vieilles animosités de la Famille royale s'étaient réveillées, avec le trouble jeté dans les cœurs par cet assassinat, qui semblait un châtiment du ciel. On avait espéré que l'ancienne maîtresse se déciderait au départ volontaire ; on avait tenté de le lui faire conseiller ; mais nul de ses amis ne fut disposé à transmettre ce charitable avis. Le Roi cependant, toujours triste et taciturne, ne soufflait mot de la marquise, et ses intentions restaient ignorées. Il commençait à se lever et paraissait dans son cabinet, choisissant le temps où il y avait le moins de monde. Mesdames, le Dauphin et la Dauphine lui faisaient leur cour, avant et après la messe ; quand il était fatigué, sur un signe, chacun de ses enfants s'avançait, lui baisait la main, se faisait embrasser et sortait avec sa suite, qui passait devant le Roi pour la révérence.

« Un jour, raconte Dufort de Cheverny, il était près de deux heures et le cabinet presque vide, tous ayant pris congé... Le Roi avait sa robe de chambre, son bonnet de nuit, et à la main une canne sur laquelle il s'appuyait légèrement. Tantôt il regardait par la fenêtre, tantôt il s'arrêtait et rêvait.

Le Dauphin, à qui le Roi ne faisait pas signe de s'en aller, causait avec le marquis du Muy; la Dauphine n'osait prendre congé. Enfin le Roi, sûr que tout le monde est à dîner, fait le signal du départ à la Dauphine, qui s'avance, le salue à l'ordinaire et s'en va. Elle était accompagnée de plusieurs dames, entre autres de la duchesse de Brancas, surnommée, à cause de sa taille, la Grande; le Roi, qui la connaissait particulièrement, parce qu'elle allait souvent chez la marquise, s'avance vers elle lorsqu'elle s'en allait, et lui dit : « Restez un moment. » Le Dauphin regarde. Le Roi dit à Madame de Brancas : « Donnez-moi votre mantelet. » Elle le détache et le lui donne : il le place sur ses épaules, fait un tour dans le cabinet sans rien dire, après l'avoir saluée, et s'en va. Il s'achemine à l'instant du côté de l'intérieur. Le Dauphin, accoutumé à le suivre, s'avance. Il n'est pas à moitié de la pièce que le Roi se retourne et lui dit : « Ne me suivez pas ! » Nous voyons la manœuvre et entendons le propos. Le Dauphin obéit et se rend à l'instant chez lui pour dîner. Fontanieu et Champcenetz se disent : « La chose est trop intéressante pour dîner »; j'en dis autant. M. de Maillebois arrive; on lui conte tout, et nous voilà tous les quatre à attendre. Le Roi revient entre les trois et quatre heures. Ce n'était plus le même homme. Au lieu d'un regard triste et sévère, son air était calme, son regard agréable; il avait le sourire sur les lèvres et causait sans humeur. Il nous adressa la parole à tous, fit des plaisanteries sur le mantelet dont il s'était affublé et nous quitta en disant qu'il allait dîner et qu'il nous exhortait à en faire autant. Il rentra; nous n'eûmes pas de peine à deviner qu'il avait été faire une visite à Madame de Pompadour. Une seule conversation d'une amie, intéressée à sa conservation plus que personne de son royaume, avait guéri son esprit plus malade que tout le reste. »

Le soir le Roi s'habilla; le lendemain les soupers des Petits Appartements recommencèrent, puis la chasse. Les journées reprirent comme si rien de tragique ne s'était passé. Madame de Pompadour, une fois de plus, avait eu le secret d'effacer les impressions noires de l'esprit du Roi : « On s'était attaché indirectement à lui prouver que c'était à lui personnellement qu'on en voulait, que c'était peut-être une haine, une conspiration qui tenait aux prêtres et qu'il fomentait par son indifférence. Madame de Pompadour avait fait tout le contraire; elle lui avait montré que Damiens était un scélérat, fou et enragé, et qu'il n'y avait aucune conspiration. Elle lui fit voir l'alarme générale qui s'était produite dans le royaume, et combien tous les Parlements avaient détesté cette action. Elle lui avait dit que cet accident le mettait à l'abri de tout autre pareil, par le sentiment d'effroi général et par l'attachement que ses peuples lui avaient montré. » Ainsi elle trouvait l'occasion de reprendre son pouvoir tout entier, en faisant œuvre de douceur et de bonté. Elle ne laissait sans doute ignorer au Roi qu'une chose, le supplice qu'elle avait souffert en doutant de lui. Lui-même oubliait que, pendant ces longs jours d'incertitude, il l'avait laissée sur la roue : « Il faut convenir, dit Bernis, que, si la marquise avait été bien gâtée par la fortune, si elle s'était trop familiarisée avec la toute-puissance et la grandeur suprême, elle eut bien le temps pendant onze jours de rentrer dans son néant. Mais le péril passé, ses réflexions s'évanouirent; elle se rassit sur le trône avec autant d'assurance et peut-être plus qu'auparavant. »

L'attentat de Damiens servit la marquise, comme tout, jusqu'à ce jour, l'avait servie. A peine deux semaines après le rétablissement du Roi, c'était à ses ennemis de trembler. Elle se vengeait de ses anxiétés, des transes qu'elle avait cachées, des faiblesses qu'on avait surprises. M. de Machault, qui s'était montré ami peu solide, était renvoyé, sans dureté toutefois; le Roi, qui l'estimait, lui conservait son traitement et ses honneurs. Le même jour, à la même heure, son rival dans le conseil, M. d'Argenson, recevait une des lettres de cachet les plus dures qu'eût écrites le maître. Personne ne s'attendait à cette double exécution. Le 1er février, raconte Cheverny, « j'étais dans le cabinet. Champcenetz s'approcha de moi et me dit : « *Le petit saint* (c'était le comte de Saint-Florentin) a de la besogne; « il est chez le Garde des Sceaux depuis deux heures. » Fontanieu dit à son tour : « La besogne est faite; je l'ai vu aller chez M. d'Argenson lui en « rendre compte et de là chez Madame de Pompadour. » Personne autre ne savait rien; arrive M. de Maillebois, l'air assez intrigué, enfin La Martinière

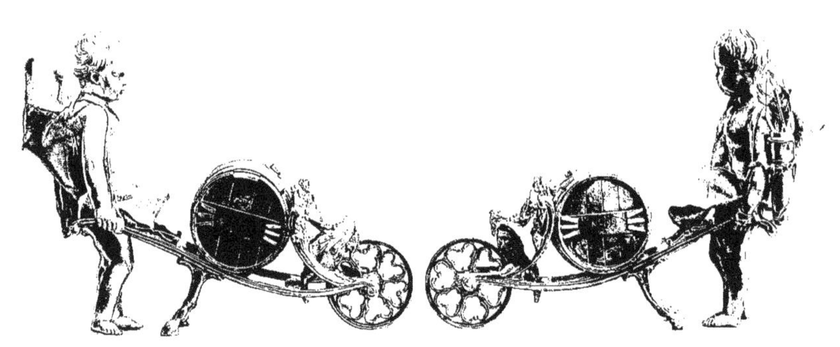

qui nous dit : « M. de Machault est congédié, et aussi M. d'Argenson; c'est « fini. » M. d'Argenson, prévenu que M. de Machault allait être envoyé en exil, regardait par la fenêtre de son cabinet M. de Saint-Florentin faire son message. Lorsqu'il le vit remonter dans sa chaise et prendre le chemin de chez lui, il crut que c'était pour le charger par intérim de sa place. Mais M. de Saint-Florentin vint lui faire le même compliment de la part du Roi. Ceci ne fut pas long; toutes les fenêtres et portes furent fermées, et l'un et l'autre partirent pour Paris, et ensuite pour le lieu de l'exil. » Le grief qui faisait tomber du pouvoir, chasser, exiler d'Argenson, était le même que celui qui avait renversé Maurepas. Il avait ménagé, disait-on, les auteurs des placards séditieux; il avait toléré ces désordres pour intimider le Roi et lui faire croire que, tant qu'il ne renverrait pas la marquise, les poignards seraient levés contre lui. Madame de Pompadour, en reprenant son empire et en changeant les idées du Roi, avait pu aisément lui persuader que ces excitations artificielles avaient fait germer la folie d'un assassin.

Comment supposer qu'après de tels épisodes, la marquise pût encore se trouver menacée gravement et eût de nouveau à se défendre? Quelques mois plus tard lui fut livré un dernier assaut, et l'attaque vint sur le cœur du Roi par le côté où il était vulnérable. Après un repentir éphémère, les coupables habitudes l'avaient ressaisi. On avait démeublé, quelques jours après l'attentat de Damiens, les deux chambres secrètes dans le Château, mais le petit pavillon du Parc-aux-Cerfs n'était point fermé. On pouvait donc reprendre le Roi, et les ambitions de Cour reparurent. Ce fut l'heure de la marquise de Coislin, moins fameuse que Madame de Choiseul-Romanet dans le règne de Madame de Pompadour, mais qui fut une rivale autrement redoutable. Fille du comte de Rubempré, de la maison de Mailly, veuve sans enfants d'un officier général de grand mérite, elle avait la beauté des traits, la fraîcheur du teint, la taille, l'esprit de conversation, éclipsait toutes les femmes et retenait tous les hommes; on pouvait espérer d'elle, pour peu que les circonstances l'aidassent, une autre Madame de Châteauroux, et la maison d'où elle sortait attendait hardiment ce nouveau lustre. Désignée au choix du Roi et rapprochée de lui par sa naissance, elle avait un sérieux appui du côté de la politique : le prince de Conti, le seul prince du sang brouillé avec Madame de Pompadour, avait besoin d'une telle femme pour collaborer à ses desseins et le servir dans son rêve d'élection au trône de Pologne. Le difficile n'était point de piquer le goût royal, mais de le faire assez durer pour que l'escalier de l'amie fût abandonné, et qu'une « maîtresse de qualité » obtînt une fois encore la déclaration. Un premier essai ne dura guère : Madame de Coislin avait importuné le Roi par des demandes d'argent et ces grands airs qu'il ne pouvait souffrir; mais, un peu plus tard, la galanterie fut reprise et ce retour parut marquer le triomphe du parti.

Un soir, à Marly, les femmes de la marquise la voient rentrer dans un trouble extrême. Elle sort du salon, où vient de finir le jeu du Roi. Elle jette son manchon, son manteau, se déshabille fiévreusement, et, quand elle n'a plus auprès d'elle que la fidèle Du Hausset, son secret lui échappe : « Non! Je ne crois pas qu'il y ait rien de si insolent que cette Madame de Coislin! Je me suis trouvée ce soir au jeu à une table de brelan avec elle, et vous ne pouvez imaginer ce que j'ai souffert. Les hommes et les femmes semblaient se relayer pour nous examiner. Madame de Coislin a dit deux ou trois fois en me regardant : « Va tout ! » de la manière la plus insultante, et j'ai cru me trouver mal quand elle a dit, du ton le plus triomphant : « J'ai brelan de rois ! — Et le Roi ? dit la Du Hausset, lui a-t-il fait ses belles mines ? — Vous ne le connaissez pas, ma bonne : s'il devait la mettre ce soir dans mon appartement, il la traiterait froidement devant le monde et me traiterait avec la plus grande amitié. Telle a été son éducation, car il est bon par lui-même et ouvert. » Madame de Pompadour sait mieux que personne ce trait du caractère du Roi; elle l'a observé de près, lors de l'exil de Maurepas, du renvoi de Madame d'Estrades, et tout récemment encore, dans l'affaire du comte d'Argenson. Ces grands familiers du maître, qu'il traitait en amis jusqu'à la fin, seule dans la confidence, elle les savait condamnés, détruits, prêts à disparaître, sans qu'aucun signe avant-coureur les eût avertis. Cette fois une anxiété insupportable la ronge elle-même ; elle n'y tient plus ;

elle écrit au Roi, lui demandant la permission de se retirer de la Cour et pense être prise au mot. Comblée de dignités, dame du palais de la Reine, sa vie assurée par les libéralités du Roi, mêlée depuis deux ans aux négociations diplomatiques les plus secrètes, elle peut faire encore une honorable retraite, pourvu qu'elle en ait l'initiative et n'attende point la disgrâce.

C'est encore l'ami des premiers jours, Bernis, qui lui rend le service de l'arracher à son propre dépit. La voyant triste dans son cabinet, il n'a pas de peine à obtenir la confidence de sa démarche. Elle attend, dit-elle, d'un moment à l'autre, la réponse du Roi, et la consolation qu'elle a, en quittant la Cour, c'est de laisser auprès de lui un ministre honnête homme, éclairé, et qui demeurera attaché à sa bienfaitrice. Bernis ne s'attendait point à ces révélations et à de telles extrémités : « Madame, s'écrie-t-il en se levant, j'ai peine à maîtriser mon émotion; mais ce n'est pas ainsi qu'un ministre d'État doit prouver ses sentiments. — Qu'allez-vous faire ? dit la marquise en le retenant. J'exige que vous me disiez votre projet ! — Je vais écrire au Roi, Madame, lui représenter combien une nouvelle maîtresse affichée nuira à sa réputation, à ses affaires, et donnera d'ombrage à la cour de Vienne qui, pour son alliance avec lui, s'est adressée à vous; de plus, je déclarerai que je ne travaillerai certainement pas avec une autre femme, qui n'aurait sur moi aucun des droits de l'amitié et de la reconnaissance. Si le Roi persiste à déclarer une nouvelle maîtresse, je le supplierai de me permettre de me retirer. » La marquise trembla de cette résolution, qui pouvait tourner fort mal pour l'abbé; mais elle le trouva décidé, ayant fait ses calculs, sûr qu'il était d'une disgrâce prochaine, si Madame de Coislin l'emportait. Elle le laissa écrire au Roi, vit sa lettre, se montra émue des sentiments courageux qu'il y exprimait pour elle, demanda pourtant qu'elle ne fût point remise. « Je la cachetai à l'instant, raconte Bernis, et comme le Roi entra chez la marquise un moment après, j'attendis que Sa Majesté s'en retournât pour la suivre et lui remettre ma lettre, en la suppliant d'y faire grande attention et une prompte réponse. Cette réponse ne tarda pas. Le Roi me la remit lui-même le lendemain, et je la portai toute cachetée à la marquise. Le Roi m'y parlait avec la plus grande bonté et franchise; il détaillait les qualités de la marquise et ses défauts, et me promettait de renoncer au goût qu'il avait pour sa rivale, parce qu'il en sentait le danger pour ses affaires et pour sa réputation. »

Ainsi Madame de Pompadour fut sauvée une fois de plus. Bernis ne savait point que Lebel, qui préférait l'ancienne maîtresse à la nouvelle, joua son rôle en cette affaire; hasard ou dessein, il avait, à ce moment même, préparé pour son maître « une petite sultane » particulièrement séduisante et propre à le refroidir pour « l'altière Vasti ». Ce détail, que la marquise n'ignora point, car elle était informée de tout, n'enlève rien à la délicatesse de l'acte de Bernis et fort peu sans doute à la part qui lui revient dans la détermination de Louis XV. Le Roi, même dans son désordre, avait du bon sens, cherchait le bien et acceptait qu'on le lui fît voir. Les serviteurs éprouvés, et qui savaient s'y prendre, pouvaient lui parler avec franchise. Moins sereine que son royal ami et supportant moins les contradictions, Madame de Pompadour ne sut pas apprécier jusqu'à la fin, dans son « précepteur » d'Étioles, un dévouement fidèle et avisé, qui jamais ne lui avait manqué : dix mois après l'aventure qu'il nous raconte, la marquise, le trouvant trop indépendant, et le jugeant assez payé du chapeau de cardinal, lui faisait retirer le ministère et le sacrifiait à son engouement pour le duc de Choiseul.

C'est dans la politique que Madame de Pompadour, désarmée de son premier prestige, avait cherché depuis quelques années les assurances définitives de son pouvoir. L'étude et le maniement des affaires, qui l'ennuyaient autrefois et où elle se reconnaissait incapable, l'avaient intéressée peu à peu, et elle s'était figuré bientôt qu'elle devait, par les talents de son esprit, rendre des services au Roi et au royaume. L'usage qu'elle faisait de son influence sur Louis XV était-il aussi fâcheux qu'on le croit? Procédait-elle, comme autrefois, par flatterie ou bien par conseil indépendant et vraiment dévoué? Nous ignorons le secret de leurs conversations nouvelles et, suivant l'idée qu'on se fait de la marquise, on peut les imaginer différentes.

Toutefois, s'il est équitable de juger la valeur morale des actes, moins sur leurs résultats que d'après les intentions qui les dirigent, on reconnaîtra que Madame de Pompadour voulait, à sa façon, le bien de la France, et que, dans ce pays qui ne pouvait se mouvoir alors que par l'autorité royale, elle sentait fort clairement la nécessité d'en restaurer les ressorts.

Alors qu'il revenait de son ambassade à Venise, l'abbé de Bernis a vu des lettres qu'adressait régulièrement la marquise au Roi et qui lui ont paru « admirables » : « A l'égard des lettres que Madame de Pompadour écrivait pour le bien des affaires, je n'aurais jamais cru qu'elle eût dit la vérité au Roi avec tant d'énergie et même d'éloquence. *Je l'en aimai mieux et l'en estimai davantage.* Je l'exhortai à ne pas affaiblir son style, et à continuer à dire la vérité avec force et courage. » Il s'agissait surtout, à cette époque, des affaires intérieures et de la défense de l'institution monarchique contre les empiétements des parlementaires. Louis XV n'était pas inconscient du péril qui s'annonçait, mais il se croyait démuni d'armes efficaces. Que de fois ses causeries avec la marquise, qu'on croyait remplies par la futilité et l'intrigue, roulèrent sur les graves sujets des affaires ecclésiastiques ou judiciaires ! Que d'heures longues et inquiètes furent employées, avec Bernis et plus tard Choiseul, à examiner les moyens qui restaient pour couper court aux tentatives de révolte et maintenir intact le pouvoir royal ! Madame de Pompadour s'était mise au courant d'une foule de questions que les femmes de son temps n'abordaient pas. Elle lisait, causait, s'informait de tout, donnait, au besoin, audience à un magistrat rebelle et lui parlait un vrai langage royal, dont le fond solide et le ton ferme l'émerveillaient. Tout cela n'aboutissait, il est vrai, qu'à la faire haïr davantage de ceux qui ne l'approchaient point. Le meilleur service qu'elle rendait au Roi était de combattre, par une contradiction vive et constante, le découragement qui envahissait le souverain. Trop intelligent pour ne pas voir le déchet de son autorité, trop indécis pour prendre les mesures d'énergie qu'imposait le mal grandissant, il se réconfortait à sa façon dans ses entretiens avec elle : « Eh ! bien, oui, vous avez raison, disait-il en la quittant. Je crois bien que, tant que je vivrai, je resterai toujours à peu près le maître de faire ce que je voudrai ; mais, ma foi, après moi, M. le duc de Bourgogne n'a qu'à bien se tenir! » Les prétentions des Parlements, où soufflait, comme disait encore le Roi, « l'esprit républicain », étaient une des causes du désarroi général des affaires, et l'on serait sans doute près de la vérité en leur attribuant plus d'importance, dans le mal dont souffrait la monarchie, qu'à l'action toujours limitée d'une femme.

L'influence de Madame de Pompadour sur la politique extérieure du royaume paraît avoir été plus grande, et ce n'est pas sans étonnement qu'on voit la jolie Madame d'Étioles devenir l'inspiratrice des diplomates. On peut savoir exactement comment et à quel moment elle se plia à un rôle aussi contraire à ses goûts et aussi peu d'accord avec ses aptitudes. Une lettre secrète à Frédéric II, écrite en mars 1751 par son envoyé Chambrier, nous apprend la date et l'occasion, née des instances de M. de Puisieux : « Ce que j'ai appris tout récemment est que le marquis de Puisieux a commencé de travailler avec le roi de France en présence de la marquise de Pompadour, en suite de la représentation qu'il a faite à ce prince, après s'être concerté apparemment avec cette maîtresse, qu'il était du bien de son service qu'elle fût présente au travail qu'il aurait l'honneur de faire avec lui. Le marquis de Puisieux a cru, sans doute, qu'il fallait qu'il se liât avec la marquise de Pompadour, en la mettant pour ainsi dire de moitié dans les affaires politiques, pour faire reprendre au Roi, son maître, des sentiments plus favorables pour lui, et la marquise, de son côté, en aura été charmée vraisemblablement pour se faire plus valoir dans l'esprit du roi de France, *en lui développant des talents dont il ne l'a pas crue capable jusqu'à présent*. La voilà donc à portée de prendre connaissance des plus grandes affaires. Je ne sais pas si elle avait déjà su sur cela quelque chose, il y a quelque temps ; mais ce que je sais bien est que, comme je suis sa plus ancienne connaissance parmi les ministres étrangers, elle me fit des agaceries, *dans le dernier voyage à Fontainebleau* [novembre 1750], sur ce qu'elle ne me voyait pas souvent. Peut-être se proposait-elle déjà alors de tâcher de se mêler dans la politique, et que, comme Votre Majesté est l'allié le plus considérable du roi de France, elle voulait se préparer une route, en me voyant, qui pût favoriser son dessein. Je ne sais pas si c'est elle qui l'a conçu ou si quelqu'un le lui a inspiré, *mais elle l'avait cru au-dessus de ses forces;* et, si elle paraît penser différemment aujourd'hui, c'est qu'elle aura peut-être réfléchi par elle-même, ou par d'autres, qu'il fallait qu'elle se rendît nécessaire au roi de France par ses intérêts les plus importants, *pour suppléer au besoin qu'il n'avait plus si fortement de sa personne* pour son aisance, et qu'en l'attachant à elle de cette manière, il lui serait plus difficile de la renvoyer, quand il voudra sincèrement écouter son confesseur. » Voilà, démêlée d'une main assez experte, l'origine de l'effort que s'imposa Madame de Pompadour; il est piquant que la chronique de son abandon, celle dont nous avons fixé le témoignage en l'année 1750, concorde aussi bien avec ces renseignements de diplomate. Nous savons maintenant, à n'en pas douter, comment il advint que la politique dut remplir, durant la seconde partie de sa vie, le vide laissé par l'amour.

Le chemin inattendu que prenait la marquise ne devait pas servir, comme Chambrier le voulait croire, à la rapprocher du roi de Prusse. L'œuvre principale à laquelle elle allait collaborer, dans les affaires extérieures, devait être, au contraire, le renversement des alliances françaises. Éclairée sur la duplicité de Frédéric II, habilement flattée et sollicitée par le prince de Kaunitz, ambassadeur de l'impératrice Marie-Thérèse, elle pousse le Roi à se séparer de son allié prussien, l'incite d'abord à l'alliance saxonne, puis à l'étonnante alliance autrichienne. C'est elle qui lui fait entendre la première les intentions de la cour de Vienne; c'est elle qui suggère, pour aboucher un représentant officieux avec le comte de Stahremberg, le choix de Bernis, ambassadeur nommé en Espagne, qui y gagne de rester en France et d'entrer au Conseil; c'est en sa présence qu'a lieu la première entrevue confidentielle entre Stahremberg et Bernis, le 3 septembre 1755, et c'est même chez elle, dans son pavillon de Babiole, en bas de la terrasse de Bellevue, que sont échangées les mystérieuses paroles. Toute la négociation secrète avec l'impératrice pour l'accord des deux puissances sur les articles du traité de garantie, se trouve menée sous les auspices de la marquise, et quand les ministres en sont instruits, deux mois plus tard, ils s'aperçoivent avec stupéfaction que le vrai secrétaire d'État des Affaires étrangères a été Madame de Pompadour.

Cette politique de la marquise, que les hommes en qui elle a confiance, Bernis, puis Choiseul, sont chargés d'appliquer, n'est autre chose, bien entendu, qu'une politique de femme. Il est possible que la direction nouvelle des affaires de la France soit d'accord avec les nécessités du moment; mais dans le cerveau féminin qui la conçoit, il n'y a que passion, obstination, gloriole quelquefois, et toujours les vues sont rapides et courtes. Ce qui l'inspire et l'exalte, c'est encore et sans cesse, sous une forme renouvelée, l'amour. Dès l'origine, Madame de Pompadour a aimé à la fois l'homme et le Roi. Son dévouement pour Louis XV est sans limite; on est sûr d'obtenir son appui pour toute politique dans laquelle on lui fait voir qu'elle sert les intérêts personnels du prince. Si elle intervient à l'intérieur, aussi ardemment qu'elle le fait, dans la lutte contre les Parlements et plus tard contre les Jésuites, c'est parce qu'elle y prend la défense des prérogatives royales. Au dehors, c'est encore la personne du Roi qu'elle sert dans toutes ses démarches. On la juge mal quand on la croit décidée, en de telles questions, par des motifs bas, des rancunes à assouvir, des adulations à payer. L'alliance avec l'Autriche, où Bernis voit tant de grandes choses à accomplir, n'a peut-être pour but immédiat, aux yeux de sa protectrice, qu'une petite affaire de famille, précise et d'ailleurs utile, l'établissement de Madame Infante dans les Pays-Bas. C'est une sorte de politique de reine qu'elle poursuit, se substituant à la délaissée Marie Leczinska, pensant aux enfants et à la couronne, dirigeant avec persévérance, vers des avantages immédiats, la volonté souvent défaillante de Louis XV. Elle a pu maintes fois se tromper sur les hommes, les soutenir ou les briser, suivant des sympathies ou des antipathies déraisonnables; elle s'est fait des illusions nombreuses, et a protégé plus qu'il n'eût fallu de ces généraux à tête légère, de ces ambitieux ignorants et fats, qui trouvaient le secret de leur avancement militaire dans les intrigues de Versailles. Mais, là comme ailleurs, elle a suivi le courant du temps. Les choix détestables.

LA REVUE DE LA MAISON DU ROI

Gouache de Le Paon

Musée de Versailles

PLANCHE DOUBLE

l'avilissement de l'autorité, le désordre du gouvernement ne lui sont imputables que pour une certaine part, et plus d'une fois elle put répéter elle-même la plainte de Bernis : « On laisse tout faire également à tout le monde. Le Roi n'est nullement inquiet de nos inquiétudes, ni embarrassé de nos embarras. »

Dans la grave question des alliances, où la marquise avait pris parti hardiment et où sa responsabilité était engagée, peu s'en fallut que sa politique de sentiment, sans profondeur et sans sagesse, ne réussit, pour les intérêts de la France, aussi bien que celle des plus avisés diplomates. La guerre de Sept Ans, qu'on lui reproche avec tant de sévérité, pouvait tourner à l'avantage de Louis XV, aussi aisément qu'elle tourna à sa honte. Au lendemain de la défaite de Frédéric à Kollin et de la victoire du maréchal d'Estrées à Hastembeck, la marquise n'avait-elle pas le droit d'espérer que la guerre serait le couronnement glorieux du règne? M. de Richelieu fut, cette fois, son mauvais génie comme celui de la France. Couvert des lauriers de Minorque, il lui plut de venir piller en Allemagne; on n'osa point lui refuser le commandement de l'armée du Hanovre, qu'il sembla d'abord conduire à des triomphes nouveaux. Un événement singulier l'empêcha de les utiliser : si les troupes du duc de Cumberland, au lieu d'être sauvées par la capitulation que le vainqueur accorda, avaient été jetées dans l'Elbe ou faites prisonnières, cette première campagne, rapide et heureuse, eût tout fini. Le roi Frédéric, qui se croyait perdu, criait merci; l'Angleterre, isolée, non moins épuisée que la France par ces longues guerres, était obligée de souscrire à la paix générale; Richelieu égalait Turenne; Bernis passait pour un ministre de génie et le règne de la marquise pour un beau règne. Par malheur, après l'erreur de Closter-Seven, la fortune, d'une saute brusque, se tournait contre la France. Richelieu avait commis la grande faute; Soubise perdit la grande bataille, et la journée de Rossbach commença la cruelle série des revers, dont Madame de Pompadour devait porter la peine devant l'histoire.

Nous avons, à la date mémorable de 1756, au moment même où va commencer la guerre désastreuse, le témoignage authentique des ardeurs, des espérances, des illusions de la marquise. On est à Versailles, un soir d'avril, au souper des Cabinets. Il y a là les familiers ordinaires et quelques militaires qui vont aller prendre leurs commandements. La conversation n'a quitté les sujets frivoles que pour les sujets lugubres, car le Roi, comme il lui arrive souvent, a causé de mort subite, de prières pour les agonisants, et autres choses funèbres. Quelqu'un ayant nommé légèrement Saint Augustin, la marquise a relevé le propos avec justesse. Elle a su briller à son ordinaire; mais quand le Roi se retire un moment, pour monter, comme tous les soirs, chez ses enfants, elle se laisse aller au courant de ses préoccupations secrètes et se met à parler des affaires publiques. Son regard s'enflamme, sa parole s'émeut : « Non, Messieurs, la marine du Roi est en bonnes mains et nos côtes sont maintenant bien défendues. Ce n'est pas pour elles que je crains, et je donnerais beaucoup pour que les Anglais y vinssent. Je ne crains que pour le pays d'Aunis... L'expédition de Mahon est sûre. Les entreprises, les dispositions du ministère sont admirables. De mauvais citoyens débitent que tout manque; cela n'est pas; on devrait pendre ces gens-là. Il ne faut pas mettre les armes bas avant d'avoir écrasé les Anglais. La principale chose, n'est-ce pas? que doit rechercher une grande puissance, c'est l'honneur. Il vaut mieux périr tous que de laisser porter atteinte à celui de la France. » Un des assistants rappelle le mot du roi François Ier : « Tout est perdu, fors l'honneur »; et la conversation se prolonge jusqu'au retour du Roi; elle tient ces courtisans et ces officiers, surpris et charmés, sous l'ascendant de cette dignité ferme, de cet enthousiasme vibrant et communicatif, qu'on n'attendait point.

Deux ans plus tard, après Rossbach, après la capitulation de Minden, après Lissa, désillusionnée, mais ne désespérant jamais de la bonne étoile de Fontenoy, Madame de Pompadour écrira ses belles lettres au prince de Clermont, chef d'armée. Parmi tant de revers, elle l'encourage, le soutient, l'aiguillonne, toujours avec l'accent qui convient à une Française, conseillère de son Roi : « Qui sont les plats officiers, Monseigneur, qui ont égaré vos troupes et ont fait d'une action, qui devait être la plus belle, la plus malheureuse du monde? Ma consolation est dans le bon ton de l'armée. Il me fait espérer que vous prendrez votre revanche de façon à faire ressouvenir longtemps vos ennemis d'avoir osé attaquer des Français commandés par un petit-fils du Grand Condé. » La revanche ne devait jamais venir ; la marquise restait « le cœur flétri de voir faire les belles actions aux autres ». Confidente des ministres découragés, usée par les émotions, malade à l'arrivée des courriers, jetée au lit par la fièvre à chaque annonce d'un nouveau désastre, elle voyait s'assombrir tous les jours le front du Roi, que ses paroles héroïques n'illuminaient plus

C'est la mort qui dévoile le caractère d'une amitié comme celle qui existait entre Louis XV et la marquise. Les sentiments les plus cachés, que révèlent les derniers jours dans l'être qui meurt, apparaissent aussi dans ceux qui l'entourent; même chez l'homme complexe et secret qu'était le Roi, ceux qui l'approchèrent de près virent un moment le fond du cœur.

La Cour se trouvait à Choisy, à la fin de février 1764. C'était le mois anniversaire du traité de Paris et de la destruction de l'ordre des Jésuites en France, double opération que M. de Choiseul et Madame de Pompadour avaient menée à bien l'année précédente et dont le souvenir s'effaçait déjà. Il n'était pas sûr que le Roi regrettât ses colonies autant que la Famille royale ses confesseurs. On avait déguisé à la nation comme à lui-même les conséquences d'une guerre malheureuse de sept années, conduite par les généraux de la marquise et qui laissait la France diminuée. Le bronze victorieux du monarque venait même d'être inauguré, sur la place neuve qui portait son nom, pour fêter la publication de cette paix déplorable. Détournés maintenant des soucis du dehors, les esprits s'inquiétaient de la diminution des revenus de l'État, toujours plus menaçante et pour laquelle chacun proposait son remède, généralement en sacrifiant les privilèges ou les intérêts de son voisin.

L'homme du moment était le nouveau contrôleur général, M. de Laverdy, dont le ministre et la marquise espéraient merveille. Ils l'étaient allé chercher sur son siège de conseiller au Parlement, n'hésitant pas à mettre ce grand office entre les mains « d'un jeune homme de quarante et un ans ». Cet honneur payait le rôle de sa compagnie dans l'affaire des Jésuites, où Laverdy avait été un des quatre commissaires du Parlement. L'intégrité de l'homme était assez certaine et ses talents assez notoires pour que Madame de Pompadour lui envoyât le portrait de Sully dans une tabatière, avec un quatrain l'assurant qu'il devait, malgré sa modestie, y reconnaître sa propre image. Elle sentait que les difficultés financières étaient les plus graves à résoudre, et que la perte ou le salut de la monarchie pouvaient en sortir. Que de fois, au cours de cette guerre, où il avait fallu donner à la noblesse l'exemple d'engager et de fondre son argenterie, elle avait eu le sentiment que la détresse des finances arrêtait tout, paralysait les armées, retardait les négociations d'une paix si nécessaire ! N'était-ce point à cause de la dureté qu'il avait montrée dans les affaires d'argent, pour le service du Roi, qu'elle s'était brouillée avec M. de Montmartel, cet ami de toute sa vie ? Elle refusait de comprendre qu'elle avait contribué, pour sa part, moins par ses dissipations personnelles que par la profusion des faveurs, à produire dans l'État ce malaise aigu et sans remède. Mais ces préoccupations nouvelles s'ajoutaient aux soucis de celle qui était devenue « l'intermédiaire entre le pouvoir suprême et les ministres » et comme l'interprète des volontés du Roi.

On apercevait fort peu la marquise à Versailles et pas davantage dans ce séjour de Choisy, qui lui rappelait assez tristement le bel automne du retour de Fontenoy. Elle vivait retirée maintenant, lisant peu à cause d'un œil malade, mais se faisant rendre compte de toute chose et écrivant encore elle-même ses nombreux billets d'affaires ou d'amitié. Elle avait joint à la société de ses anciens amis celle du duc de Praslin et de la duchesse de Gramont, femme décidée et hardie, digne sœur du ministre Choiseul La charmante duchesse de Choiseul était aussi fort attachée à celle qui avait fait la fortune de son mari adoré; mais on la voyait plus rarement que Madame de Gramont, qui remplaçait quelquefois son amie aux petits soupers. Ces réunions étaient moins intéressantes qu'autrefois pour la marquise ; trop de jeunes chasseurs y montraient des figures nouvelles.

La Famille royale, toujours nombreuse, chassait beaucoup avec le Roi, qui soupait un soir de chaque semaine seul avec ses enfants. La dauphine Marie-Josèphe y gagnait une petite influence que la marquise ne combattait point, mais qui n'était pas assez forte pour obtenir que la France obérée se risquât à soutenir la candidature de son frère au trône de Pologne. Quelque vif qu'il fût alors, le désappointement de la princesse était un bien petit chagrin auprès du deuil qu'elle portait de son fils aîné, le duc de Bourgogne, mort à dix ans, et dont il était sûr qu'aucun de ses trois frères, Berri, Provence ni Artois, ne montrerait jamais les heureuses dispositions. La Dauphine prenait sa consolation dans les sentiments de tendresse qui avaient enfin paru dans son ménage longtemps désuni. Le Dauphin étudiait, travaillait, se préparait par devoir à l'œuvre royale qu'il semblait destiné à accomplir. La Reine était toute à ses dévotions, à ses charités et à sa correspondance avec le vieux roi Stanislas, qui ne quittait plus la Lorraine. On la sentait détachée de la terre, frappée déjà par des malheurs répétés, et dont les plus cruels, la mort de son fils et de son père, allaient bientôt l'atteindre. La grande part de ses prières était toujours, depuis tant d'années, pour le salut de l'âme du Roi, qui n'annonçait aucun espoir de retour au bien. En somme, les observateurs courtisans n'avaient pas grand'chose à recueillir parmi les sentiments apaisés des principaux personnages ; les intrigues ne servaient plus d'intérêts importants. Pour n'en pas perdre l'habitude, on se bornait à prédire que l'influence de la marquise pourrait bien finir par disparaître et que Madame de Gramont n'hésiterait point à la supplanter.

Soudain, cette quiétude de la Cour fut troublée. Le 29 février, étant au salon de Choisy, la marquise se sentit prise d'un violent mal de tête, se leva comme égarée, en disant qu'elle ne savait où elle allait, et eut besoin du bras d'un valet de chambre du Roi pour regagner son appartement. C'était une grosse fluxion de poitrine, qui s'aggrava le septième jour ; le onzième, une fièvre putride se déclara, dont les médecins furent embarrassés. Dès le premier moment, cette maladie fut un événement considérable; il semblait qu'un rouage du gouvernement se fût arrêté. Les courriers se succédaient toute la journée sur la route de Choisy; on envoyait savoir des nouvelles; « tout le monde convenait que cette femme était bonne, et le public parut s'intéresser réellement à elle ».

Au bout de quelques jours, le péril sembla conjuré, et les amis de la marquise se réjouirent : « Madame de Pompadour a eu beaucoup de toux et assez de fièvre cette nuit, racontait la duchesse de Choiseul ; cependant, on assure qu'il n'y a aucun danger à son état; mais je suis inquiète, parce que je l'aime. Et comment ne l'aimerais-je pas ? Vous savez ce que je vous en ai dit hier : je joins pour elle l'estime à la reconnaissance. Croyez-vous, après cela, qu'elle ait à la Cour une meilleure amie que moi? Je voulais aller à Choisy pour la voir ; le temps, ma santé et mon mari m'en ont empêchée. Il y est allé avec M. de Gontaut, et, comme elle n'est pas en état d'être transportée à Versailles, le Roi reste jusqu'à samedi à Choisy. » Quelques jours après, Madame de Choiseul était à Choisy et voyait la chère marquise dormir cinq heures dans son fauteuil, la respiration libre. Les médecins assuraient la guérison. « On trouve Madame de Pompadour beaucoup mieux, écrivait cependant Madame du Deffand à Voltaire, mais sa maladie n'est pas près d'être finie et je n'ose prendre beaucoup d'espérance. » Plus confiants, les poètes et les artistes se mirent à célébrer le rétablissement de leur bienfaitrice. Il coïncidait avec une éclipse du Soleil, ce qui servait aux couplets de circonstance ; et le bon Cochin attaquait un cuivre pour offrir à la marquise une grande estampe allégorique : sous le Soleil qui se voilait, les Muses de la Peinture, de la Sculpture et de la Musique suppliaient la Parque de ne point couper le fil de ces jours si précieux aux Arts.

L'espérance va s'affermir, quand on verra la malade assez rétablie pour être ramenée à Versailles ; mais cette convalescence n'est qu'apparente : la fluxion de poitrine n'a pas été prise à temps et, le 7 avril, une grave rechute se produit. Dans cette crise nouvelle, la marquise garde sa tranquillité surprenante et son courage paisible ; pourtant les amis qui la visitent la voient suffoquer douloureusement dans un fauteuil, car elle ne peut supporter le lit. Le Roi descend chez elle plusieurs fois le jour; il est trop habitué à se masquer pour rien laisser paraître de son émotion ; « sachant que le mal est sans remède, dit Croÿ, il s'est fait un calus là-dessus et ne semble pas affecté ». Son vrai sentiment se montre dans une lettre à son gendre, l'Infant don Philippe : « Mes inquiétudes ne diminuent point, et je vous avoue que j'ai très peu d'espérances d'un parfait rétablissement, et beaucoup de crainte d'une fin que trop prochaine peut-être. *Une connaissance de près de vingt ans et une amitié sûre!* Enfin, Dieu est le maître, et il faut céder à tout ce qu'il veut. M. de Rochechouart aura appris la mort de sa femme après bien des souffrances; je le plains, s'il l'aimait ! » Le 13 avril, les médecins désespèrent. Le Roi, qui s'est chargé de prévenir lui-même la marquise de son état, lui annonce qu'il faut recourir aux sacrements. Le curé de la Madeleine, de qui elle est la paroissienne à Paris, est appelé à Versailles, et il l'administre dans la nuit du 14 au 15. Cette fois, elle a promis tout ce qu'il a fallu; elle a même envoyé chercher son mari, qui a fait répondre qu'il était malade. Le 15 au matin, dimanche des Rameaux, le Dauphin, qui se tient au courant de tous les incidents, écrit à M. de Nicolaï, évêque de Verdun : « Elle meurt avec un courage rare à tout sexe... Chaque fois qu'elle respire, elle croit que c'est la dernière. C'est une des fins des plus douloureuses et des plus cruelles qu'on puisse imaginer... Le Roi ne l'a pas vue depuis hier. Elle a été administrée cette nuit. Le curé de la Madeleine de la Ville-l'Évêque ne la quitte pas. Voilà des sujets d'espérance et de miséricorde pour elle. Au reste, je crois que cet événement fera plus de bruit que d'effet; vous sentez tout ce que cela veut dire, tant pour la morale que pour la politique. »

Les heures passent et la malade s'affaiblit. Dans le courant de la journée, elle a voulu relire son testament. Elle a son frère pour héritier, avec M. de Soubise comme exécuteur testamentaire, elle est sûre que toutes ses volontés seront fidèlement remplies. Elle ne change rien aux dispositions anciennes, où aucun de ses serviteurs n'est oublié ; mais, n'ayant plus la force de tenir une plume, elle dicte à son intendant Collin un codicille, pour réserver un souvenir à chacun de ses amis : « A Madame de Châteaurenaud, une boite du portrait du Roi, garnie de diamants, qu'on devait me livrer ces jours-ci... A M. le duc de Gontaut, une alliance couleur rose et blanche de diamants, enlacée d'un nœud vert, et une boîte de cornaline qu'il a toujours beaucoup aimée... A M. le duc de Choiseul, un diamant couleur d'aigue-marine... A M. le maréchal de Soubise, une bague de Guay représentant l'Amitié; c'est son portrait et le mien depuis vingt ans que je le connais... » Collin, qui fond en larmes, a mal ponctué quelques phrases; la marquise relit, fait corriger et signe. M. de Choiseul est venu plusieurs fois, non seulement comme ami, mais pour remplir un délicat devoir de sa charge : sans que la mourante s'en puisse apercevoir, il a fait disparaître son grand portefeuille, où sont les papiers intéressant l'État.

La marquise a cessé de songer aux affaires où elle a si longtemps tenu son rôle. La mort s'annonce dans la pâleur extrême de son visage, qu'accentue le soupçon de rouge qu'elle a voulu sur les joues. Avec Choiseul, ses deux fidèles, Soubise et Gontaut, sont dans la chambre; elle les congédie tous d'un sourire : « Cela approche, mes amis; laissez-moi avec mon confesseur et mes femmes. » Elle rappelle cependant M. de Soubise, afin de lui remettre ses clefs, et Collin pour lui désigner le carrosse qui doit la mener à son hôtel de Versailles, aussitôt qu'elle aura rendu le dernier soupir. Pas une plainte ne lui échappe, pas un mouvement d'humeur ni d'impatience. Ses femmes de chambre veulent la changer; elle refuse doucement : « Je sais que vous êtes très adroites; mais je suis si faible que vous ne pourriez vous empêcher de me faire souffrir, et ce n'est pas la peine pour le peu de temps qui me reste à vivre. » Elle garde la parole jusqu'à la fin et rouvre les yeux pour sourire encore. Comme le prêtre va se retirer, laissant la mourante à ses femmes : « Un moment, monsieur le curé, dit-elle, nous nous en irons ensemble. » A sept heures et demie du soir, tout est terminé. Dans cette journée suprême, le Roi, retenu par les longs offices de la fête religieuse, n'a point reparu; aussitôt informé, il commande le grand couvert et se retire dans ses Cabinets avec les amis de la marquise.

Quelques instants après l'événement, alors que le Château l'ignore encore, deux hommes, portant une civière, sortent par la voûte de la chapelle et descendent vers l'hôtel de la rue des Réservoirs. La duchesse de Praslin les voit passer sous ses fenêtres et reconnaît le corps d'une femme, « couvert seulement d'un drap si succinct que la forme de la tête, des seins, du ventre et des jambes se prononce distinctement ». Elle envoie aux informations, et la réponse la met en larmes : ce qu'elle a vu, c'est la marquise, qui vient d'être emportée chez elle. On n'a pas attendu le carrosse qu'elle demandait : la loi stricte, qu'aucun mort ne peut être gardé dans une maison royale, lui a été appliquée à l'heure même.

Madame de Pompadour, détestée de tant de gens à distance, mourait regrettée de presque tous ceux qui l'avaient connue. Elle avait fait beaucoup de bien, obligé beaucoup de personnes, par bonté naturelle et goût de plaire, et quelques-uns consentaient à s'en souvenir. Voltaire écrivait d'elle diversement à ses amis. Il assurait « que les vrais gens de lettres, les vrais philosophes » devaient regretter la marquise. « Elle pensait *comme il faut;* personne ne le sait mieux que moi. » — « Quoique Madame de Pompadour eût protégé la détestable pièce de *Catilina,* je l'aimais cependant, tant j'ai l'âme bonne; elle m'avait même rendu quelques petits services... » — « Je la pleure par reconnaissance. Il est bien ridicule qu'un vieux barbouilleur de papier, qui peut à peine marcher, vive encore, et qu'une belle femme meure à quarante ans, au milieu de la plus belle carrière du monde. » Enfin, il prenait l'occasion d'écrire à Bernis, réconcilié depuis peu avec leur commune amie de jadis : « Je crois, Monseigneur, que vous avez fait une véritable perte. Madame de Pompadour était sincèrement votre amie et, s'il m'est permis d'aller plus loin, je crois, du fond de ma retraite allobroge, que le Roi éprouve une grande privation. Il était aimé pour lui-même par une âme née sincère, qui avait de la justesse dans l'esprit et de la justice dans le cœur; cela ne se rencontre pas tous les jours. »

Après la voix du philosophe, celle de la princesse chrétienne fait entendre le jugement de la Famille royale, où ne perce aucun ressentiment : « Nous avons perdu la pauvre marquise, écrit Marie-Josèphe. Les miséricordes du Seigneur sont infinies, et il faut espérer qu'elle les a éprouvées, puisqu'il lui a fait la grâce de communier, de recevoir l'Extrême-Onction et de pouvoir au moins profiter des dernières heures. On dit qu'elle a sincèrement reconnu et détesté le mal qu'elle a fait ; il ne nous reste que de prier Dieu pour elle et encore plus pour que le bon Dieu, ayant jugé bon de la retirer de ce monde, fasse que la religion et l'État s'en ressentent. *Le Roi est très affligé ; il se contraint avec tout le monde et avec nous.* Notre plus grand désir est qu'il veuille bien regarder ses enfants comme ce qu'il aime le plus au monde, qu'il puisse se plaire avec nous et que le bon Dieu touche son cœur, l'attire à lui et le sanctifie. » La sanctification de Louis XV devait être retardée jusqu'à l'heure de sa propre fin ; mais l'émotion tout humaine qu'il ressentit à ce moment fit voir que cette perte l'atteignait au fond de lui-même. Le lendemain de la mort, il écrit à l'Infant : « Toutes mes inquiétudes ne sont plus, de la plus cruelle manière, vous le devinez ! » Le masque d'indifférence qu'il a voulu prendre n'a trompé que ceux qui ne l'approchent pas.

Le soir du 17 avril, à six heures, le convoi funèbre de la marquise de Pompadour se forme à l'église Notre-Dame de Versailles, où a eu lieu un premier office, et se met en marche pour transporter le corps à l'église des Capucines de Paris. Il fait un temps affreux, une pluie violente, un vent d'ouragan qui éteint les torches. Le cortège doit suivre l'avenue de Paris, en passant devant la Place d'Armes, en vue du Château et de l'appartement royal. Le Roi, qui sait tout ce qui se fait, se dirige du côté de son cabinet intérieur, dont une fenêtre donne vers la place. Laborde, premier valet de chambre, entre derrière lui, espérant arriver à temps pour allumer, fermer les volets et éviter à son maître le triste spectacle. Mais le Roi est déjà sur le balcon, avec son autre valet de chambre Champlost, qui racontera la scène. Il regarde en silence le convoi enfiler l'avenue ; absorbé par ses pensées, paraissant insensible au mauvais temps, il reste jusqu'à ce que la dernière voiture ait disparu, puis il rentre dans l'appartement; deux grosses larmes coulent sur ses joues : « Voilà, dit-il, les seuls devoirs que j'aie pu lui rendre ! »

Les larmes de Louis XV rachètent bien des actes de son égoïsme, et l'on est surpris de trouver, en cette âme qui se corrompt, l'évidente sincérité d'un sentiment profond. Mais rien ne parle mieux en faveur de celle qui a su faire survivre l'amitié à l'amour et demeurer, pendant quatorze ans, fidèle et sûre, l'amie du Roi.

SOURCES

L'image de la marquise de Pompadour qui apparaît dans ce livre semblera sans doute très différente de celle qu'on est accoutumé de voir. Il n'y a pourtant dans ce récit, qui s'applique surtout à la femme de Cour, qu'une revision partielle des jugements portés sur elle. L'opinion lui a fait trop durement payer sa haute fortune. Déjà, de la publication des *Mémoires et Lettres du Cardinal de Bernis,* Paris, 1878, et de la belle introduction de M. Frédéric Masson, se dégageait, pour la première fois, une juste idée des circonstances et des caractères qui ont rendu possible ce règne de femme. On ne pourra, sans doute, étudier pleinement la marquise dans son rôle politique que lorsqu'on possédera, avec les papiers de Choiseul, l'équivalent et le complément de ceux de Bernis; mais on peut réunir déjà des éléments suffisants et neufs pour connaître la femme, la maîtresse et l'amie.

Les mémoires, en grande partie inédits, du duc de Croÿ, qui est le témoin le mieux renseigné sur les intérieurs royaux, viennent compléter et contrôler le journal du duc de Luynes et donnent des détails précis et vivants, que j'ai volontiers cités malgré le négligé du style. L'impartialité de ses récits est indiscutable, et il est, parmi les chroniqueurs, le seul à avoir vu ce dont tant d'autres ont parlé. On a fait jusqu'ici l'histoire de Madame de Pompadour, non d'après ceux qui l'ont vraiment connue, mais d'après des étrangers et des ennemis. Tout ce qui a été écrit sur elle au siècle dernier s'appuie d'abord, comme il est facile de s'en apercevoir, sur les mémoires de Richelieu, rédigés par Soulavie, et sur le journal du marquis d'Argenson. Disposant de guides beaucoup plus sûrs, on doit mettre au second rang leurs médiocres et peu sincères témoignages, et ce changement suffit pour faire paraître les choses et les personnages sous un nouveau jour. Sans répéter ce que j'ai eu occasion de dire sur l'autorité des témoignages relatifs à la cour de France, dans les notes de *Louis XV et Marie Leczinska*, il faut rappeler la méfiance qu'exige particulièrement d'Argenson. On le lit avec plaisir, parce qu'il est spirituel et méchant; on vient même de le traduire en anglais; il n'en est pas moins vrai qu'il a empoisonné de ses anecdotes fausses et de ses jugements aigris toute la chronique du XVIIIe siècle.

De notre temps, ce sont surtout les livres des Goncourt et de Campardon sur la marquise qui ont contribué à fixer l'opinion du public. Il est permis d'affirmer, tout en rendant hommage aux recherches des brillants romanciers, qu'un grand nombre de leurs jugements sont démentis par les témoins nouveaux; ils ont accrédité beaucoup d'erreurs, même, comme on l'a vu, sur le point qu'ils connaissaient le mieux, l'influence de Madame de Pompadour dans l'art français. Albert de la Fizelière avait étudié avant eux cette influence, dans la *Gazette des Beaux-Arts* de 1859, avec une intéressante abondance de renseignements. Je n'ai traité qu'incidemment ce sujet, ainsi que celui des dépenses de Madame de Pompadour, qui mériterait d'être approfondi par un spécialiste, avec une méthode plus rigoureuse, et moins partiale, que celle avec laquelle J.-A. Le Roi a dépouillé le manuscrit des Archives de Seine-et-Oise. Je n'ai pu retrouver la véhémence de mes prédécesseurs à propos des « dilapidations » de la marquise, non plus que des « débordements » de Louis XV. A voir de près l'origine des accusations et à peser l'autorité des réquisitoires, on sent diminuer ses indignations et, sans vouloir le moins du monde réhabiliter des temps sans vertu, on est incliné à les expliquer plus qu'à les flétrir.

Comme il est impossible de donner ici une liste des ouvrages à consulter sur Madame de Pompadour, j'indique seulement les matériaux utilisés dans le nôtre qui n'ont pas été connus de ses anciens biographes; le lecteur peut se reporter à leurs travaux pour la bibliographie antérieure. Parmi les documents du premier chapitre, les lettres de Pâris-Duverney, de Pâris de Montmartel, du marquis de Breteuil et de Le Normant de Tournehem, sont entre mes mains. Les lettres du couvent de Poissy appartiennent à la collection de M. Paul Fromageot, qui va les publier intégralement dans la *Revue de l'histoire de Versailles*, avec d'autres documents qu'il a bien voulu me communiquer. Les notes du président du Rocheret ont été imprimées par M. le duc de Caraman dans son étude généalogique sur *La Famille de Madame de Pompadour*, Paris, 1901; le contrat de mariage de Mademoiselle Poisson a été publié par M. le vicomte de Grouchy dans le *Bulletin de l'histoire de Paris* de 1890. L'identification de la maison de Madame d'Étioles, affirmée par M. Denormandie, *Temps passé, jours présents*, Paris, 1900, ne m'a pas paru justifiée par les pièces d'archives. Malgré quelques confusions de mémoire, il faut lire, sur Madame d'Étioles, les piquants souvenirs de la marquise de la Ferté-Imbault, publiés par M. Pierre de Ségur à la fin de son livre, *Le Royaume de la rue Saint-Honoré*, Paris, 1897. La nuit du bal de l'Hôtel de Ville est racontée d'après les *Mémoires* de Bernis, les *Souvenirs* du marquis de Valfons, et un passage non remarqué, je crois, de Madame du Hausset. Le mot de cour sur la « Bestiole » vient du *Pot-pourry* de Menin, analysé par M. Paul d'Estrée dans la revue *Souvenirs et Mémoires* de 1900. Enfin, plusieurs observations nouvelles ont été tirées d'un recueil, trop peu lu par les historiens de la marquise, et qui n'est autre que la correspondance de Voltaire. Par exemple, des vers et une lettre, classés à tort par Beuchot à l'année 1747, où ils restaient incompréhensibles, sont devenus intéressants reportés à leur véritable date.

Les chapitres suivants ont pour but de faire comprendre comment Madame de Pompadour, ayant pu s'introduire à la Cour, a su y prendre sa place et y durer. C'est ici que Luynes, Bernis et Croy méritaient d'être interrogés avec confiance. J'ai utilisé, pour la bataille de Fontenoy et le séjour de Choisy, les *Souvenirs du comte de Tressan*, réunis par son arrière-petit-neveu, Versailles, 1897; pour le mariage de Saxe, le livre du comte Vitzthum d'Eckstædt sur *Maurice, comte de Saxe et Marie-Josèphe de Saxe*, Leipzig, 1867, celui du duc de Broglie sur *Maurice de Saxe et le marquis d'Argenson*, Paris, 1891, et surtout l'important ouvrage de M. Casimir Stryienski, *La Mère des trois derniers Bourbons*, Paris, 1901; pour les caractères de la Cour, les *Mémoires* de J.-N. Dufort, comte de Cheverny, introducteur des ambassadeurs, publiés par R. de Crèvecœur, Paris, 1886, *Les Correspondances des agents diplomatiques en France*, par J. Flammermont, Paris, 1896, *Le Cardinal de Bernis depuis son ministère*, par M. Frédéric Masson, Paris, 1884, *La Jeunesse de Bougainville et la guerre de Sept Ans*, par M. René de Kérallain, Paris, 1896, les lettres citées par M. Henri Léonardon dans son étude sur le premier mariage du Dauphin, Versailles, 1900, et par M. Pierre Calmettes dans *Choiseul et Voltaire*, Paris, 1902, enfin les deux fragments des *Mémoires* du duc de Choiseul, donnés à la *Revue de Paris*, en 1899, par J. Flammermont et E. Charavay; pour certaines affaires religieuses, les ouvrages de l'abbé Proyart et celui du P. Regnault sur *Christophe de Beaumont, archevêque de Paris*, Paris, 1882; pour la vie secrète du Roi, l'ouvrage si abondamment documenté du comte Fleury, *Louis XV intime et les petites maîtresses*, Paris, 1899, qui m'a évité d'entrer en des détails séparables, en somme, de mon sujet; pour les intérieurs royaux et les travaux du service des Bâtiments, mon livre intitulé *Le Château de Versailles sous Louis XV*, Paris, 1898; pour les autres questions d'art et d'ameublement, le *Livre-Journal de Lazare Duvaux*, avec l'introduction de Courajod, le *François Boucher* de M. André Michel, Paris, 1889, et le précieux *Inventaire des tableaux commandés et achetés par la Direction des Bâtiments du Roi (1709-1792)*, rédigé par M. Fernand Engerand, Paris, 1900.

Je dois à M. le duc de Fezensac le témoignage tiré des papiers de l'abbé de Montesquiou, sur les idées religieuses de Louis XV, et à M. Taphanel, l'auteur de *La Beaumelle et Saint-Cyr*, le texte inédit de Madame de Louvigny. La conversation de la marquise, rapportée p. 186, n'est autre chose que la transcription au style direct d'un récit du duc de Croy noté certainement le jour même. Quant à l'attitude de Louis XV le jour de l'enterrement de sa vieille amie, les témoignages qui démentent le mot frivole ou cynique qu'on lui a prêté sont aujourd'hui indiscutables. Au récit de Dufort de Cheverny, qui tenait ses détails de Champlost, s'ajoutera bientôt celui de l'autre valet de chambre du Roi, Benjamin de Laborde, qui répondait, en 1790, à un pamphlet de La Harpe, en racontant la soirée du 17 avril : « J'entrai dans le cabinet pour fermer et allumer moi-même, et je trouvai le Roi regardant avec une douleur *prouvée par ses larmes* le triste spectacle qui s'offrait à ses yeux, en disant le dernier adieu à celle qu'il ne devait jamais revoir. Si vous appelez cela une *indifférence insultante*, je serai tenté de croire, monsieur, que vous avez été injustement nommé l'un des souverains de la langue française. » Ce récit de Laborde a été retrouvé par M. Maurice Tourneux, qui en a établi, dans un mémoire destiné à paraître, la vraisemblance et l'authenticité.

Parmi les documents inédits que j'ai employés pour écrire les trois derniers chapitres, je dois citer les lettres de François Poisson à M. de Vandières, qui renferment des détails inattendus sur sa famille et sur la vie de sa fille et qui seront un jour publiées, plusieurs lettres de Madame de Pompadour, qui manquent au recueil Poulet-Malassis, et notamment ses billets au contrôleur général Bertin; enfin, l'inventaire après décès des biens de la marquise, qui forme deux gros volumes provenant de Marigny et qui appartient à M. Paul Leroi, à l'obligeance de qui je dois d'avoir pu l'étudier. Ces volumes ont de l'intérêt, non seulement pour les objets d'art, le mobilier et les effets de Madame de Pompadour, mais encore par l'analyse qu'ils contiennent de tous les titres de propriété et des papiers de famille trouvés chez elle et faisant partie de sa succession On devine aisément l'intérêt d'un pareil dossier pour une documentation précise.

Un remerciement particulier est dû ici aux amateurs, dont les objets d'art sont reproduits dans cette édition, et à MM. les Conservateurs de la bibliothèque de Versailles, qui m'ont permis d'offrir un choix des magnifiques dessins exécutés pour le Roi et rappelant, en deux albums, les fêtes et les décorations du premier et du second mariage du Dauphin. Un double exact de l'album de 1745, exécuté pour la Reine, figure parmi les plus précieux souvenirs de la bibliothèque du château de Dampierre. Madame de Pompadour, d'après une mention de son inventaire, parait avoir possédé, encadrée dans son hôtel de Paris, une autre série très complète de ces dessins.

TABLE

DES

MATIÈRES ET DES ILLUSTRATIONS

L'ÉDITION ORIGINALE

DE

LOUIS XV ET MADAME DE POMPADOUR

a été imprimée

ET LES PLANCHES EN ONT ÉTÉ GRAVÉES ET TIRÉES

PAR MANZI, JOYANT & Cie

A Asnières-sur-Seine

En 1902

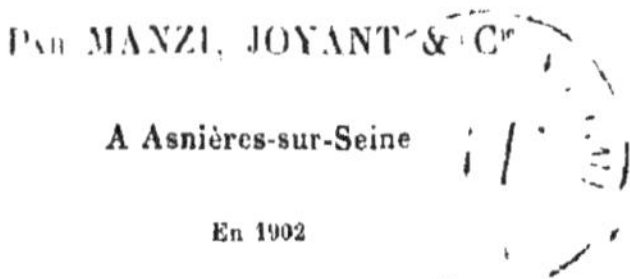

MANZI, JOYANT & Cie, IMPRIMEURS-ÉDITEURS

24, BOULEVARD DES CAPUCINES

FAC-SIMILE DE LA RELIURE DESTINÉE

À

LOUIS XV ET MADAME DE POMPADOUR

PAR PIERRE DE NOLHAC

Prix de cette reliure en chagrin bleu, avec mosaïque rouge, tranches dorées . . . 50 fr.

Prix de cette reliure en maroquin du Levant bleu, avec mosaïque rouge, tranches marbrées et dorées . . . . 100 fr.

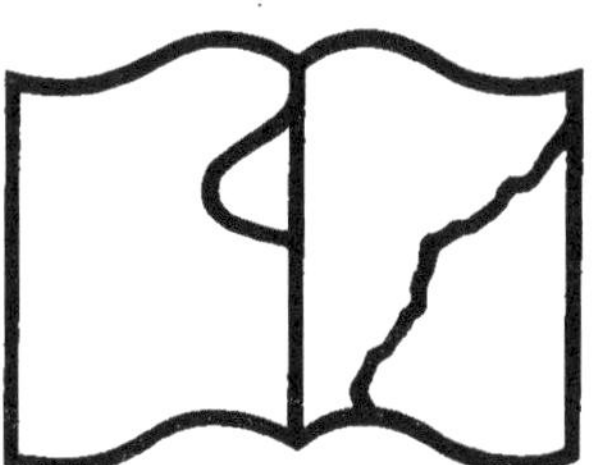

Texte détérioré — reliure défectueuse

NF Z 43-120-11

www.ingramcontent.com/pod-product-compliance
Ingram Content Group UK Ltd.
Pitfield, Milton Keynes, MK11 3LW, UK
UKHW012021240726
13965UKWH00002B/488

9 782013 056014